Napoleon Hill verdiente sich die Mittel zum Studium an der Universität Georgetown als Zeitungsreporter. Der Stahlkönig Andrew Carnegie beauftragte Hill, die Erfolgsmethoden der reichsten Amerikaner zu erforschen und die Ergebnisse seiner Untersuchungen in einer allgemeinverständlichen Zusammenfassung festzuhalten. So entstand sein Werk »Denke nach und werde reich«, das allein in Amerika die phänomenale Auflage von 14 Millionen erreichte. Es folgten andere Erfolgsbücher, die gleichfalls hohe Auflagen erreichten. Hill, der während langer Jahre ein gesuchter und wertvoller Berater der amerikanischen Prominenz war – darunter zwei Präsidenten und zahlreiche Wirtschaftsmagnaten –, lebt auch nach seinem Tod weiter als Verkörperung zielbewußten Erfolgsstrebens und als Leitbild für alle, die erfolgreich sein wollen.

Vollständige Taschenbuchausgabe 1989
Droemersche Verlagsanstalt Th. Knaur Nachf., München
Lizenzausgabe mit freundlicher Genehmigung des Ariston Verlags, Genf
Titel der Originalausgabe »Think and grow rich«
Copyright © 1966 by Napoleon Hill Foundations
Aus dem Amerikanischen von Dr. Wolfgang Maier
Copyright © der deutschen und französischen Ausgabe
by Ariston Verlag, Genf
Umschlaggestaltung Manfred Waller
Umschlagfoto G + J Fotoservice/W. Klein
Druck und Bindung Ebner Ulm
Printed in Germany 5 4 3 2 1
ISBN 3-426-07836-8

Napoleon Hill:
Denke nach und werde reich

Inhaltsverzeichnis

                                                                     Seite

Ein Wort des Herausgebers 11

Vorwort 13

Wahre Geschichten beweisen die erstaunliche Wirkung dieses Geheimnisses . 13
Das Geheimnis spricht zu jedem, der zuhört 14
Der Wendepunkt in Ihrem Leben 16

Gedanken sind Taten 19

Edison schaute ihn an 19
Die Gelegenheit kam durch die Hintertür 21
Der Mann, der zu früh aufgibt 21
Erfolg durch einen Schritt über die Niederlage hinaus 22
Das Kind, das einen Mann besiegte 23
Das »Ja« nach dem »Nein« 24
Mit einem richtigen Gedanken beginnt der Weg zum Erfolg 26
»Ich will es haben und ich werde es haben« 27
Ein Dichter sah die Wahrheit 28
Ein junger Mann erkennt sein Schicksal 29
Leitsätze 31

Der erste Schritt zum Reichtum: Das Begehren 33

Es gibt kein Zurück 33
Er verbrannte seine Schiffe 34
Sechs Schritte, Wünsche in Gold zu verwandeln 35
Grundsätze im Wert von 100 Millionen Dollar 36
Große Träume können sich in Reichtum verwandeln 37
Sie verstärken Ihre Träume durch ihr Begehren 38
Wünschen vollbringt das »Unmögliche« 40
Wir finden die Lösung 41
Nichts konnte ihn aufhalten 42
Durchbruch zum Hören 43
Der »taube« Junge hilft anderen 44
Einer Sängerin Wunsch wirkt Wunder 46
Leitsätze 47

Inhaltsverzeichnis

Seite

Der zweite Schritt zum Reichtum: Der Glaube 49

Der Glaube wartet, daß Sie ihn entdecken 49
Nichts davon ist »Unglück« 51
Der Glaube gibt Kraft zum Denken 52
Gedanken, die Ihren Verstand beherrschen 52
Fünf Schritte zum Selbstvertrauen 54
Sie können sich selbst ins Unglück denken 55
Die große Erfahrung der Liebe 56
Geben Sie, ehe Sie nehmen 57
Reichtum beginnt im Innern des Menschen 63
Leitsätze 64

Der dritte Schritt zum Reichtum: Die Autosuggestion 65

Gefühle sind Gold wert 66
Erleben Sie sich beim »Geldmachen« 67
Eine Inspiration wird Sie führen 68
Ihr Unterbewußtsein geht ans Werk 68
Warum Sie der Herr Ihres Schicksals sind 70
Leitsätze 71

Der vierte Schritt zum Reichtum: Fachkenntnisse 73

»Unwissend« genug, sein Glück zu machen 74
Wissen ist leicht zu erwerben 75
Wo Wissen zu finden ist? 76
Studium und Selbstdisziplin 78
Zum Lernen ist es nie zu spät 79
Buchhaltung auf Rädern 80
Ein guter Plan schafft neue Möglichkeiten 81
Er sparte zehn Jahre Aufstieg 82
Den Erfolgreichen lieben alle 83
Kleben Sie nicht auf der untersten Sprosse fest 84
Wie man sich zum höchsten Preis verkauft 85
Leitsätze 86

Der fünfte Schritt zum Reichtum: Die Phantasie 87

Die synthetische und die schöpferische Phantasie 88
Regen Sie Ihre Phantasie an 89
Die Natur verrät uns das Geheimnis des Wohlstands 89
Ideen werden zu Erfolgen 90
Ein Bestandteil fehlte 91
Eine Million Dollar in einer Woche 93
Ein festes Ziel und ein klarer Plan 96
Leitsätze 98

Inhaltsverzeichnis

Seite

Der sechste Schritt zum Reichtum: Organisierte Planung 99

Ein Rückschlag macht Sie stärker 100
Ideen und Dienstleistungen sind verkäuflich 102
Wo Führung beginnt 102
Elf Geheimnisse des Führens 103
Warum Führungskräfte scheitern 104
Freie Plätze für Führungskräfte 106
Fünf Wege zu einer guten Stellung 108
Die Bestandteile des wirkungsvollen Bewerbungsschreibens 109
Suchen Sie eine Aufgabe, die Ihnen Freude bereitet 112
Der Kunde ist Ihr Partner 113
Die drei beruflichen Maßstäbe 115
Draufgänger oder Draufgeber? 116
Die 31 Wege zum Mißerfolg 117
Wie Sie sich am besten verkaufen 122
Haben Sie im letzten Jahr Fortschritte erzielt? 123
28 sehr persönliche Fragen 124
Ihre ungezählten Möglichkeiten, Reichtum anzusammeln 126
Vom Segen des Kapitals 127
Das Kapital ist die Grundlage der Zivilisation 129
Überall Überfluß — überall Chancen 130
Leitsätze 131

Der siebente Schritt zum Reichtum: Der Entschluß 133

Meinungen — eine billige Ware 134
Entscheidungen machen Geschichte 135
Ein Zwischenfall in Boston 136
Köpfe beginnen zusammenzuarbeiten 138
Ein schneller Entschluß verändert den Lauf der Geschichte 139
Thomas Jefferson las mit lauter Stimme 141
Die Kraft des erfinderischen Geistes 143
Leitsätze 144

Der achte Schritt zum Reichtum: Die Ausdauer 145

Schwächliche Wünsche bringen schwache Erfolge 145
Die Magie des »Geldbewußtseins« 147
Sie besitzen einen unsichtbaren Kompaß 148
Fehlschlag: Ein vorübergehender Zustand 148
Jeder kann Beharrlichkeit erlernen 150
Eine kleine Inventur — Voraussetzungen der Ausdauer 151
Kritisieren kann jeder 153
Sie schüren ihre »Chancen« selbst 154
Sie wollten nur zueinander 155
Die vier Schritte zur Ausdauer 157
Können Sie von der Allumfassenden Vernunft Hilfe erwarten? 158
Leitsätze 161

Seite

Der neunte Schritt zum Reichtum: Die Macht der »führenden Köpfe« ... 163

Andrew Carnegies Erfolgsgeheimnis 164
Sie können mehr Verstand einsetzen, als Sie besitzen 165
Armut braucht keinen Plan 168
Leitsätze 169

Der zehnte Schritt zum Reichtum: Das Geheimnis von der Umwandlung der Geschlechtskraft 171

Die treibende Kraft des Geschlechts 172
Reize für den Geist: gut und böse 173
Ihr sechster Sinn: Die schöpferische Phantasie 174
Eine höhere Ebene des Denkens 175
Die innere Stimme 176
»Ansitzen auf Ideen« 176
Auch Sie können ein Genie werden 177
Die Transmutation der Geschlechtskraft 179
Oft wird die Geschlechtskraft verschwendet 181
Die Natur schenkt wirksame Stimulanzien 181
Sexuelle Potenz und Verkaufserfolg 183
Zuviel Aberglaube rund um den Sex 184
Die Lehre von den fruchtbaren Jahren 185
Nur Sie selbst können sich zum Genie machen 186
Die große Erfahrung der Liebe 187
Nebensächlichkeiten können eine Ehe zerstören 189
Wie Frauen ihre Macht erhalten 190
Leitsätze 190

Der elfte Schritt zum Reichtum: Das Unterbewußtsein 193

Jede Schöpfung beginnt als Gedanke 194
Wie Sie sich Ihrer positiven Gefühle bedienen 196
Gebet und Unterbewußtsein 197
Leitsätze 198

Der zwölfte Schritt zum Reichtum: Der Verstand 201

Wir werden von unsichtbaren Kräften gelenkt 202
Verkehr von Gehirn zu Gehirn 203
Geistig aufeinander »einstellen« 205
Leitsätze 206

Der dreizehnte Schritt zum Reichtum: Der sechste Sinn 209

Die erste große Ursache 210
Bedienen Sie sich »unsichtbarer Ratgeber« 211
Eine Zeit der Autosuggestion 211
Die »imaginäre« Ratsversammlung 213
Wie der sechste Sinn angeregt wird 214
Sie werden eine neue große Kraft erwerben 215
Leitsätze 216

Inhaltsverzeichnis

Seite

Die sechs Gespenster der Furcht 217

Furcht ist nur ein geistiger Zustand 218
Zwei unvereinbare Wegrichtungen 219
Analysieren Sie Ihre Furcht 220
Sechs Symptome der Furcht vor Armut 222
»Nichts als Geld?« 223
Fürchten Sie Kritik? 225
Sieben Symptome der Furcht vor Kritik 227
Fürchten Sie Krankheit? 228
Sieben Symptome der Furcht vor Krankheit 229
Fürchten Sie den Verlust von Liebe? 231
Drei Symptome, die Furcht vor dem Verlust von Liebe anzeigen . . 231
Fürchten Sie das Alter? 232
Vier Symptome der Furcht vor dem Alter 232
Fürchten Sie das Sterben? 233
Drei Symptome, die Furcht vor dem Sterben anzeigen 234
Auch übermäßige Besorgtheit ist Furcht 235
Die zerstörende Wirkung der Gedanken 236
Sind Sie zu leicht beeinflußbar? 237
Schirmen Sie sich ab! 238
Nachdenken, ehe Sie antworten 239
Was die Macht über den eigenen Geist vermag 242
Gebrauchen Sie solche Ausflüchte? 244
Die Gewohnheit ist das Grab des Erfolgs 246
Leitsätze 247

Der Autor und sein Buch 248

Ein Wort des Herausgebers

Sie halten eines der dynamischsten Bücher der Welt in Ihren Händen.

Dieses Buch bietet Ihnen eine bewährte Methode, reich zu werden. Es zeigt ihre praktische Anwendung und spornt Sie an, sofort zu beginnen. Welche geheimnisvolle Kraft ist es, die den einen Menschen das ganze Leben lang vorwärtsträgt, ihn mit Reichtum und Glück überhäuft, und andere nie eine Chance finden läßt?

Was verleiht einem Menschen große persönliche Macht, während andere ewige Versager bleiben? Was befähigt diesen, die Lösung irgendeines Problems zu erkennen und seinen Weg durch die rauhe Wirklichkeit des Lebens zu gehen bis hin zur Erfüllung seiner liebsten Träume, während jene sich abmühen, vergeblich und ohne Ende?

Als sich vor vielen Jahren Napoleon Hill mit Andrew Carnegie, einem der reichsten Männer der Welt, zusammensetzte, kam er dem großen Geheimnis erstmals auf die Spur. Carnegie betraute Hill damit, herauszufinden, wie andere sich dieses Geheimnis zunutze machten, ihre Systeme zu studieren und danach eine allgemein gültige und uneingeschränkt anwendbare Grundmethode zu erarbeiten.

»*Denke nach und werde reich*« enthüllt das Geheimnis und lehrt diese Grundmethode. Seit der Erstauflage des Buches konnten 42 weitere Auflagen kaum so schnell nachgedruckt werden, wie sie verlangt wurden. Die vorliegende Ausgabe ist durch letzte Erkenntnisse ergänzt worden und entspricht damit dem neuesten Stand.

Hier finden wir endlich den einzigen sicheren Weg, um *alle* Hindernisse zu überwinden, um die ehrgeizigsten Pläne zu verwirklichen und so viele Erfolge zu ernten, als ergieße sich das unerschöpfliche Füllhorn des Glücks über uns. Die dynamische Kraft dieses Buches wird Sie aufrütteln und Ihr Leben von Grund auf verändern. Sie werden bald erfahren, *warum* es bestimmten Menschen gelingt, Geld und Glück anzuhäufen — denn Sie werden einer von ihnen sein.

Vorwort

In jedem Kapitel dieses Buches werde ich Ihnen das Geheimnis darlegen, das Hunderten von unermeßlich reichen Menschen zu ihrem Vermögen verholfen hat — von Menschen, deren Leben ich lange Jahre hindurch sorgfältig analysierte.

Andrew Carnegie machte mich vor mehr als einem halben Jahrhundert auf dieses Geheimnis aufmerksam. Ich war noch ein Junge, als dieser scharfsinnige, liebenswerte alte Schotte mich ganz nebenbei darauf hinwies. Dann lehnte er sich mit lustigem Zwinkern seiner Augen im Sessel zurück und beobachtete aufmerksam, ob ich auch gescheit genug sei, die volle Bedeutung seiner Worte zu erfassen.

Als er sah, daß ich seinen Gedanken begriffen hatte, fragte er mich, ob ich bereit sei, zwanzig oder auch mehr Jahre der Aufgabe zu opfern, dieses Geheimnis allen jenen nahezubringen, deren Leben sonst zum Scheitern verurteilt wäre. Ich war dazu bereit und konnte, mit Mr. Carnegies Hilfe, mein Versprechen halten.

Dieses Buch enthält ein Geheimnis, das Tausende von Menschen aller Gesellschaftsschichten praktisch erprobt haben. Nach Mr. Carnegies Willen sollte die magische Formel, die ihm selbst zu erstaunlichem Wohlstand verholfen hatte, all den Menschen zugänglich gemacht werden, die selbst keine Zeit haben, um den wissenschaftlichen Weg zum Reichtum zu erkunden. Meine Aufgabe bestand darin, die Fehlerlosigkeit dieser Methode am Leben von zahlreichen Männern und Frauen aller möglichen Berufe aufzuzeigen. War ihr praktischer Wert einmal erwiesen, hoffte Carnegie, durch diese Methode die Ausbildungszeit an Schulen und Universitäten um die Hälfte zu verkürzen.

Wahre Geschichten beweisen die erstaunliche Wirkung dieses Geheimnisses

Das Kapitel »Vertrauen« erzählt die erstaunliche Geschichte eines jungen Mannes, der die Organisation der riesigen United States Steel Corporation erdachte und verwirklichte. Hier bewies Mr. Carnegie, daß seine Formel jedem dient, *der innerlich dafür bereit ist:* Mr. Charles Schwab nutzte seine große Chance, wandte die Methode *einmal* an — und verdiente ein riesiges Vermögen von *rund 600 Millionen Dollar.*

Solche Tatsachen — und das sind jene Erlebnisse, die das Leben fast aller Freunde Carnegies prägten — vermitteln Ihnen eine klare Vorstellung dessen, was auch *Sie* mit Hilfe dieses Buches erreichen können, *wenn Sie wissen, was Sie wollen.*

Tausende von Männern und Frauen wurden in dieses Geheimnis eingeweiht und zogen daraus so großen persönlichen Nutzen, wie Mr. Carnegie dies erwartet hatte. Einige erwarben mit seiner Hilfe großen Reichtum, andere nutzten es, um ein ungewöhnlich harmonisches Familienleben zu führen. Einem Beamten verhalf es zu einem Jahreseinkommen von mehr als 75 000 Dollar.

Arthur Nash, ein Schneider aus Cincinnati, erprobte die Wirkung dieser Formel, als sein Geschäft unmittelbar vor dem Konkurs stand. Nach kurzer Zeit warf das Unternehmen einen Riesengewinn ab. Mr. Nash schied aus, nachdem er sich ein bedeutendes Vermögen erworben hatte, und das Geschäft blüht noch immer.

Das Geheimnis wurde auch Stuart Austin Wier in Dallas, Texas, anvertraut. Er war innerlich bereit — genug jedenfalls, um seinen Beruf aufzugeben und Rechtswissenschaft zu studieren. Hatte er Erfolg? Sie werden es erfahren.

Als ich mit der Werbung für die LaSalle Extension University betraut wurde — damals besaß sie kaum mehr als ihren Namen —, war es mir vergönnt mitzuerleben, wie Rektor I. G. Chapline mit Hilfe dieser Formel LaSalle zu einer der bedeutendsten Volkshochschulen des Staates machte.

Das Geheimnis, von dem ich spreche, finden Sie nicht weniger als hundertmal in diesem Buch erwähnt. Es wird nicht direkt beim Namen genannt, denn der Erfolg scheint mir sicherer, wenn es nur denen enthüllt wird, die innerlich dafür bereit sind, die es zu finden und anzuwenden wissen. Aus dem gleichen Grund hatte sich Mr. Carnegie auch bei mir mit einer bloßen Andeutung begnügt.

Das Geheimnis spricht zu jedem, der zuhört

Wenn Sie bereit sind, es zu benutzen, werden Sie dieses Geheimnis zumindest einmal in jedem Kapitel wiedererkennen. Ich wünschte, Ihnen die Merkmale der Einstellung nennen zu dürfen, aber das würde Sie nur um einen großen Teil des Gewinnes bringen, den Ihnen die eigene Erkenntnis sichert.

Wenn Sie je entmutigt waren, wenn Sie je Schwierigkeiten nur mit großer Selbstüberwindung meisterten, wenn Sie sich voll einsetzten und doch scheiterten, wenn Sie durch Krankheit oder psychische Gebrechen benachteiligt sind — die Geschichte der Entdeckung und Anwendung von Carnegies Formel durch meinen Sohn wird Ihnen beweisen, daß sie auch jenen Rettung bringt, die sich bereits für hoffnungslos verloren hielten.

Präsident Woodrow Wilson wandte diese Formel in entscheidenden Augenblicken des Ersten Weltkrieges an und sie gehörte zum Marschgepäck jedes unserer Frontsoldaten. Präsident Wilson erzählte mir auch, er habe mit ihrer Hilfe die Verteidigungskräfte des Landes mobilisiert.

Bemerkenswert an diesem Geheimnis ist, daß es jeden zum Gipfel des Erfolgs emporträgt. Sie zweifeln? Dann lesen Sie die Namen derer, die dank dieser Formel berühmt wurden. Wenn Sie dann noch einen Blick auf Ihr eigenes Erfolgsregister werfen, werden Sie von der Richtigkeit unserer Theorie überzeugt sein.

Aber alles hat seinen Preis!

Das Geheimnis, mit dem ich Sie bekannt mache, kann auch nicht durch die Zahlung eines noch so hohen Betrages erlangt werden. Dennoch ist sein Preis weit geringer als sein Wert. Nur — wer sich nicht selbst darum bemüht, wird es um keinen Preis der Welt erfahren. Es läßt sich weder verschenken noch verkaufen, doch jeder Verständige empfängt es in zwei Teilen. Wer innerlich bereit ist, besitzt bereits die eine Hälfte dieser geheimnisvollen Formel.

Das Geheimnis nützt jedem, der dafür bereit ist, in gleicher Weise — ohne Rücksicht auf seine Schulbildung. Lange vor meiner Geburt hatte Thomas A. Edison diese Formel bereits entdeckt und wurde mit ihrer Hilfe zu einem der genialsten Erfinder der Welt — obwohl er nur drei Monate zur Schule gegangen war.

Auch Edwin C. Barnes, ein Geschäftspartner Edisons, hörte von dieser Technik. Er wandte sie mit so großem Erfolg an, daß er, der anfänglich nur 12 000 Dollar im Jahr verdient hatte, in kurzer Zeit ein großes Vermögen ansammeln und sich schon als junger Mann zur Ruhe setzen konnte. Seine Geschichte, sie steht am Anfang des ersten Kapitels, wird Sie davon überzeugen, daß auch Sie noch immer Ihre Wünsche verwirklichen können, und daß Geld, Ruhm, Anerkennung und Glück auf alle jene warten, die innerlich bereit und entschlossen sind, diesen Segen zu empfangen.

Woher ich das weiß? Sie erhalten die Antwort, noch ehe Sie das Buch zu Ende gelesen haben — vielleicht im ersten Kapitel, vielleicht erst auf der letzten Seite.

Während meiner von Mr. Carnegie angeregten 20jährigen Forschungen analysierte ich das Leben von Hunderten bekannter Persönlichkeiten. Viele von ihnen gestanden mir, daß sie ihren oft unermeßlichen Reichtum Mr. Carnegies Erfolgsrezept verdankten. Unter ihnen waren HENRY FORD, JOHN WANAMAKER, JAMES J. HILL, GEORGE S. PARKER, CYRUS H. K. CURTIS, GEORGE EASTMAN, CHARLES M. SCHWAB, HARRIS F. WILLIAMS, DR. FRANK GUNSAULUS, KING GILLETTE, JOHN D. ROCKEFELLER, THOMAS A. EDISON, THEODORE ROOSEVELT, J. ODGEN ARMOUR, ARTHUR BRISBANE, WODROW WILSON, WILLIAM HOWARD TAFT, LUTHER BURBANK, ELBERT H. GARY, DR. ALEXANDER GRAHAM BELL, STUART AUSTIN WIER, F. W. WOOLWORTH, EDWIN C. BARNES, ARTHUR NASH, U. S. SEN. JENNINGS RANDOLPH.

Diese Namen repräsentieren einen kleinen Teil aus der langen Reihe weltbekannter Amerikaner, deren Leistungen auf finanziellem und anderem Gebiet beweisen, daß jeder, der das Carnegie-Geheimnis versteht und anwendet, es im Leben zu etwas bringt. Ich habe noch niemanden kennengelernt, der dieses Geheimnis gekannt und angewandt hätte, ohne außergewöhnliche Erfolge zu erzielen. Aber ich bin auch noch keinem einzigen Menschen begegnet, der sich ohne dieses Geheimnis in irgendeiner Weise ausgezeichnet hätte oder zu bedeutendem Wohlstand gelangt wäre. Diese beiden Tatsachen erlauben den Schluß, daß dieses Geheimnis — verbunden mit der nötigen Selbsterkenntnis — wichtiger ist, als alle sogenannte »Schulbildung«.

Was ist überhaupt »Erziehung«? Auch diese Frage wird erschöpfend beantwortet werden.

Der Wendepunkt in Ihrem Leben

Irgendwann, wenn Sie bereit sind, wird es Ihnen wie Schuppen von den Augen fallen und das Geheimnis steht unverhüllt vor Ihnen! Wenn es erscheint, werden Sie es erkennen. Ob Sie das Zeichen nun im ersten oder im letzten Kapitel wahrnehmen — halten Sie einen Augenblick inne und trinken Sie ein Glas darauf, denn dieses Ereignis stellt in Ihrem Leben den entscheidenden Wendepunkt dar.

Bedenken Sie aber bei der Lektüre dieses Buches stets, daß es kein Roman sondern ein Tatsachenbericht ist! Es soll alle, die reif genug sind, die große universelle Wahrheit lehren, *was* zu tun ist und *wie* es zu tun ist. Außerdem werden Sie den notwendigen Anstoß erhalten, um sofort beginnen zu können.

Ein richtungweisendes Wort, das der Schlüssel zu Carnegies Geheimnis ist, soll als knappe Suggestionsformel am Übergang zum 1. Kapitel stehen:

Jede Leistung, jeder erworbene Reichtum wurzeln in einer Idee.

Wenn Sie bereit sind, das Geheimnis aufzunehmen, so meistern Sie es schon zur Hälfte. Deshalb werden Sie auch die zweite Hälfte erkennen, sobald Ihr geistiges Auge sie wahrnehmen kann.

NAPOLEON HILL

Gedanken sind Taten

Die Kraft, die zum Erfolg führt, ist die Kraft Ihres Geistes. Wie Sie das Schicksal dazu bewegen, Ihre Pläne und Wünsche zu bejahen.

Es ist wahr, »Gedanken sind Taten«, sind sogar machtvolle Taten, sobald sich ein bestimmter Vorsatz, Ausdauer und der brennende Wunsch verbinden und in Reichtum oder anderen materiellen Besitz umwandeln.
Schon vor Jahren erkannte Edwin C. Barnes, daß *Nachdenken wirklich zu Reichtum* führt. Diese Entdeckung verdankte er nicht einer plötzlichen Eingebung, sondern er machte sie schrittweise. Der brennende Wunsch, ein Geschäftspartner des großen Edison zu werden, war der Anstoß.
Dieser Wunschtraum unterschied sich von Träumen anderer vor allem dadurch, daß Barnes *wußte, was er wollte*. Er wollte *mit* Edison arbeiten, nicht *für* ihn. Verfolgen Sie aufmerksam, wie er seinen Wunsch verwirklichte; so gewinnen Sie ein besseres Verständnis für die Prinzipien, die zum Reichtum führen.
Als dieser Wunsch oder Impuls zum erstenmal sein Denken ergriff, war er nicht in der Lage zu handeln. Zwei unüberwindliche Hürden standen ihm im Wege: Er kannte Edison nicht und er konnte die Bahnfahrt nach East Orange in New Jersey nicht bezahlen.
In dieser Lage hätten die meisten Menschen auf die Durchführung ihres Vorhabens bereits mutlos verzichtet. Aber für ihn war es eben kein gewöhnlicher Traum!

Edison schaute ihn an ...

Eines Tages erschien er im Laboratorium Mr. Edisons und kündigte an, er sei gekommen, um zusammen mit dem Erfinder ein Unternehmen aufzubauen. Von der ersten Begegnung mit Barnes erzählte Edison viele Jahre später:

»Er stand vor mir, anzusehen wie ein gewöhnlicher Tramp, aber *sein Gesicht verriet die eiserne Entschlossenheit, seinen Willen durchzusetzen.* Ich hatte durch jahrelangen Umgang mit Menschen gelernt, daß jeder, der bereit ist, alles daran zu setzen, ja Himmel und Hölle in Bewegung zu setzen, um seinen brennenden Wunsch zu verwirklichen, unbedingt Erfolg haben wird. Ich gab ihm die erbetene Chance, *denn ich sah, daß ihn keine Macht der Erde von seinem Vorhaben abbringen würde.* Die späteren Ereignisse bestätigten, daß ich richtig entschieden hatte.«

Es war bestimmt nicht die äußere Erscheinung, die dem jungen Mann zu diesem Erfolg in Edisons Labor verhalf, denn die sprach fraglos gegen ihn. Was zählte, war sein *Denken* gewesen.

Barnes wurde nicht sofort nach diesem Gespräch Edisons Partner. Zunächst wurde er als bescheiden entlohnte Bürokraft eingestellt. Aber der Anfang war gemacht.

Monate vergingen. Nichts geschah, was Barnes dem Traum seines Lebens nähergebracht hätte. Die entscheidende Entwicklung vollzog sich vielmehr in Barnes' Geist. Immer brennender wurde sein Wunsch, Edisons Geschäftspartner zu werden.

Die Psychologen behaupten ganz zu Recht, daß »die innere Bereitschaft dem gewünschten Ereignis vorangeht«. Barnes war bereit zur Partnerschaft mit Edison; mehr noch, er war entschlossen, seine Bereitschaft wachzuhalten, bis er sein Ziel erreicht haben würde.

Er sagte sich nicht: ›Was soll's? Ich werde eben meinen Plan ändern und ein guter Verkäufer werden.‹ Er dachte: ›Ich kam hierher, um mit Edison ein Unternehmen aufzubauen und ich werde dieses Ziel erreichen, selbst wenn ich darüber steinalt werde.‹ Er glaubte daran! Was für eine Fülle von Geschichten wäre zu erzählen, hätten wir jeder nur einen ganz bestimmten Vorsatz, den wir unerschütterlich so lange nährten, bis die Glut dieses Wunsches alle Schwächen und Zweifel verzehren würde!

Vielleicht wußte der junge Barnes damals noch nicht einmal, daß seine eiserne Entschlossenheit jeden Widerstand besiegen und mit unbedingter Sicherheit die ersehnte Gelegenheit herbeiführen würde, seinen Lebenstraum zu verwirklichen.

Gedanken sind Taten 21

Die Gelegenheit kam durch die Hintertür

Barnes' Chance hatte nicht nur eine ganz andere Gestalt, sie kam auch aus völlig anderer Richtung, als er erwartet hatte. Dies ist einer der Streiche, wie sie das Glück uns mit Vorliebe spielt. Es ist so tückisch, durch die Hintertür hereinzuschlüpfen, und das oft verkleidet als Unglück oder vorübergehende Niederlage. Vielleicht ist dies auch der Grund, warum so viele die rechte Gelegenheit verpassen.
Zu jener Zeit kam gerade Edisons neueste Erfindung auf den Markt, eine Diktiermaschine. Die Verkäufer konnten sich für das Gerät nicht begeistern. Sie fürchteten, es nur schwer verkaufen zu können.
Barnes aber wußte, er würde die Diktiermaschine verkaufen. Er schlug es Edison vor und erhielt unverzüglich seine Chance. Er verkaufte die Maschine. Da seine Absatzziffern alle Rekorde schlugen, erhielt er das alleinige Vertriebsrecht für die USA. Diesem Geschäft verdankte Barnes sein großes Vermögen, es lehrte ihn aber auch, daß die Anwendung bestimmter Regeln einen Gedankenimpuls in materiellen Gewinn verwandeln kann. Er bewies die Wahrheit des Satzes, daß *Denken Reichtum wachsen läßt.*
Wieviel ihm der Traum vom Geld wirklich bedeutete, habe ich nicht ergründet. Vielleicht brachte er ihm eine oder zwei Millionen Dollar ein; als Wert bedeutungslos gegenüber dem weit wichtigeren Aktivposten, den er in Gestalt festgefügter Kenntnisse erwarb, deren *unfaßbare Impulse sein Denken verwandelten* und ihn mit der Fähigkeit *belohnten,* sein Wissen von diesen Prinzipien auch anzuwenden.
Barnes dachte sich buchstäblich in seine Partnerschaft mit dem großen Edison hinein! Er *dachte* ein Vermögen herbei. Er begann mit nichts außer dem Wissen um sein Ziel und der unbedingten Entschlossenheit, durchzuhalten.

Der Mann, der zu früh aufgibt

Eine der häufigsten Ursachen von Fehlschlägen im Leben rührt daher, daß man bei der ersten Niederlage bereits entmutigt aufgibt. Kein Mensch ist vor diesem schwerwiegenden Fehler gefeit.
Ein Onkel von R. U. Darby wurde während der Tage des Goldrauschs vom Goldfieber erfaßt. Er brach nach dem Westen auf, um dort zu graben und reich zu werden. Offenbar hatte er noch nie gehört, *daß*

mit Ideen mehr Gold zu verdienen ist, als die Erde in sich birgt. Er steckte Claims ab und machte sich mit Hacke und Schaufel an die Arbeit.

Wochenlange harte Mühen wurden schließlich durch die Entdeckung einer reichen Goldader belohnt. Zu ihrer Ausbeutung brauchte er jedoch Maschinen. Er tarnte die Fundstelle und eilte zurück in seine Heimatstadt Williamsburg. Dort erzählte er seinen Verwandten und einigen Nachbarn von seinem Fund. Alle beteiligten sich am Ankauf der erforderlichen Maschinen und ließen sie nach Colorado schicken. Darbys Onkel und er selbst kehrten inzwischen zu ihrer Mine zurück.

Als die erste Wagenladung Erz eingeschmolzen war, zeigte es sich, daß sie auf eines der reichsten Lager Colorados gestoßen waren. Die Ausbeute weniger Tage würde genügen, um das geliehene Kapital zurückzuzahlen. Und von da an würde der reiche Goldstrom in ihre eigenen Taschen fließen.

Je tiefer die Bohrer hinabdrangen, um so höher stiegen die Hoffnungen Darbys und seines Onkels. Dann geschah es: Das Gold versiegte, die Schatztruhe war leer, der Traum ausgeträumt. Verzweifelt bohrten sie weiter — aber ohne Erfolg. Die Ader war spurlos verschwunden. Endlich entschlossen sie sich aufzugeben.

Für ein paar hundert Dollar verschleuderten sie die Maschinen an einen Trödler und nahmen den Zug nach Williamsburg. Der Trödler aber zog einen Bergbauingenieur zu Rate und erfuhr, daß die Suche seiner Vorgänger nur deshalb ohne Erfolg geblieben war, weil sie offensichtlich eine falsche Fährte verfolgt hatten. Nach seinen Berechnungen mußte die Ader nur etwa einen Meter von der Stelle entfernt weiterlaufen, wo die Darbys ihre Bohrungen abgebrochen hatten. Und genau da fand man sie auch!

Der Trödler, der so klug gewesen war, <u>sich des Rates eines Spezialisten zu bedienen</u>, gewann aus dieser Ader Gold im Wert von vielen Millionen Dollar.

Erfolg durch einen Schritt über die Niederlage hinaus

Viele Jahre später wurde Mr. Darby für seine Verluste vielfach entschädigt durch die Entdeckung, daß sich auch ein Wunsch in Gold verwandeln läßt. Zu dieser Erkenntnis gelangte er nach kurzer Tätigkeit als Vertreter einer Lebensversicherung.

Der verfrühte Abbruch der Goldsuche hatte ihm eine ebenso bittere wie unvergeßliche Lehre erteilt, die er auch auf seine neue Tätigkeit anwandte. Er sagte sich: ›Ich gab zwar einen Meter vor der Goldader auf, aber künftig soll mich kein NEIN daran hindern, eine Versicherung an den Mann zu bringen.‹

Darby gehörte später zu der kleinen Gruppe von Verkaufskanonen, die jährlich Lebensversicherungen im Werte von mehr als einer Million Dollar abschließen. Diese Beharrlichkeit verdankte er dem als nachteilig erkannten Mangel an Ausdauer während seiner Goldsucherzeit.

Vor dem Erfolg muß jeder Mensch einmal eine Niederlage und vielleicht einige Fehlschläge hinnehmen. Die bequemste und dazu logische Reaktion ist dann natürlich, die Flinte ins Korn zu werfen. Und genau das tun die meisten von uns.

Fünfhundert der erfolgreichsten Männer der USA erklärten dem Verfasser, daß sich ihre bedeutendsten Erfolge meist unmittelbar nach einem anfänglichen Fehlschlag eingestellt hatten. Der Mißerfolg ist ein ironischer und gerissener Schelm. Es bereitet ihm höchstes Vergnügen, jemandem kurz vor dem Erfolg noch ein Bein zu stellen.

Das Kind, das einen Mann besiegte

Mr. Darby hatte von der »Schule der harten Schläge« sein Diplom erhalten und sich entschlossen, aus der Goldsuchererfahrung seine Lehre zu ziehen. Kurze Zeit später war es ihm vergönnt, einer Begebenheit beizuwohnen, die ihm bewies, daß ein »Nein« nicht endgültig sein muß.

Eines Nachmittags half er seinem Onkel beim Kornmahlen. Dieser besaß eine große Farm, die er mit einer ganzen Reihe farbiger Landarbeiter bewirtschaftete. Da öffnete sich plötzlich langsam und leise die Tür. Ein kleines Kind, die Tochter eines seiner Farbigen, kam herein und stellte sich neben die Tür.

Der Onkel bemerkte das Kind und raunzte es an: »Was willst Du denn?«

Die Kleine antwortete bescheiden: »Meine Mami will, daß Sie ihr 50 Cents schicken.« — »Ich werde mich hüten«, erwiderte der Onkel, »schau, daß Du nach Hause kommst!«

»Ja, Herr«, meinte sie, *rührte sich aber nicht von der Stelle.*

Mr. Darbys Onkel war so beschäftigt, daß er das Kind nicht weiter

beobachtete. Als er wieder aufschaute und es immer noch am gleichen Platz stehen sah, schrie er es an: »Hab' ich Dir nicht gesagt, Du sollst nach Hause gehen? Nun aber schnell, sonst nehme ich die Peitsche!«
»Ja, Herr«, erwiderte das Mädchen, *rührte sich jedoch immer noch nicht vom Fleck.*
Der Onkel ließ den vollen Sack Getreide, den er gerade in den Mahltrichter schütten wollte, fallen, ergriff eine Faßdaube und ging drohend auf die Kleine zu.
Darby hielt den Atem an. Er war sicher, Zeuge einer Tätlichkeit zu werden. Er kannte seinen Onkel und dessen hitziges Gemüt.
Als der vor dem Mädchen stand, trat dieses ebenfalls schnell noch einen Schritt auf ihn zu, schaute geradewegs hinauf in seine Augen und schrie, so kräftig es konnte: »Meine Mami muß aber die 50 Cents haben!«
Darbys Onkel blieb stehen, blickte die Kleine eine Minute lang an, ließ die Faßdaube sinken, suchte mit einer Hand in der Tasche, fand einen halben Dollar und gab ihn ihr.
Das Mädchen nahm das Geld und ging langsam rückwärts zur Tür, ohne den Mann, den es gerade besiegt hatte, aus den Augen zu lassen.
Als es den Raum verlassen hatte, setzte sich der Onkel schwer auf eine Kiste nieder und starrte länger als 10 Minuten ins Leere, noch immer betroffen von der Niederlage, die er soeben erlitten hatte.
Auch Mr. Darby dachte nach. Zum erstenmal in seinem Leben war er Zeuge geworden, wie der Wille eines farbigen Kindes den eines erwachsenen Weißen unterworfen hatte. Wie war es dazu gekommen? Was war geschehen, daß sein Onkel all seine Hitzigkeit verloren hatte und folgsam wie ein Lamm geworden war? Welche Macht hatte das Kind angewandt, um die Situation zu meistern? Diese und ähnliche Fragen schossen Darby durch den Sinn, aber er fand die Antwort darauf erst, als er mir Jahre später die Geschichte erzählte — in eben jener altmodischen Mühle erzählte, in welcher der Onkel seine Niederlage hatte hinnehmen müssen.

Das »Ja« nach dem »Nein«

In dieser alten, muffigen Mühle, in der Mr. Darby mir die Geschichte dieses ungewöhnlichen Sieges erzählte, fragte er mich auch: »Was halten Sie davon? Welcher seltsamen Kraft hatte das Kind seinen Sieg über meinen Onkel zu verdanken?«

Die Antwort darauf geben Ihnen die in diesem Buch dargestellten Grundsätze. Sie geben eine sehr ausführliche Antwort. Diese enthält genügend Einzelheiten und Anleitungen, um von jedermann verstanden zu werden und es jedem zu ermöglichen, die gleiche Macht, die jenes Kind ganz zufällig und unbewußt einen Augenblick lang besaß, auszuüben.

Wer die Ereignisse aufmerksam verfolgt, wird erfahren, welcher Art diese ungewöhnliche Macht war, die das Kind rettete. Einen kleinen Hinweis erhalten Sie schon im nächsten Kapitel. Und an irgendeiner Stelle dieses Buches wird Ihnen jene Idee begegnen, die Ihre Aufnahmefähigkeit beflügeln und Ihnen die gleiche unwiderstehliche Kraft schenken wird. Vielleicht werden Sie sich dieser Macht schon im ersten Kapitel bewußt, oder die Erkenntnis wird Ihnen erst in einem späteren Kapitel zuteil — sei es als Idee, als Plan oder als Ziel. Möglicherweise werden Sie auch angeregt, den Ursachen früherer Mißerfolge und Niederlagen nachzuspüren und daraus eine wertvolle Lehre zu ziehen, welche Ihnen hilft, alle erlittenen Verluste mehr als wettzumachen.

Nachdem ich Mr. Darby das Wesen der von dem farbigen Kind unbewußt ausgeübten Kraft erklärt hatte, überschlug er rasch die Erfahrungen seiner dreißigjährigen Tätigkeit als Versicherungsvertreter und gab dann offen zu, daß er seinen Erfolg weitgehend der durch jenes Kind empfangenen Lehre verdankte.

Mr. Darby erinnerte sich: »Jedesmal, wenn mich ein möglicher Kunde ohne gekauft zu haben hinauskomplimentieren wollte, sah ich das Kind in der alten Mühle vor mir stehen, sah seine großen Augen herausfordernd blitzen und sagte mir: ›Ich muß diesen Vertrag abschließen!‹ Die einträglichsten Abschlüsse gelangen mir meist, nachdem zuvor ein »Nein« gefallen war.«

Er erinnerte sich auch des übereilt gefaßten und darum so kostspieligen Entschlusses drei Schritte vor dem Gold. Nach seinen eigenen Worten aber war »diese Erfahrung für mich ein versteckter Segen. <u>Sie lehrte mich, unbeirrt durch alle möglichen Widerstände fortzufahren. Jener Fehlschlag ist die Quelle aller meiner späteren Erfolge</u>«.

Mr. Darbys Erfahrung war zum Wink des Schicksals geworden und hatte sein ganzes weiteres Leben bestimmt. Er wußte eine Lehre daraus zu ziehen, *weil er sie zu analysieren* vermochte. Doch was geschieht mit einem Menschen, der weder die Zeit noch die Gabe hat, um auf der

Suche nach Erkenntnis und Erfolg alle Fehlerquellen zu bedenken? Wie soll dieser die Kunst erlernen, eine Niederlage in das Sprungbrett für eine glückliche Zukunft zu verwandeln?
Um diese Frage zu beantworten, wurde das vorliegende Buch geschrieben.

Mit einem richtigen Gedanken beginnt der Weg zum Erfolg

Diese Antwort setzt allerdings die Kenntnis der im folgenden erläuterten 13 Grundsätze voraus, aber denken Sie immer daran, daß nur *Sie allein* die Lösung finden können, die für *Ihr* Leben und *Ihre* Bedürfnisse zugeschnitten ist. Selbst beim Lesen, scheinbar ganz unvermittelt, kann irgendeine Idee, irgendein Plan oder Ziel in Ihr Bewußtsein schießen und Sie reich machen.

Schon eine einzige gute Idee genügt, um zum Erfolg zu gelangen. Und dieses Buch gibt Ihnen mit den darin enthaltenen Prinzipien den Schlüssel in die Hand, damit Sie die Tür öffnen können zu jener unerschöpflichen Schatzkammer voller erfolgversprechender Ideen, die in Ihrem Geist verborgen liegen. Bevor wir allerdings mit der Beschreibung dieser Grundsätze und Methoden beginnen, müssen wir Sie schon jetzt auf eine verblüffende Tatsache aufmerksam machen:

> *Beginnt Reichtum einmal zu entstehen, dann so rasch und in solchem Überfluß, daß man sich verwundert fragt, wo er sich nur in all den mageren Jahren versteckt gehalten hat.*

Diese Erscheinung ist um so erstaunlicher, als sie die weitverbreitete Überzeugung, man könne nur durch langjährige harte Arbeit zu Reichtum gelangen, völlig widerlegt.

Jeder, der durch Denken zu Reichtum gelangte, konnte sich überzeugen, daß dieser nicht so sehr Lohn mühevollen Strebens war, sondern vielmehr die Frucht einer bestimmten geistigen Einstellung, eines klar erfaßten Zieles. Wen würde es nicht interessieren, wie eine solche gewinnträchtige Einstellung beschaffen sein muß? Ich selbst opferte 25 Jahre meines Lebens, um herauszufinden, »wie reich man auf diese Weise werden kann«.

Sobald Sie die Grundsätze dieser Lebensphilosophie beherrschen, heißt es die Augen offenzuhalten, um ja keine Gelegenheit zu versäumen, diese Erfolgsmethode praktisch anzuwenden. Sie werden dann beob-

Gedanken sind Taten

achten, wie sich Ihre finanzielle Lage zusehends verbessert, wie sich unter Ihren Händen alles in Gold verwandelt. Unmöglich? Ganz und gar nicht!
Eine der größten menschlichen Schwächen ist es, daß man mit dem Wort »unmöglich« zu schnell bei der Hand ist. Solchen Menschen erscheint auch die sicherste Methode als »undurchführbar«. Dieses Buch ist aber für alle jene gedacht, die wissen wollen, wie andere zum Erfolg gelangt sind, und die sich bereit finden, *zuversichtlich und rückhaltlos* die hier gegebenen Anleitungen zu befolgen.
Der Erfolg lacht den Erfolgsbewußten.
Dauernde Fehlschläge suchen nur jene heim, die grundlos immer vom Mißerfolg überzeugt sind. Wir aber wollen Ihnen helfen, erfolgsbewußt zu werden, wenn Sie selbst den Wunsch dazu haben.
Eine weitere menschliche Schwäche besteht in der Gewohnheit, alle und alles nach dem *eigenen Eindruck* und dem *eigenen Maßstab* zu bewerten. Viele Leser werden sich einbilden, daß ihnen alle Voraussetzungen fehlen, um durch Nachdenken reich zu werden. Diese Menschen sind Armut, Mangel, Unglück, Mißerfolg und Niederlagen gewohnt. Mich erinnert eine solche Einstellung an jenen Chinesen, der nach Amerika gekommen war, um das amerikanische Leben kennenzulernen. Er besuchte die Universität von Chicago. Eines Tages begegnete er Mr. Harper, dem damaligen Rektor, in der Nähe der Universität. Dieser zog ihn ins Gespräch und fragte schließlich, was ihm, dem Orientalen, bei den Amerikanern am meisten auffalle. »Nun«, meinte der Student, »der eigenartige Schnitt der Augen. Die stehen bei allen schief!«
Und was sagen wir von den Augen der Chinesen?
Was wir nicht verstehen, wollen wir auch nicht für wahr halten. Wir sind in dem Irrtum befangen, unseren eigenen Maßstab an alle und alles anlegen zu müssen. Natürlich sind dann die Augen der anderen »schief«, denn sie sind anders als unsere.

»Ich will es haben und ich werde es haben«

Als Henry Ford beschloß, seinen berühmten V-8-Motor zu bauen, dachte er an eine Maschine, die alle 8 Zylinder in einem Block vereinigen sollte. Seine Ingenieure machten sich zwar an die Entwurfsarbeit, behaupteten aber einstimmig, daß es praktisch unmöglich sei, einen

8-Zylinder-Motor in einem Stück zu fertigen. Doch Ford beharrte auf seinem Plan.

»Es geht aber nicht«, meinten seine Ingenieure.

»Reden Sie nicht lange«, befahl Ford, »bleiben Sie dran, bis Sie die Lösung haben — Zeit spielt keine Rolle«.

Die Ingenieure machten sich wieder an die Arbeit, denn wenn sie weiter bei Ford arbeiten wollten, blieb ihnen nichts anderes übrig. Sechs Monate verstrichen ergebnislos. Es vergingen auch weitere sechs Monate, ohne daß eine Lösung gefunden wurde. Die Spezialisten versuchten die Idee auf allen ihnen vorstellbaren Wegen zu verwirklichen, doch wie sie es auch anpackten — das Problem blieb unlösbar.

Am Ende des Jahres prüfte Ford die Ergebnisse seiner Ingenieure. Diese konnten noch immer keinen Erfolg vorweisen.

»Machen Sie weiter«, entschied Ford. »Ich will diesen Motor haben und ich werde ihn auch haben!«

Verbissen stürzten sich die Techniker von neuem in die Arbeit und wie durch ein Wunder entdeckten sie plötzlich des Rätsels Lösung. Die Entschlossenheit Fords hatte sich wieder einmal bezahlt gemacht.

Wenn wir auch die Geschichte dieser Erfindung hier nicht in allen Einzelheiten schildern können, so dürfte das Wesentliche daran doch klar zutage treten. Wer durch Nachdenken zu Reichtum gelangen will, braucht nur zu beginnen, aus dieser Erzählung das Geheimnis abzuleiten, wie Ford zu seinen Millionen kam.

Henry Ford war ein Erfolgsmensch, weil er die Regel des Erfolgs kannte und anwandte. Eine davon ist, sich durch keine Macht der Welt von seinem Ziel abbringen zu lassen.

Achten Sie von nun an beim Lesen besonders auf jene Abschnitte, die Fords erstaunliche Fortschritte verzeichnen. Denn wer die darin verborgenen Lehren anzuwenden weiß, wird — in welchem Beruf er auch tätig sein mag — Henry Ford nicht lange an Reichtum und Erfolg nachstehen.

Ein Dichter sah die Wahrheit

Als William Ernest Henley (1849—1903) die bedeutsamen Zeilen schrieb: »Ich bin der Herr meines Schicksals, ich bin meiner Seele

[1] Henley, »Invictus«.

Kapitän«[1], hätte er hinzufügen sollen »weil ich die Fähigkeit besitze, mein Denken in die gewünschten Bahnen zu lenken«.

Er hätte uns verraten sollen, daß eine konsequent bewahrte geistige Einstellung dem menschlichen Geist die geheimnisvolle Kraft verleiht, magnetengleich Menschen und Umstände herbeizuziehen, die mit dieser Denkungsart harmonieren.

Er hätte uns auch davon unterrichten sollen, daß, wer Reichtum ansammeln will, seinen Verstand mit dem innigen Wunsch danach magnetisieren muß. Denn nur so wird man genügend »geldbewußt«, um den Wunsch nach Wohlstand in klar umrissene Pläne zu gießen.

Aber da Henley kein Philosoph, sondern ein Dichter war, genügte es ihm, eine große Wahrheit in dichterische Form zu kleiden, wobei er es jenen, die ihm geistig folgen konnten, überließ, die tiefere Bedeutung dieser Zeilen selbst zu ergründen.

Nach und nach verbreitete sich die Erkenntnis dieser Wahrheit und heute dürfen wir mit Zuversicht behaupten, daß alle in diesem Buch beschriebenen Methoden uns in der Tat die Möglichkeit bieten, unser finanzielles und materielles Geschick selbst in die Hand zu nehmen.

Ein junger Mann erkennt sein Schicksal

Wir sind nun soweit, den ersten unserer Grundsätze zu prüfen. Behalten Sie die Augen offen und beherzigen Sie das Folgende. Es handelt sich dabei nicht um die Behauptung eines einzelnen, sondern um eine Erfahrung, die sich bereits im Leben vieler Menschen bewährt hat. Allein an Ihnen liegt es, ob auch Sie Nutzen daraus ziehen wollen. Es wird Ihnen nicht schwer fallen.

Vor einigen Jahren hielt ich im Salem College in Salem, West Virginia, die Semesterschlußrede. Ich trug darin das im folgenden Kapitel beschriebene Prinzip so nachdrücklich vor, daß einer der jungen Menschen aus der Abschlußklasse darauf seine ganze Lebensphilosophie gründete. Später wurde er in den Kongreß gewählt und nahm eine wichtige Stellung in F. D. Roosevelts Kabinett ein. In einem an mich gerichteten Brief verlieh er seiner Meinung über das erwähnte Prinzip so überzeugend Ausdruck, daß ich mich entschloß, seine Worte dem nächsten Kapitel als Einleitung voranzustellen. So können Sie sich leicht überzeugen, welche reichen Früchte von der Anwendung unserer Methoden zu erwarten sind:

Mein lieber Napoleon:
Meine Arbeit im Kongreß hat mir Einblick in die Sorgen von Männern und Frauen verschafft. Aus dem Schatz dieser Erfahrungen habe ich Erkenntnisse gezogen, die Tausenden von ehrenwerten Menschen helfen können.
Ich gehörte zu der Abschlußklasse, für die Du 1922 im Salem College die Promotionsrede hieltest. Bei dieser Gelegenheit hast Du mir einen Gedanken ins Herz gesenkt, dem ich es verdanke, heute meinem Staat dienen zu dürfen, und der auch mein zukünftiges Leben entscheidend beeinflussen wird.
Ich erinnere mich noch, als sei es gestern gewesen, was Du von Henry Fords wunderbarer Methode erzähltest: Wie er mit geringer Schulbildung, ohne einen Dollar in der Tasche und ohne die Unterstützung einflußreicher Freunde seinen Weg nach oben gemacht hat. Noch ehe Deine Rede zu Ende war, hatte ich mich entschlossen, mir eine Position zu schaffen — ungeachtet aller Schwierigkeiten, die mir entgegenstehen würden.
Viele tausend Studenten werden in diesem und in den kommenden Jahren die Schule verlassen. Jeder von ihnen wird eines solchen Wortes der praktischen Ermutigung bedürfen, wie jenes es war, das ich Dir verdanke. Sie werden wissen wollen, bei wem sie Rat suchen können, um das Leben richtig anzupacken. Du bist der rechte Mann dazu, denn Du hast schon vielen Menschen geholfen, ihre Probleme zu lösen.
In Amerika leben heute unzählige Menschen, die lernen wollen, wie man Ideen in Geld verwandelt, Menschen, die mit nichts anfangen oder finanzielle Einbußen wieder wettmachen wollen. Wenn ihnen jemand helfen kann, dann bist Du es.
Sobald das Buch erscheint, bitte ich Dich, mir das allererste Exemplar, mit Deinem Autogramm versehen, zuzusenden.

Herzlichst Dein

JENNINGS RANDOLPH

35 Jahre nach jener Ansprache im Salem College war es mir 1957 vergönnt, dorthin zurückzukehren, um wieder eine Festrede zu halten. Bei dieser Gelegenheit verlieh mir das Salem College den Ehrentitel eines Doktors der Literatur.
Seit 1922 verfolge ich nun, wie Jennings Randolph Stufe um Stufe emporkletterte, vom Direktor einer der führenden Fluggesellschaften

unseres Landes zum redegewaltigen und einflußreichen Senator des Staates West Virginia.

LEITSÄTZE

Ein Mensch kann so ärmlich gekleidet und mittellos sein wie Edwin Barnes — er wird dennoch glänzende Erfolge erringen, wenn er sich nur heiß genug danach sehnt.

Je länger man den richtigen Weg verfolgt, desto näher ist das Ziel. Zu viele Menschen geben eine Handbreit vor dem Erfolg auf. Die Früchte ihrer Arbeit fallen dann dem nächsten in den Schoß.

Ein klares Ziel gibt uns die Kraft, jede Leistung zu vollbringen. Unbeirrbare Entschlossenheit läßt uns jede Schwierigkeit überwinden. Mit der richtigen Einstellung werden Sie selbst das scheinbar Unmögliche vollbringen.

Wie Henry Ford können auch Sie andere mit Ihrer Zuversicht und Tatkraft begeistern, bis diese vor keiner Aufgabe mehr zurückschrecken.

Was der menschliche Geist erfassen und glauben kann, das kann er auch vollbringen!

Der erste Schritt zum Reichtum:
Das Begehren

> *Träume werden Wirklichkeit, wenn unser Begehren sich zur Tat wandelt. Bitte das Leben um große Gaben und Du ermutigst das Leben, Dir viel zu gewähren.*

Als Edwin C. Barnes vor mehr als 50 Jahren in East Orange, New Jersey, vom Güterwagen herunterkletterte, mag er wie ein Tramp ausgesehen haben, sein *Denken* aber war das eines Königs.

Während er sich auf den Weg zu Thomas A. Edisons Büro machte, arbeiteten seine Gedanken. Er sah sich bereits *Edison gegenüberstehen*. Er hörte sich zu, wie er Edison bat, ihm den brennendsten Wunsch seines Lebens zu erfüllen und ihn zum Geschäftspartner zu machen.

Barnes' Anliegen war keine *Hoffnung*, kein bloßer Wunschtraum. Es war heißes Begehren, alles andere verblaßte. Es war endgültig.

Wenige Jahre später stand Edwin C. Barnes von neuem vor Edison, im gleichen Büro, das Zeuge ihrer ersten Begegnung gewesen war. Inzwischen aber war sein heißes Begehren, der beherrschende Traum seines Lebens, Wirklichkeit geworden: Er war Edisons Partner.

Barnes hatte Erfolg, weil er ein klares Ziel vor Augen gehabt und seine ganze Kraft, seine Willensstärke und Entschlossenheit, kurz alles, was in ihm steckte, für die Verwirklichung seines Plans eingesetzt hatte.

Es gibt kein Zurück

Fünf Jahre vergingen, ehe sich die begehrte Gelegenheit bot. Alle anderen hielten ihn für ein kleines Rädchen in Edisons Werk, in seiner eigenen Phantasie aber war er bereits seit der ersten Minute seiner Anstellung der Partner Edisons.

Das ist ein besonders eindrucksvolles Beispiel für die kraftspendende Wirkung eines unabänderlichen Verlangens. Barnes erreichte sein Ziel, weil es ihm mehr bedeutete als alles andere. Er arbeitete einen genauen Plan aus. Aber er brach auch alle Brücken hinter sich ab. Er fachte seinen heißen Wunsch an, bis dieser zur Besessenheit — und schließlich zur Wirklichkeit wurde.

Als er nach East Orange aufbrach, sagte er sich nicht: ›Ich will versuchen, Edison zu bewegen, mir irgendeine Arbeit zu geben.‹ Er sagte sich: ›Ich will Edison treffen und ihm mitteilen, daß ich gekommen bin, um mit ihm eine Firma zu gründen.‹

Er sagte sich nicht: ›Ich will meine Augen offen halten für eine andere Gelegenheit, für den Fall, daß ich in Edisons Organisation nicht finde, was ich mir wünsche.‹ Er sagte sich: ›Ich habe mich für *ein* Ziel auf der Welt entschieden und das ist die Geschäftsverbindung mit Thomas A. Edison. Ich werde alle Brücken hinter mir abbrechen und meine Zukunft auf diese eine Karte setzen.‹

Er ließ sich keinen Weg zum Rückzug offen. Er hatte zu gewinnen oder unterzugehen! Das ist die ganze Geschichte von Barnes' Erfolg.

Er verbrannte seine Schiffe

Vor langer Zeit sah sich ein großer Feldherr zu einer Entscheidung gezwungen, die seinen eigenen Untergang und die völlige Vernichtung seiner Armee bedeuten konnte, mußte er seine Truppen doch gegen einen zahlenmäßig weit überlegenen Feind antreten lassen. Er schiffte seine Soldaten ein. Nach der Landung auf feindlichem Gebiet befahl er ihnen, alles Kriegsmaterial auszuladen und die Schiffe zu verbrennen. Vor der Schlacht rief er seine Kämpfer zusammen und sagte: »Seht Ihr, wie das Feuer unsere Schiffe verzehrt? Wenn wir unterliegen, werden wir diese Küste nicht lebend verlassen. Wir haben keine Wahl *als zu siegen — oder zu sterben!*«

Sie siegten.

Wer siegen will, muß bereit sein, seine Schiffe hinter sich zu verbrennen und auf jede Rückzugsmöglichkeit zu verzichten. Nur so wird jenes brennende Begehren erwachen, das die unerläßliche Voraussetzung jedes Erfolges ist.

Am Morgen nach dem großen Brand von Chicago fand sich eine Gruppe von Kaufleuten in der State Street ein und starrte auf die schwelenden Überreste ihrer Kaufhäuser. Dann wurde in einer Konferenz darüber abgestimmt, ob Chicago wiederaufgebaut werden oder ob man an anderer Stelle unter günstigeren Bedingungen noch einmal ganz von vorn anfangen solle. Mit Ausnahme eines einzigen entschieden sich alle dafür, Chicago zu verlassen.

Der Kaufmann aber, der beschlossen hatte zu bleiben, zeigte auf die Überreste seines Geschäftes und sagte: »Meine Herren, auf genau diesem Platz werde ich der Welt größtes Kaufhaus errichten, und wenn es noch so oft niederbrennen sollte!«

Dies geschah vor etwa einem Jahrhundert. Das Haus wurde aufgebaut. Es steht noch heute als ein weithin sichtbares Denkmal jener Kraft, die wir als das brennende Begehren des Geistes kennen. Dabei wäre es auch für Marshal Field die einfachste Lösung gewesen, zu tun was die anderen Kaufleute taten. Denn als die ersten ernsthaften Schwierigkeiten auftauchten und ihre geschäftliche Zukunft in Frage gestellt schien, wählten jene den bequemsten Ausweg und liefen davon.

Beachten Sie den Unterschied zwischen dem Verhalten von Marshal Field und dem der anderen Geschäftsleute, denn diese unterschiedliche Reaktion kennzeichnet den Gegensatz zwischen Erfolgsmenschen und Versagern.

Sobald der Mensch alt genug ist, um die Bedeutung des Geldes zu verstehen, will er es auch haben. Aber der bloße Wunsch reicht noch nicht aus. Nur ein an Besessenheit grenzendes heißes Verlangen, sorgfältige Planung und Wahl der geeigneten Mittel, dazu die unbeirrbare Entschlossenheit, das einmal gewählte Endziel zu erreichen, führen zu Reichtum.

Sechs Schritte, Wünsche in Gold zu verwandeln

Die Methode, mit deren Hilfe das *Verlangen* nach Reichtum umgewandelt werden kann in seinen finanziellen Gegenwert, umfaßt die folgenden exakt zurückzulegenden sechs Schritte:

1. Bestimmen Sie *genau* die Menge Geldes, die Sie sich wünschen. Es genügt nicht, nur zu sagen »Ich will viel Geld«. Setzen Sie sich eine bestimmte Summe zum Ziel. (Diese Genauigkeit hat einen psychologischen Grund, von dem in einem späteren Kapitel die Rede sein wird.)

2. Überlegen Sie sorgfältig, welche *Gegenleistung* Sie für diese Summe Geldes zu erbringen bereit sind. (Im Leben wird uns nichts »geschenkt«.)
3. Bestimmen Sie den genauen Zeitpunkt, zu dem Sie das Geld in Händen haben wollen.
4. Erarbeiten Sie einen genauen Plan, wie dieser Wunsch zu verwirklichen ist und beginnen Sie *sofort*, Ihr Vorhaben in die *Tat* umzusetzen, ob Sie sich dafür nun gerüstet fühlen oder nicht.
5. Halten Sie alles, auch die letzte Einzelheit, schriftlich fest: Die gewünschte Summe, den genauen Zeitpunkt, zu dem Sie spätestens über das Geld verfügen wollen, die von Ihnen zu bietende Gegenleistung und den Plan, der Sie ans Ziel führen soll.
6. Lesen Sie sich diese Niederschrift zweimal täglich laut vor, das erste Mal morgens nach dem Aufstehen und das zweite Mal abends vor dem Schlafengehen. Fühlen, sehen und glauben Sie sich schon während des Lesens im Besitze dieses Geldes.

Die buchstabengetreue Befolgung dieser sechs Anweisungen ist von ausschlaggebender Bedeutung. Vielleicht wenden Sie nun ein, es sei Ihnen unmöglich, »sich im Besitze des Geldes zu sehen«, ehe Sie es nicht wirklich in Händen haben. Aber über diese Schwierigkeit wird Ihr *brennendes Verlangen* Ihnen hinweghelfen. Denn wer sich vor Sehnsucht nach einem bestimmten Besitz verzehrt, der wird verhältnismäßig leicht in der Vorstellung aufgehen, daß er ihn auch in Wirklichkeit erwerben wird — ja bereits erworben hat. Die Hauptsache ist es, das Geld zu wollen und überzeugt zu sein, daß Sie es auch erhalten werden.

Grundsätze im Wert von 100 Millionen Dollar

Uneingeweihten, die nicht mit den Arbeitsprinzipien des menschlichen Geistes vertraut sind, mögen diese Anweisungen als unrealistisch erscheinen. Ihnen und allen, die diese Methode für unwirksam halten, sei gesagt, daß sie von Andrew Carnegie stammt, der sich mit ihrer Hilfe vom einfachen Arbeiter in der Stahlindustrie emporarbeitete und schließlich ein Vermögen von weit mehr als 100 Millionen Dollar ansammelte.

Auch die folgende Tatsache dürfte Ihr Vertrauen in die hier geschilderten sechs Grundsätze stärken: Kein geringerer als der äußerst

realistische Thomas A. Edison hat nach sorgfältiger Prüfung dieser sechs Schritte festgestellt, daß sie nicht nur die sicherste Methode darstellen, Vermögen zu erlangen, sondern um überhaupt jedes nur denkbare Ziel zu erreichen.
Die sechs Schritte verlangen keine »harte Arbeit«. Sie fordern kein Opfer. Sie laufen nicht Gefahr, als lächerlich oder leichtgläubig verspottet zu werden. Sie zu vollbringen, setzt keine besondere Ausbildung voraus. Aber zur erfolgreichen Anwendung dieser sechs Schritte bedürfen Sie ausreichender Phantasie und Einsicht, denn Sie müssen verstehen, daß der Erwerb eines großen Vermögens nicht einfach einem Glücksfall überlassen werden kann. Denken wir immer daran: Alle, die zu großen Vermögen gelangten, haben *vorher* viel geträumt, gehofft, gewünscht, begehrt und geplant.
Ich möchte darum, daß Sie die folgende Tatsache verstehen: Wer sein *Verlangen* nach Geld nicht bis zur Weißglut erhitzt und von der *Überzeugung* durchdrungen ist, daß er zu Geld kommt, der wird *niemals* Reichtum erwerben.

Große Träume können sich in Reichtum verwandeln

Wir alle, die wir uns im Wettlauf um die Reichtümer dieser Erde befinden, sollten stets bedenken, daß die wandlungsreiche Welt, in der wir leben, immer neue Ideen, neue Techniken, neue Führungskräfte, neue Erfindungen, neue Unterrichtsmethoden, neue Absatzmärkte, neue Bücher, neue Themen für Film, Fernsehen und Theater fordert. Um hier Erfolg zu haben, genügt aber nicht nur das Wissen um alle diese Erfordernisse, wir bedürfen dazu auch des *unbeugsamen Willens*, sie zu erfüllen, und des brennenden Verlangens, die daraus erwachsenden Früchte des Reichtums zu ernten.
Wir, die wir Reichtümer ansammeln wollen, müssen immer beherzigen, daß die wirklichen Führer unserer Welt zu allen Zeiten Menschen waren, die sich die ungeheuren Energien völlig neuer Ideen nutzbar zu machen wußten und diese in Wolkenkratzer, Städte, Fabriken, Flugzeuge, Autos und viele andere Annehmlichkeiten des modernen Lebens verwandelten.
Wer an einem Plan arbeitet, um sich seinen Anteil an den Gütern dieser Erde zu sichern, muß wissen, welche wichtige Rolle dabei große Träume spielen. Nur wer wagt, gewinnt — und großer Gewinn setzt großen

Einsatz voraus. Nur der wird Erfolg haben, der sich vom Geist der großen Forscher und Entdecker beseelen läßt, deren große Träume unserem Leben alles das geschenkt haben, was seinen äußeren Wert ausmacht. Dieser Geist ist es, der die Früchte bedeutender Pläne heranreifen läßt.

Wenn Sie *überzeugt* sind, das Rechte und Richtige zu wollen, dann machen Sie sich mutig ans Werk. Verwirklichen Sie Ihren Traum und beachten Sie nicht, was »die anderen« zu einem etwaigen vorübergehenden Mißerfolg zu sagen haben. Denn diese »anderen« wissen sicher nicht, daß jeder Mißerfolg den Keim eines noch größeren Erfolgs in sich trägt.

Thomas A. Edison träumte von einer elektrischen Lampe und begann unverzüglich seinen Traum in die Tat umzusetzen. Auch nach *mehr als 10 000 fehlgeschlagenen Experimenten* hielt er an seinem großen Traum fest, bis dieser physikalische Wirklichkeit geworden war. Praktische Träumer *geben niemals auf!*

Die Brüder Wright träumten von einer Maschine, mit der man fliegen konnte. Die weltweiten Flugverbindungen unserer Tage beweisen, daß auch dies kein leerer Traum war.

Marconi träumte von einem Verfahren, das dem Menschen die unsichtbaren Kräfte des Äthers nutzbar machen würde. Daß dies kein Hirngespinst war, beweist heute jedes Rundfunk- und Fernsehgerät der Welt. Ganz nebenbei: Seine Freunde ließen ihn in Schutzhaft nehmen und von einem Irrenarzt untersuchen, als er verkündete, er habe ein Prinzip entdeckt, das es gestatte, ohne Draht oder irgendwelche andere stoffliche Verbindung Nachrichten durch die Luft zu senden. Erst den Träumern unserer Tage ergeht es besser.

Unsere Welt bietet eine unendliche Auswahl erfolgversprechender Projekte, von denen sich die Träumer früherer Zeiten noch nichts »träumen« ließen.

Sie verstärken ihre Träume durch ihr Begehren

Am Anfang jedes fruchtbaren Traumes steht der brennende Wunsch, jemand zu sein und etwas zu leisten. Träume werden nicht aus Gleichgültigkeit, Faulheit oder Mangel an Ehrgeiz geboren.

Bedenken Sie, daß alle Erfolgsmenschen zuerst einen schlechten Start und viele entmutigende Kämpfe durchzustehen hatten, ehe sie ihr Ziel

Der erste Schritt zum Reichtum: Das Begehren 39

erreichten. Der Wendepunkt im Leben dieser Erfolgreichen wird meist durch eine Krise gekennzeichnet, die ihnen ihr »anderes Ich« enthüllt.

John Bunyan[2] schrieb »*Pilgrim's Progress from this World to That which is to Come*« (»Die Pilgerreise zur seligen Ewigkeit«), eines der bedeutendsten Erbauungsbücher der Weltliteratur, nachdem er seiner Überzeugung wegen zu einer harten Gefängnisstrafe verurteilt worden war.

O. Henry[3] entdeckte das in ihm schlummernde schriftstellerische Talent, nachdem ihm ein großes Unglück widerfahren war und er sich ebenfalls in einer Gefängniszelle befand. Erst hier wurden ihm die Augen für sein »besseres Selbst« geöffnet und seine Phantasie angeregt. Und plötzlich entdeckte er, der erbärmliche Kriminelle und Ausgestoßene, daß es seine Aufgabe war, ein großer Schriftsteller zu werden. Charles Dickens[4] begann seine Laufbahn, indem er Zettelchen auf Schuhcremeschachteln klebte. Das tragische Ende seiner ersten Liebe erschütterte ihn jedoch so tief, daß er völlig verwandelt wurde und zu einem der bedeutendsten Dichter der Welt reifte. Die erste Frucht seines tragischen Geschicks war der Roman »*David Copperfield*«. Er stand am Beginn einer langen Reihe von Werken, die im Herzen seiner Leser eine reichere und bessere Welt erstehen ließen.

Helen Keller[5] wurde kurz nach ihrer Geburt taubstumm und blind. Dieses grausame Schicksal aber hinderte sie nicht daran, Leistungen zu vollbringen, die sie ebenbürtig neben die Großen der Geschichte stellen. Ihr ganzes Leben ist ein Beweis dafür, *daß niemand wirklich besiegt ist, ehe er nicht die Niederlage als unabänderliche Tatsache hinnimmt.*

Robert Burns[6] war ein völlig ungebildeter Bauernjunge. In seiner Armut suchte er Trost im Alkohol und wurde zum Trinker. Trotz alledem war sein Leben ein Geschenk für die Menschheit, denn er schuf Gedichte von unnachahmlicher Poesie und pflanzte Rosen, wo vorher Dornen gewachsen waren.

---

[2] Englischer Schriftsteller, 1628—1688, als Gegner der englischen Staatskirche unter Karl II. zwischen 1660 und 1672 wiederholt zu Gefängnisstrafen verurteilt.

[3] Eigentlich William Sidney Porter, amerikanischer Schriftsteller, 1862—1910.

[4] Englischer Schriftsteller, 1812—1870.

[5] Amerikanische Schriftstellerin, geb. 1880.

[6] Schottischer Nationaldichter, 1759—1796.

Beethoven[7] wurde taub und Milton[8] erblindete — doch der Ruhm ihrer Namen wird nie erlöschen, denn aus ihren Träumen schufen sie neue Welten der Töne und der Gedanken.

Sich etwas wünschen oder bereit sein, es zu empfangen, ist nicht dasselbe. Die innere Bereitschaft setzt geistige Aufgeschlossenheit und den *zuversichtlichen Glauben* voraus, daß man das Gewünschte auch erhalten wird. Hoffen und wünschen allein genügen nicht. Wer seinen Geist verschließt, der findet auch Zuversicht, Mut und Glauben stets verschlossen.

Vergegenwärtigen Sie sich immer: Die Verwirklichung der höchsten Ziele und ein Leben in Reichtum und Überfluß verlangen nicht mehr Anstrengungen von Ihnen als nötig sind, um Elend und Armut auf sich zu nehmen. Ein großer Dichter hat diese ewige Wahrheit in die folgenden Verse gekleidet:

> Ich feilschte mit dem Leben um den Pfennig
> und das Leben bezahlte nicht mehr,
> soviel ich am Abend auch bettelte,
> als ich meinen kargen Vorrat gezählt.
>
> Doch das Leben ist ein gerechter Dienstherr.
> Es gibt dir, soviel du erbeten.
> Aber wenn du den Anteil bestimmt hast,
> warum? — mußt du das Tagwerk vollbringen.
>
> Ich werkelte für eines Knechtes Lohn,
> um bestürzt zu spät zu erfahren,
> daß jeden Anteil, gefordert vom Leben,
> das Leben mir willig gegeben hätte.

Wünschen vollbringt das »Unmögliche«

Als angemessenen Höhepunkt dieses Kapitels möchte ich einen der ungewöhnlichsten Menschen vorstellen, den ich je kennengelernt habe. Ich sah ihn zum erstenmal wenige Minuten nach seiner Geburt. Er kam ohne Ohren zur Welt und der Arzt befürchtete — wenn er nach

---

[7] Deutscher Komponist, 1770—1827.

[8] Englischer Dichter, Philosoph und Staatsmann, 1608—1674.

seiner Meinung über den Fall gefragt wurde —, daß dieses Kind sein Leben lang taubstumm bleiben würde.
Ich bestritt die Meinung des Arztes. Ich hatte das Recht dazu, — ich war der Vater des Kindes. Und auch ich war zu einem Urteil gelangt und hatte mir eine Meinung gebildet, aber ich verschwieg meine Überzeugung und bewahrte sie in der Verborgenheit meines Herzens.
Tief innerlich wußte ich, daß mein Sohn hören und sprechen würde. Wie? Ich war sicher, daß es einen Weg gab, und ich wußte, ich würde ihn finden. Ich dachte an die Worte des unsterblichen Emerson: »Der Lauf aller Dinge lehrt uns vertrauen. Wir brauchen nur zu folgen. Uns allen werden Fingerzeige gegeben. Aber es gilt aufmerksam zu lauschen, wenn wir auch *das entscheidende Wort* vernehmen wollen.«
Das entscheidende Wort? — Begehre! Mehr als alles andere wünschte ich, daß mein Sohn nicht taubstumm bleiben möge. Ich habe nie — auch nicht für eine Sekunde — von diesem Wunsch abgelassen.
Was konnte ich mehr tun? Irgendwie einen Weg finden, um in die Seele des Kindes den in meinem Herzen brennenden Wunsch einzupflanzen, damit seine Sinne auch ohne Ohren Töne und Laute vernehmen würden. Einmal würde das Kind alt genug sein, um von sich aus meine Anstrengungen zu unterstützen. Dann wollte ich seine Seele so sehr mit dem brennenden Wunsch zu hören erfüllen, bis die Natur selbst aus ihrem Innern Mittel und Wege hervorbringen würde.
Diese Gedanken beanspruchten in mir einen festen Platz, aber ich sprach zu niemandem darüber. Jeden Tag erneuerte ich mein Gelübde, daß mein Sohn nicht taubstumm bleiben würde.
Als er älter wurde und seine Umwelt zu erfassen begann, beobachteten wir, daß er doch ganz schwach hören mußte. In dem Alter, in welchem die meisten Kinder normalerweise zu sprechen beginnen, machte er dazu zwar keinen Versuch, aber gelegentliche Handlungen deuteten darauf hin, daß er bestimmte Töne ganz leise wahrnahm. Das hatte ich wissen wollen! Denn ich war überzeugt, daß sich auch die geringste Hörfähigkeit weiter entwickeln lassen würde. Und eines Tages erhielten meine Hoffnungen auf völlig unerwartete Weise neue Nahrung.

Wir finden die Lösung

Wir kauften einen Plattenspieler. Als das Kind zum erstenmal die Musik hörte, geriet es vor Entzücken außer sich und ergriff sofort Besitz von dem Apparat. Einmal spielte der Junge fast zwei Stunden lang immer die gleiche Platte ab. Die ganze Zeit über stand er davor und hielt eine der Kanten des Kastens *mit seinen Zähnen umklammert.* Die Bedeutung dieser selbst angeeigneten Gewohnheit wurde uns erst später klar, denn bis dahin wußten wir nichts von der Übertragungsfähigkeit der Knochen.

Kurze Zeit nachdem er sich den Plattenspieler angeeignet hatte, entdeckte ich, daß er mich ziemlich gut verstand, wenn ich beim Sprechen meine Lippen ihm auf Jochbein oder Schläfenbein legte.

Sobald diese Verständigungsbrücke geschaffen war, begann ich sofort damit, meinen Wunsch, er möge hören und sprechen, auf ihn zu übertragen. Bald bemerkte ich, daß dem Jungen meine Gutenachtgeschichten Freude machten. Ich erfand darum Geschichten, die mir geeignet schienen, in ihm Selbstvertrauen, Phantasie und das *brennende Verlangen* wachzurufen, *genauso normal zu sein und hören zu können, wie alle anderen Kinder.*

Da war besonders eine Geschichte, die ich ihm in stets neuer dramatischer Färbung immer wieder erzählte. Sie sollte in seinem Geist die Vorstellung entstehen lassen, daß sein Gebrechen keinesfalls ein Nachteil, sondern ein Vorteil von einzigartigem Wert sei. Nun hatten meine philosophischen Studien mich zwar gelehrt, daß jedes Mißgeschick den Keim eines zumindest ebenso großen Glücks in sich birgt; hier aber mußte insgeheim auch ich zugeben, daß ich mir nicht vorzustellen vermochte, wie aus diesem Gebrechen jemals ein Segen erwachsen sollte.

Nichts konnte ihn aufhalten

Rückblickend kann ich feststellen, daß meines Sohnes Vertrauen zu mir viel zu den erstaunlichen Ergebnissen beigetragen hat. Er war von der Wahrheit meiner Worte völlig überzeugt. Schließlich glaubte er selbst, daß er seinem älteren Bruder gegenüber einen deutlich erkennbaren Vorteil besitze, der noch in vielfältiger Weise Früchte tragen müßte. So würden seine Lehrer ihn mit besonderer Aufmerksamkeit und Freundlichkeit behandeln, weil er keine Ohren hatte (was sie auch ausnahmslos taten). Auch als Zeitungsverkäufer würde er später einmal besser dran sein als sein Bruder, weil die Leute bemerken würden, daß er trotz seines Gebrechens ein kluger, fleißiger Junge sei, der deshalb ein besonders großes Trinkgeld verdiene.

Als er sieben Jahre alt war, zeigte unsere methodische Förderung seines Selbstvertrauens den ersten Erfolg. Monatelang hatte er uns bedrängt, ihn doch Zeitungen verkaufen zu lassen. Aber seine Mutter wollte es nicht erlauben.

Schließlich handelte er selbst. Eines Nachmittags, als wir ihn mit den Dienstboten allein im Haus gelassen hatten, kletterte er aus dem Küchenfenster und machte sich auf den Weg. Er lieh sich von dem benachbarten Schuhmacher 6 Cents und kaufte dafür Zeitungen. Als diese verkauft waren, investierte er seinen Gewinn in einem neuen Vorrat an Zeitungen und fuhr damit fort bis zum späten Abend. Nachdem er mit der Vertriebsstelle abgerechnet und seinem »Bankier« den Kredit von 6 Cents zurückbezahlt hatte, blieb ihm ein stolzer Reingewinn von 42 Cents. Bei unserer Heimkehr fanden wir ihn im Bett — in tiefem Schlaf, aber das Geld eisern umklammernd.

Seine Mutter öffnete die kleine Faust, nahm die Münzen heraus und brach in Tränen aus. Aber wie konnte sie nur beim ersten Sieg ihres Kindes über sein Mißgeschick weinen! Ich reagierte genau umgekehrt. Ich lachte aus vollem Herzen, denn nun wußte ich, daß es mir in der Tat gelungen war, meinem Sohn echtes Selbstvertrauen zu schenken.

Meine Frau sah in diesem ersten selbständigen Unternehmen unseres Jungen nur den lebensgefährlichen Versuch eines kleinen Kindes, das sein Leben aufs Spiel gesetzt hatte, um auf der Straße Zeitungen zu verkaufen. In meinen Augen aber hatte sich der kleine Kerl als tapferer, ehrgeiziger und zuversichtlicher Geschäftsmann bewährt, der in seiner Selbsteinschätzung um 100% gestiegen war, weil er auf eigene Faust ein Geschäft erfolgreich abgewickelt hatte. Sein Handeln fand meinen uneingeschränkten Beifall, da er sich selbst den Beweis für seine Findigkeit und Klugheit geliefert und damit den Grund eines unerschütterlichen Selbstvertrauens gelegt hatte, das ihn nun immer begleiten würde.

Durchbruch zum Hören

Der kleine taube Junge besuchte die Volksschule, das Gymnasium und die Universität, ohne je seine Lehrer hören zu können, falls sie ihn nicht aus nächster Nähe anschrien. Wir weigerten uns entschieden, ihn eine Sonderschule für Gehörbehinderte besuchen oder die Zeichensprache erlernen zu lassen, denn er sollte unbedingt ein normales Leben in der Gesellschaft normaler Kinder führen. Selbst die hitzigen Auseinandersetzungen mit verschiedenen Schulleitern konnten uns nicht von diesem Entschluß abbringen.

Im Gymnasium versuchten wir es einmal mit einem elektrischen Hörgerät, aber es versagte.

Erst in der letzten Woche seiner Universitätszeit trat jenes Ereignis ein, das zum entscheidenden Wendepunkt seines Lebens wurde. Scheinbar zufällig gelangte er in den Besitz eines neuen elektrischen Hörgeräts; man hatte es ihm versuchsweise zugeschickt. Er ließ es eine Woche lang unberührt liegen, da er seine herbe Enttäuschung mit dem vorausgegangenen, ähnlichen Gerät noch nicht vergessen hatte. Schließlich setzte er es doch auf, schaltete die Batterie ein und — wie von einem Zauberstab berührt, vermochte er zum erstenmal in seinem Leben zu hören. Sein lebenslanger Traum, Laute und Töne so wahrnehmen zu können wie andere Menschen auch, hatte sich endlich erfüllt. Überströmend vor Freude stürzte er zum Telefon, rief seine Mutter an und vernahm zum erstenmal in seinem Leben den Klang ihrer Stimme. Am nächsten Tag hörte er wie nie zuvor die Stimmen seiner Professoren. Zum erstenmal in seinem Leben konnte er ungezwungen mit anderen Menschen sprechen, ohne daß diese ihn anschreien mußten. Ihm war in der Tat das Tor zu einer neuen Welt geöffnet worden.

Damit hatte sein brennender Wunsch zwar begonnen Früchte zu tragen, aber der Sieg war noch nicht vollkommen. Noch mußte er auch einen gangbaren Weg finden, um sein Handicap in einen gleichwertigen Vorteil zu verwandeln.

Der »taube« Jungen hilft anderen

Die entscheidende Bedeutung seiner bisherigen Entwicklung hatte er noch nicht voll erfaßt, als er — freudetrunken über die neuentdeckte Welt der Töne — einen begeisterten Erfahrungsbericht an den Hersteller des Gerätes sandte. Irgendetwas in seinem Brief veranlaßte die Gesellschaft, ihn nach New York einzuladen. Nach seiner Ankunft wurde er vom Chefingenieur durch die Fabrikanlagen geführt und während er diesem schilderte, wie sich die Welt für ihn nun verwandelt hatte, schoß ihm eine Vorahnung, eine Idee oder vielleicht eine Eingebung — nennen Sie es, wie Sie wollen — durch den Kopf. Dieser Gedankenimpuls war es, der seinen Nachteil in jenen Vorteil verwandelte, der dazu bestimmt sein sollte, Tausenden von Menschen Reichtum und Glück für alle Zukunft zu bescheren.

Der Inhalt des Gedankenblitzes? Ihm war plötzlich aufgegangen, daß er Millionen tauber Menschen, die ohne Hörgerät durchs Leben gingen, würde helfen können, wenn es ihm gelänge, die Entstehungsgeschichte seiner neuen Welt zu erzählen.

Einen ganzen Monat lang verwandte er auf eine genaue Analyse der Verkaufs- und Absatzmethoden der Hörgerätehersteller. Dann entwickelte er ein erfolgversprechendes System, um mit allen Schwerhörigen der ganzen Welt Kontakt aufzunehmen und seine Freude an der neuentdeckten Welt mit ihnen zu teilen. Auf der Grundlage seiner neugewonnenen Erkenntnisse errichtete er dann einen sorgfältig durchdachten Zweijahresplan. Als er diesen der Firma vorlegte, bot man ihm eine leitende Stellung an, damit er sein Ziel verwirklichen könne. Selbst in seinen kühnsten Träumen hatte er nicht erwartet, daß er dazu bestimmt war, neue Hoffnung und wirksame Hilfe jenen Tausenden zu bringen, die ohne ihn zur Taubheit verdammt gewesen wären.

Ich zweifelte keine Sekunde daran, daß auch Blair sein ganzes Leben lang taubstumm geblieben wäre, hätten nicht seine Mutter und ich seinen Geist so geformt, wie wir es taten.

Als ich ihm den heißen Wunsch ins Herz senkte, wie alle anderen hören und sprechen zu lernen, wurde dieser innere Antrieb durch eine geheimnisvolle Macht verstärkt, welche nun die Natur selbst eine Brücke schlagen ließ über den Abgrund des Schweigens, der meinen Sohn von der Außenwelt trennte.

Kein Zweifel — das brennende Verlangen wählt bisweilen seltsame Wege, um sich in greifbare Wirklichkeit zu verwandeln. Blair sehnte sich danach, normal zu hören. Jetzt kann er es! Er war mit einem Handicap geboren, das einen weniger willensstarken Menschen dazu verdammt hätte, an irgendeiner Straßenecke Schuhbänder zu verkaufen und Passanten um milde Gaben anzubetteln.

Nahezu wider jedes Erwarten hatte sich an meinem Sohn die Wahrheit des Satzes bestätigt, daß sich jeder Nachteil in einen zumindest gleichgroßen Vorteil verwandeln läßt. Es gibt wahrlich nichts Gutes oder Schlechtes, das mit <u>unerschütterlichem Selbstvertrauen und heißem Verlangen</u> nicht verwirklicht werden kann.

Und diese beiden Hilfskräfte stehen für jeden Menschen bereit.

Einer Sängerin Wunsch wirkt Wunder

Eine kurze Zeitungsmeldung über Frau Schumann-Heink lieferte den Schlüssel, um die erstaunliche Karriere dieser außergewöhnlichen Frau verstehen zu können. Das folgende Zitat beweist, daß ihr Erfolgsgeheimnis in nichts anderem bestand als in ihrem brennenden Wunsch. »Ganz am Anfang ihrer Laufbahn suchte Frau Schumann-Heink einmal den Direktor der Wiener Staatsoper auf, um ihm vorzusingen. Aber dieser wollte sie gar nicht erst hören. Nach einem kurzen Blick auf das unbeholfene, ärmlich gekleidete Mädchen rief er ungnädig aus: ›Wie können Sie sich mit einem solchen Gesicht und ohne jegliche persönliche Ausstrahlung Erfolg an der Oper versprechen? Mein liebes Kind, schlagen Sie sich diesen Gedanken aus dem Kopf. Kaufen Sie sich eine Nähmaschine und machen Sie Kleider. *Aus Ihnen wird nie eine Opernsängerin!*‹«

»Nie« ist eine lange Zeit! Der Direktor wußte zwar eine Menge über Gesangstechnik, aber er unterschätzte die Kraft eines Wunsches, der an Besessenheit grenzt. Hätte er diese Kraft gekannt, so wäre ihm nicht der Fehler unterlaufen, über einem Gesangsgenie den Stab zu brechen, ohne ihm auch nur eine einzige Chance gegeben zu haben.

Vor mehreren Jahren erkrankte einer meiner Geschäftspartner. Sein Zustand verschlimmerte sich zusehends, so daß er zur Operation ins Krankenhaus eingeliefert werden mußte. Der Arzt warnte mich, daß ich ihn aller Wahrscheinlichkeit nach wohl nicht lebend wiedersehen würde. Aber das war nur die Meinung des Arztes, nicht die des Patienten. Kurz bevor man ihn wegfuhr, flüsterte er mir noch mit schwacher Stimme zu: »Machen Sie sich keine Sorgen, Chef, ich werde das in ein paar Tagen überstanden haben.« Die Krankenschwester schaute ihn mitleidsvoll an. Aber er sollte Recht behalten. Später gestand mir der Arzt, daß den Kranken nur sein felsenfester Wille gerettet habe: »Er hätte es nie geschafft, wenn er nicht von vornherein die Möglichkeit eines tödlichen Ausgangs aus seinem Denken verbannt hätte.«

Ich glaube an die Kraft des zuversichtlichen Wunsches, weil ich gesehen habe, wie diese Kraft Menschen aus bescheidenen Anfängen zu Macht und Reichtum verholfen hat; ich habe gesehen, daß sie den Tod seiner Beute beraubte; ich habe gesehen, wie sie von vielfältigem Mißgeschick Verfolgten den Weg zeigte, welcher sie wieder nach oben führte; ich habe gesehen, wie sie meinem Sohn ein normales glückliches und erfolgreiches Leben bescherte, obwohl ihn die Natur ohne Ohren zur Welt kommen ließ.

Wie kann man die Kraft eines Wunsches anwenden und sich zunutze machen? Dieses und die folgenden Kapitel beantworten die Frage.

Auf geheimnisvolle, bis jetzt ungeklärte Weise läßt die Natur aus jedem einen starken Wunsch bewirkenden Impuls die geistige Kraft entstehen, jenes »gewisse Etwas«, dem die Begriffe »unmöglich« und »versagen« fremd sind und das uns darum über jede Hürde hinweghilft.

LEITSÄTZE

Sobald das Begehren alle starken Kräfte wachruft und auf ein einziges Ziel hinlenkt, brauchen Sie keinen Rückzugsweg, denn der Sieg ist sicher.

Die sechs in diesem Buche genau beschriebenen Schritte verwandeln den Wunsch in Gold. Für Andrew Carnegie waren diese Grundsätze 100 Millionen Dollar wert.

Ein brennender Wunsch verwandelt eine zeitweilige Niederlage in einen neuen Sieg. Diese Kraft war es, die eines der größten Kaufhäuser der Welt buchstäblich aus der Asche erstehen ließ.

Ein Junge ohne Ohren lernte hören. Eine Frau »ohne Chance« wurde eine berühmte Opernsängerin. Ein todgeweihter Mann, den die Ärzte bereits aufgegeben hatten, wurde wieder gesund. Der Wunsch war die Kraft, welche diesen Menschen in einem geheimnisvollen, aber natürlichen »geistigen Prozeß« half.

Dem Geist sind keine Grenzen gesetzt außer jenen, die wir selbst anerkennen.

Der zweite Schritt zum Reichtum:
Der Glaube

Gezielter Glaube verleiht jedem Gedanken durchschlagende Kraft. Sie können zu freien Höhen emporsteigen, angetrieben von der erhebenden Gewalt Ihres neuen mächtigen Selbstvertrauens.

Der Glaube ist der Chefchemiker des Verstandes. Wenn Glaube und Denken sich verbinden, pflanzen die hierbei entstehenden Schwingungen sich ins Unterbewußtsein fort, werden hier umgesetzt in ihre geistige Potenz und der »Allumfassenden Vernunft« zugeleitet, wie dies beim Beten geschieht.
Die von Glaube, Liebe und Geschlechtstrieb ausgehenden Gemütsbewegungen sind unter den bedeutenden positiven Regungen die mächtigsten. Verbinden sich diese drei, so vermögen sie das Denken so zu beeinflussen, daß dessen Impulse sofort das Unterbewußtsein erreichen und dort in ihre geistigen Entsprechungen verwandelt werden — die einzige Form der Aktion, welche eine Reaktion der »Allumfassenden Vernunft« zu bewirken vermag.

Der Glaube wartet, daß Sie ihn entdecken

Zuvor eine Erläuterung, die ein besseres Verständnis schaffen will für die Bedeutung, die dem Prinzip der Autosuggestion zukommt bei der Umwandlung des Begehrens in sein körperliches oder finanzielles Äquivalent. Der Glaube ist nämlich ein Gemütszustand, der durch Bejahung oder wiederholten Auftrag an das Unterbewußtsein nach dem Gesetz der Autosuggestion herbeigeführt oder hervorgebracht werden kann!
Betrachten Sie beispielsweise Ihre Absichten, die Sie vermutlich zur Lektüre dieses Buches veranlaßten. Selbstverständlich ist es Ihr Ziel,

die Fähigkeiten zu erwerben, um den Gedankenimpuls Ihres Begehrens umzuwandeln in seinen realen Gegenwert, das Geld. Wenn Sie die Anweisungen befolgen, die in den Kapiteln über Autosuggestion und Unterbewußtsein — im vorliegenden Kapitel zusammengefaßt — enthalten sind, so werden Sie Ihr Unterbewußtsein auch von Ihrem unerschütterlichen *Glauben* daran überzeugen, daß Sie erhalten werden, was Sie erbitten.

Das Unterbewußtsein reagiert dann seinerseits nicht nur damit, Sie in Ihrer Überzeugung zu bestärken, es gibt Ihnen auch klar umrissene Pläne ein, mit deren Hilfe das gewählte Ziel am sichersten zu erreichen ist.

Dieser feste Glaube läßt sich jederzeit und von jedem erwecken, der die bereits erwähnten 13 Grundsätze beherrscht und richtig anwendet. *Die ständige Wiederholung bestimmter, an das Unterbewußtsein gerichteter Vorstellungen und Befehle stellt die einzige bisher bekannte Methode dar, willentlich den geistigen Zustand des festen und unerschütterlichen Glaubens zu schaffen.*

Ein berühmter Kriminologe äußerte sich zu der Frage, wie manche Menschen zu Verbrechern werden, mit der folgenden Erklärung, die ein helles Licht auf die hier wirkenden psychologischen Gesetze wirft: »Wenn Menschen zum erstenmal mit dem Verbrechen in Berührung kommen, verabscheuen sie es. Dauert der Umgang einige Zeit an, so gewöhnen sie sich daran und ertragen das Verbrechen. Wenn dieser Zustand aber länger dauert, nehmen sie es schließlich in sich auf und es beginnt, ihr eigenes Verhalten zu beeinflussen, zu verändern.«

Dieses negative Beispiel zeigt, daß jeder wiederholt auf das Unterbewußtsein einwirkende Gedankenimpuls schließlich angenommen wird. Das Unterbewußtsein beginnt damit zu arbeiten und den Impuls auf die am besten durchführbare Weise in seinen realen Gegenwert umzusetzen.

In diesem Zusammenhang beachten Sie wieder die Tatsache, *daß jeder von einem Gefühl durchdrungene und mit festem Glauben verbundene Gedanke alsbald greifbare Gestalt annimmt.*

Die Gemütsbewegungen oder der »Gefühls«-anteil der Gedanken sind die Faktoren, welche Ihren Gedanken Vitalität, Leben und Wirksamkeit verleihen. Werden die von Glaube, Liebe und Geschlechtstrieb ausgehenden Regungen mit irgendeinem Gedankenimpuls verschmol-

zen, so erlangt jede dieser Emotionen eine Wirkung, die jene der einzelnen Regung weit übersteigt.
Aber nicht nur die mit dem Glauben verbundenen Gedankenimpulse, sondern auch jene, die mit irgendeiner anderen positiven oder auch negativen Regung verknüpft werden können, erreichen und beeinflussen das Unterbewußtsein.

Nichts davon ist »Unglück«

Jetzt werden Sie erkennen, daß das Unterbewußtsein einen negativen, ja zerstörerischen Gedanken ebenso bereitwillig aufnimmt und verwirklicht, wie jeden positiven oder schöpferischen Impuls. Dieses unabänderliche psychologische Gesetz liefert die eigentliche Erklärung dafür, daß so viele Menschen angeblich von Mißgeschick oder Unglück verfolgt werden.
Millionen Menschen meinen, irgendeine geheimnisvolle übermenschliche Macht habe sie zu Mißerfolg, Armut und Unglück »verdammt«. Dabei sind einzig und allein sie selbst die Schöpfer ihres Mißgeschicks, denn ihre eigene negative Einstellung wird von ihrem Unterbewußtsein aufgenommen und in die äußere Wirklichkeit übertragen.
An dieser Stelle ist noch einmal nachdrücklich zu wiederholen, daß jeder Wunsch, den Sie im festen Glauben an seine Erfüllung Ihrem Unterbewußtsein anvertrauen, von diesem in seinen realen Gegenwert umgewandelt wird und die erwartete Gestalt annimmt. Ihr Glaube und Ihr Vertrauen bestimmen die Handlungsweise Ihres Unterbewußtseins. Es läßt sich durch Autosuggestion immer ebenso wirksam beeinflussen oder »täuschen« wie das meines Sohnes.
Um diese »Täuschung« noch überzeugender zu machen, müssen Sie sich so verhalten, als seien Sie bereits im Besitze jenes materiellen Wertes, den Sie mit Hilfe Ihres Unterbewußtseins begehren.
Soviel über die psychologischen Grundlagen, durch deren Anwendung in Experiment und Praxis Sie die Fähigkeit erlangen, Ihrem Unterbewußtsein von festem Vertrauen getragene Anweisungen zu geben. Vollkommenheit darin erlangen Sie aber nur durch Übung. Bloße *Lektüre* der »Gebrauchsanweisungen« führt *nicht* zum Erfolg.
Es ist unerläßlich, daß Sie einerseits alle positiven Gemütsregungen zu beherrschenden geistigen Kräften verstärken, andererseits aber alle negativen Empfindungen *ausschalten*.

Aus einer positiven Geisteshaltung entsteht die günstigste Voraussetzung für festen, unerschütterlichen Glauben. Wer aber eines solchen Geistes Kind ist, vermag auch seinem Unterbewußtsein wirksame Anweisungen zu geben, die dieses dann unverzüglich ausführt.

Der Glaube gibt Kraft zum Denken

Zu allen Zeiten haben religiöse Eiferer die sich abmühende Menschheit ermahnt, »Glauben zu haben« an dieses oder jenes Dogma oder Credo. Aber sie haben es immer versäumt, den Menschen auch zu sagen, *wie* man Glauben hat. Sie haben niemals verraten, daß »der Glaube eine Geisteshaltung ist, die durch Autosuggestion entsteht«.

Lassen Sie mich in allgemeinverständlicher Form die Methode erklären, welche den Glauben, wo er fehlt, zu erwecken vermag.

Haben Sie Vertrauen in sich selbst, in das Unendliche.

Der Glaube ist das »immerwährende Allheilmittel«, das Leben und Kraft gibt und unserem Denken Wirksamkeit sichert.

Der Glaube ist der Kristallisationspunkt jeder Ansammlung von Reichtum.

Der Glaube ist die Grundlage aller »Wunder« und »Geheimnisse«, welche wissenschaftliche Logik nicht erklären kann.

Der Glaube ist das einzige bekannte Mittel gegen Mißerfolge!

Der Glaube ist der chemische Grundstoff und schafft, erhoben durch das Gebet, die unmittelbare Verbindung zur »Allumfassenden Vernunft«.

Der Glaube ist das Element, welches die normalen Schwingungen des begrenzten menschlichen Verstandes in ihre geistigen Entsprechungen umwandelt.

Der Glaube ist das einzige Tor, durch das der Mensch die kosmische Kraft der »Allumfassenden Vernunft« erfahren und gebrauchen kann.

Gedanken, die Ihren Verstand beherrschen

Der Beweis hierfür ist einfach und mühelos zu erbringen. Er ist eingehüllt in die Prinzipien der Autosuggestion. Auf sie konzentrieren wir unsere Aufmerksamkeit, um herauszufinden, was sie ist und wozu sie nützlich zu sein vermag.

Es ist eine Binsenwahrheit, daß man schließlich alles glaubt, wenn man es nur oft genug wiederholt — *sei es nun richtig oder falsch*. Wer eine Lüge immer wieder erzählt, hält sie schließlich selbst für wahr. Der Mensch ist nur, was er durch die Gedanken ist, denen er gestattet hat, seinen Verstand zu beherrschen. Gedanken, denen der Mensch sich bewußt öffnet, denen er sich mit Sympathie oder anderen Gefühlsregungen verbindet, werden zu Bewegkräften seiner Entwicklung, seines Auftretens und seines Handelns.

Jeder Gedanke, der von irgendeiner Gefühlsregung durchdrungen wird, schafft eine »magnetische« Kraft, die ähnliche oder verwandte Gedanken anzieht.

Der von Gefühl magnetisierte Gedanke ist mit einem Samenkorn zu vergleichen, das Sie in fruchtbaren Boden säen. Es wird keimen, sprießen, wachsen und sich aus eigener Kraft immer weiter und weiter vermehren, bis das ursprünglich vorhanden gewesene armselige Samenkorn unzählige Millionen gleichartiger Samen hervorgebracht hat!

Der menschliche Geist zieht unaufhörlich alle Schwingungen an, die mit der vorherrschenden eigenen Überzeugung harmonieren. Ob Gedanke, Idee, Plan oder Ziel — wenn wir *unbeirrbar daran festhalten*, ziehen sie ganze Scharen verwandter geistiger Inhalte an, verbinden sich mit ihnen und gewinnen an Macht, bis sie unser Denken und Fühlen völlig beherrschen.

Kehren wir jetzt wieder zu unserem Ausgangspunkt zurück, um uns zu unterrichten, wie das erste Samenkorn einer Idee, eines Planes oder eines Zweckes im Geiste gepflanzt wird. Die Antwort ist leicht zu geben: Idee, Plan und Zweck werden *durch Wiederholung* des Gedankens fester Bestandteil unseres Gedächtnisses. Das geschieht bereits, wenn Sie eine Übersicht Ihres Hauptzweckes oder Ihres höchsten Zieles schriftlich festhalten, auswendig lernen und Tag für Tag laut wiederholen, bis sich die Schwingungen Ihrer Stimme Ihrem Unterbewußtsein mitgeteilt haben.

Befreien Sie sich entschlossen von allen ungünstigen Umwelteinflüssen und gestalten Sie Ihr Leben nach Ihren eigenen Wünschen und Vorstellungen. Bei kritischer Bestandsaufnahme Ihrer geistigen Vorzüge und Schwächen werden Sie vielleicht entdecken, daß Ihre größte Schwäche mangelndes Selbstvertrauen ist. Diese Behinderung kann überwunden und alle Unsicherheit mit Hilfe der Autosuggestion in Tapferkeit umgewandelt werden. Sie brauchen nur Ihre positiven Gedanken und Entschlüsse schriftlich festzuhalten, sich einzuprägen und oft genug zu wiederholen, damit sie zum wirksamen Bestandteil Ihres Unterbewußtseins werden können.

Fünf Schritte zum Selbstvertrauen

1. Ich weiß, daß ich fähig bin, mein Lebensziel zu verwirklichen; deshalb *fordere* ich von mir unermüdliche Ausdauer, bis meine Pläne durchgeführt sind. Ich gelobe hier und jetzt, in diesem Sinne zu handeln.

2. Ich erkenne, daß sich die vorherrschenden Gedanken meines Geistes mit der Zeit in sichtbare und greifbare Wirklichkeit verwandeln werden. Deshalb werde ich mich sogleich eine halbe Stunde lang darauf konzentrieren, mir ein klares geistiges Bild der Persönlichkeit und der Umstände zu schaffen, die ich erstrebe.

3. Ich weiß, daß mir das Prinzip der Autosuggestion einen gangbaren Weg zeigen wird, jeden mit Ausdauer gehegten und meinem Unterbewußtsein eingepflanzten Wunsch zu erfüllen. Deshalb werde ich täglich 10 Minuten darauf verwenden, mein *Selbstvertrauen* zu entwickeln.

4. Ich habe das *Hauptziel meines Lebens* schriftlich klar umrissen und ich werde nicht müde werden, das notwendige Selbstvertrauen in mir zu wecken, um es zu erreichen.

5. Ich weiß, daß Wahrhaftigkeit und Gerechtigkeit die einzigen dauerhaften Grundlagen von Wohlstand und Stellung sind. Deshalb werde ich mich auf keine Abmachungen einlassen, die irgendeinem der Beteiligten Schaden zufügen. Meine Erfolge werde ich dadurch erzielen, daß ich wie ein Magnet die nötigen Kräfte und die Unterstützung meiner Mitmenschen an mich ziehe. Ich werde die anderen dazu bringen mir dienlich zu sein, weil auch ich ihnen dienen will. Ich werde Haß, Neid, Eifersucht, Selbstsucht und Zynismus aus meinem Herzen verbannen und statt dessen Liebe zu allen Menschen in mir erwecken, weil ich weiß, daß mir jede negative Einstellung gegenüber anderen nur schaden kann. Ich werde andere dazu bringen an mich zu glauben, weil ich an sie und an mich selbst glauben werde. Ich unterzeichne dieses Gelöbnis mit meinem Namen, lerne es auswendig und wiederhole es täglich einmal laut, weil ich

überzeugt bin, daß es allmählich meine Gedanken und Handlungen beeinflussen und mich zu einem sich selbst vertrauenden und erfolgreichen Menschen formen wird.

Diese Regeln sind aus einem Naturgesetz abgeleitet, dessen Wesen bis heute noch niemand zu erklären vermochte. Aber sein Name tut ohnehin nur wenig zur Sache. Wichtig ist jedoch, daß es sich zum Ruhm und Erfolg der Menschheit *auswirkt, wenn* es konstruktiv angewandt wird. Setzt man es dagegen destruktiv ein, wird es ebenso bereitwillig zerstören. Aus dieser bedeutsamen Wahrheit ist zu folgern, daß Niederlagen, Unglück, Armut und Verzweiflung nur jene heimsuchen, die das Prinzip der Autosuggestion negativ anwenden.

Denn wie wir bereits wissen, zeigen alle geistigen Impulse die Tendenz, sich in Realitäten zu verwandeln.

Sie können sich selbst ins Unglück denken

Das Unterbewußtsein unterscheidet nicht zwischen konstruktiven und destruktiven Gedankenimpulsen. Es arbeitet mit dem Material, das wir ihm mit unseren Gedankenimpulsen liefern. Einen Gedanken, den Furcht diktierte, verwirklicht es genauso wie jenen, den Zuversicht und Selbstvertrauen erfüllen.

Wie die Elektrizität bei richtiger Anwendung ganze Industrien mit Energie versorgt und unschätzbare Dienste leistet, bei falscher Anwendung aber das Leben vernichtet, genauso verhilft uns das Prinzip der Autosuggestion zu innerem Frieden und Wohlstand oder verdammt uns zu Unglück, Niederlagen und Tod, je nach dem Grad unseres Verständnisses und Eifers.

Wenn Sie Ihren Verstand mit Furcht und Zweifeln anfüllen, mit Unglauben in Ihre Fähigkeit, sich mit den Kräften der »Unendlichen Vernunft« zu verbinden, so wird nach dem Gesetz der Autosuggestion Ihr Unterbewußtsein diesen Geist des Unglaubens als Modell betrachten und dieses in seine körperliche Entsprechung übertragen.

Wie der Wind gleichzeitig ein Schiff ostwärts und ein anderes nach Westen treibt, so kann das Gesetz der Autosuggestion Sie emporheben oder hinabziehen, je nachdem, welchen Kurs *Ihre Gedanken* steuern.

Das Gesetz der Autosuggestion, durch dessen Anwendung sich der Mensch zu erheben vermag zur Höhe der Vollendung, zu schwindelerregender Imagination, ist eindrucksvoll beschrieben worden in folgendem Gedicht:

> Denkst du dich geschlagen, so bist du geschlagen;
> wagst du nicht zu wagen, so wirst du nichts wagen.
> Wünschst du Gewinn und denkst nichts zu gewinnen,
> wird auch der sichere Sieg dir noch entrinnen.
>
> Denkst du zu verlieren, so bist du verloren,
> wird doch die Welt aus dem Willen geboren,
> wird Tat zu Erfolg, vom Menschen gemeistert,
> den immer der Geist zum Tun begeistert.
>
> Denkst du nicht anders zu sein als die Vielen?
> Nur wer hinauf zu erhabenen Zielen
> denkt, wer groß liebt, kann zur Höhe gelangen
> und wird den Preis ungeneidet empfangen.
>
> Denkst du dir Siege als Gipfel des Lebens?
> Oft siegen Starke und Schnelle vergebens.
> Mühelos aber vollendet der Mann,
> der denkt, was er will, und will, was er kann.

Die große Erfahrung der Liebe

Irgendwo schlummert auch in Ihnen die Fähigkeit, Großes zu vollbringen. Diese Fähigkeit brauchen Sie nur zu wecken und anzuwenden, um Erfolge zu erzielen, die Ihre kühnsten Träume übertreffen.
Genauso wie ein Virtuose seiner Geige die reinsten und schönsten Töne zu entlocken vermag, können auch Sie das in Ihrem Gehirn schlummernde Genie wecken und dann jedes von Ihnen erträumte Ziel verwirklichen.
Abraham Lincolns Leben war bis weit über sein 40. Lebensjahr hinaus ein einziger Mißerfolg. Er war der Herr Niemand von Nirgendwo. Aber ein großes Erlebnis weckte in seinem Herzen und Geist das schlafende Genie und machte ihn zu einem der bedeutendsten Männer der Geschichte. Dieses entscheidende Erlebnis verdankte er Ann Rutledge, der einzigen Frau, die er in seinem Leben geliebt hat.
Es ist eine bekannte Tatsache, daß das Gefühl der Liebe dem des Glaubens sehr ähnlich ist, weil auch die Liebe unsere Gedankenimpulse

vergeistigt. Bei seinen Untersuchungen über Lebenswerk und Leistungen von Hunderten hervorragender Persönlichkeiten entdeckte der Verfasser, daß in nahezu allen Fällen eine liebende Frau den Anstoß zum Erfolg gegeben hatte.

Wer einen Beweis für die Macht des Glaubens wünscht, möge einen Blick auf das Leben derer werfen, denen ihr Glaube zum Sieg verholfen hat. Als erster ist hier der Nazarener zu nennen. Die Grundlage des Christentums ist der Glaube, dessen große Kraft allerdings von vielen Menschen entstellt oder mißbraucht worden ist und das auch heute noch wird.

Kern und Wesen der Lehren und Werke Christi, die oft als »Wunder« gedeutet wurden, waren nichts mehr und nichts weniger als Wirkungen des Glaubens. Wenn es überhaupt so etwas wie Wunder gibt, so werden sie immer nur im Zustand des Glaubens bewirkt!

Ein weiteres weltberühmtes Beispiel für die Macht des Glaubens war der Inder Mahatma Gandhi. Er strahlte eine weit größere Macht aus als irgendeiner seiner Zeitgenossen, und dies ohne eines der herkömmlichen Werkzeuge der Macht wie Geld oder eine wohlgerüstete Streitmacht. Gandhi besaß weder Haus noch Vermögen, ihm gehörte nichts, als was er am Leibe trug — und doch besaß er ungeheure Macht! Wie war er dazu gekommen?

Er schöpfte sie aus der Einsicht in die Gesetze des Glaubens und aus seiner Fähigkeit, diesen Glauben auf 200 Millionen Menschen zu übertragen. Allein mit Hilfe seines unerschütterlichen Glaubens gelang ihm die erstaunliche Leistung, diese 200 Millionen Menschen so zu beeinflussen, daß sie wie *ein* Mann handelten.

Welche andere Macht der Welt außer dem Glauben hätte das zu vollbringen vermocht?

Geben Sie, ehe Sie nehmen

Weil gerade Wirtschaft und Industrie auf Vertrauen und Zusammenarbeit angewiesen sind, sei hier ein besonders lehrreiches und typisches Beispiel für das Verhalten von Geschäftsleuten und Industriellen geschildert, die ihre großen Vermögen anhäuften, indem sie zuerst etwas gaben, wenn sie etwas haben wollten.

Die folgende Geschichte ereignete sich bei der Gründung der United Staates Steel Corporation im Jahre 1900. Prägen Sie sich die wichtigsten

Tatsachen sorgfältig ein, denn sie verraten Ihnen, wie *Ideen* in riesige Vermögen verwandelt werden.

Wer wissen will, wie man Millionen verdient, wird es hier erfahren. Dieser Bericht wird außerdem alle etwaigen Zweifel am Titel dieses Buches zerstreuen, denn hier werden Sie fast allen von uns vertretenen Grundsätzen wieder begegnen.

John Lowells dramatische Beschreibung der erstaunlichen Macht einer Idee erschien im »*New York World Telegram*«. Mit seiner freundlichen Erlaubnis geben wir hier eine Übersetzung des Originaltextes:

Eine kleine Tischrede für 1 Millarde Dollar

Am Abend des 12. Dezember 1900 hatten sich etwa 80 Angehörige des Finanzadels der Vereinigten Staaten im Festsaal des Universitätsclubs an der Fifth Avenue zu Ehren eines jungen Mannes aus dem Westen versammelt. Kaum ein halbes Dutzend der Anwesenden ahnte, daß sie Augenzeugen des bedeutendsten Ereignisses der amerikanischen Industriegeschichte werden würden.

J. Edward Simons und Charles Stewart Smith hatten zu diesem Essen eingeladen, um den 38jährigen Stahlproduzenten Charles M. Schwab als Dank für seine großzügige Gastfreundschaft in Pittsburgh in die Finanzkreise von New York einzuführen. Sie erwarteten keineswegs, daß ihr Ehrengast bei den Anwesenden einen unauslöschlichen Eindruck hinterlassen würde. Sie warnten ihn auch, daß die Herzen der »Wichtigtuer« und »Lackierten Affen« New Yorks nicht auf Rhetorik reagieren würden und er sich, wolle er nicht die Stillmans, die Harimans und die Vanderbilts langweilen, lieber auf 15 oder 20 Minuten höflicher Floskeln beschränken und es dann genug sein lassen möge.

Sogar John Pierpont Morgan, seiner Würde wegen zur Rechten Schwabs sitzend, wolle die Versammlung nur mit einem kurzen Besuch beehren. Und für Presse und Öffentlichkeit war die ganze Affaire ohnehin von so geringer Bedeutung, daß keines der Morgenblätter darüber berichtete. So aßen sich denn die beiden Gastgeber und ihre vornehmen Gäste durch die üblichen sieben oder acht Gänge des Diners, ohne daß dabei eine angeregte Unterhaltung zustandegekommen wäre. Nur wenige der Bankiers und Börsenmakler waren Schwab persönlich begegnet, denn bis jetzt waren seine Transaktionen auf den Westen der Vereinigten Staaten beschränkt gewesen. Aber noch ehe dieser Abend vorüberging, waren sie alle, selbst der Finanzgott Morgan, hingerissen und ein »Billion-Dollar-Baby« — die United States Steel Corporation — hatte das Licht der Welt erblickt.

Für die Wirtschaftsgeschichte ist es ein großer Verlust, daß der Wortlaut von Charlie Schwabs Rede nie aufgezeichnet wurde. Wahrscheinlich war es eine sehr »anspruchslose« Rede, ohne besondere sprachliche Feinheiten (für die Schwab nie Sinn hatte), jedoch voller Humor und geistreicher Einfälle. Jedenfalls aber vermochte sie die anwesende Finanzmacht von schätzungsweise 5 Milliarden Dollar zu elektrisieren. Nach einer Rede, die immerhin 90 Minuten gedauert hatte, führte Morgan den Redner beiseite und verbrachte mit ihm eine weitere Stunde in angeregtem Gespräch. Aber auch in allen anderen Gästen wirkte das eben Gehörte noch fort.

Die Kraft von Schwabs Persönlichkeit hatte alle überwältigt. Noch entscheidender aber wirkte sich sein ausgereiftes, klar umrissenes Programm zur Stärkung der Stahlindustrie aus. Viele andere hatten Morgan schon früher für einen Zusammenschluß der Stahlwerke interessieren wollen, etwa nach dem Vorbild der Bisquit-, Draht- und Reifen-, Zucker-, Gummi-, Whisky-, Öl- und Kaugummiindustrie. Der vor keinem Risiko zurückschreckende John W. Gates hatte sich sehr dafür eingesetzt, aber ihm schenkte Morgan kein Vertrauen. Die Brüder Bill und Jim Moore, Chicagoer Börsenspekulanten, die einen Streichholz- und einen Kleingebäcktrust gegründet hatten, blieben ebenso erfolglos. Elbert H. Gary, ein glattzüngiger Rechtsanwalt, der ihre Idee unterstützte, machte zu wenig Eindruck. Bis Schwabs Überzeugungskraft die Phantasie Morgans beflügelte und ein klares Bild der reellen Chancen des gewagtesten Unternehmens der Finanzgeschichte entwarf, hatte dieses Projekt stets als Hirngespinst wahnwitziger Spekulanten gegolten.

Eine Generation zuvor hatte die Hoffnung auf größere Gewinne Tausende von kleinen und manchmal schlecht geführten Gesellschaften bewegt, sich zu großen, jede Konkurrenz überflügelnden Trusts zusammenzuschließen. In der Stahlindustrie war John W. Gates, dieser joviale Ausbeuter, Schrittmacher dieser Entwicklung gewesen. Er hatte aus einer Reihe kleiner Unternehmen bereits die American Steel and Wire Company gebildet und zusammen mit Morgan die Federal Steel Company ins Leben gerufen.

Neben dem gigantischen Trust Andrew Carnegies, dem 53 Unternehmer angehörten, waren alle anderen Fusionen jedoch bedeutungslos geblieben. Sie konnten sich so zahlreich zusammenschließen wie sie wollten, gegen Carnegies Organisation hatten sie nicht die geringste Chance. Und Morgan wußte das.

Auch der exzentrische alte Schotte wußte es. Von seinem herrlich gelegenen Schloß, dem Skobo Castle, herab hatte er die angestrengten Versuche von Morgans kleineren Gesellschaften, gegen seinen Trust anzukämpfen, zuerst belustigt und dann wütend beobachtet. Als seine Konkurrenten immer kühner wurden, verwandelte sich seine Wut allmählich in Rachedurst. Er beschloß, jeder Fabrik seiner Rivalen eine eigene mit den gleichen Erzeugnissen gegenüberzustellen. Zwar hatte er sich bis jetzt nicht für Draht, Röhren, Reifen oder Bleche interessiert; er war zufrieden gewesen, seinen Kunden Rohstahl zu liefern und es ihnen zu überlassen, zu welchen Formen sie dieses Material verarbeiten würden. Aber seit er in Schwab einen fähigen Geschäftsführer gefunden hatte, war er entschlossen, die Konkurrenz an die Wand zu drücken.

Indessen hatte Morgan in der Rede Charles M. Schwabs endlich den Ausweg aus seinen Problemen erhalten. Ein Trust ohne Carnegie — den Größten unter ihnen — würde immer ohne Erfolg bleiben; er bliebe ein Rosinenkuchen ohne Rosinen, wie ein Journalist einmal treffend angemerkt hatte.

Schwab hatte am Abend des 12. Dezember 1900 eine Möglichkeit angedeutet, wie Carnegies Riesentrust unter Morgans Dach gebracht werden könnte. Er hatte von der großen Zukunft der Stahlindustrie gesprochen, von der zur Leistungssteigerung notwendigen Reorganisation, von Spezialisierung, von der Stillegung unwirtschaftlicher Fabriken und von der Konzentration auf gewinnbringende Produktionszweige, von Einsparungen bei Erztransporten, Rationalisierung der Verwaltung und von der Erschließung ausländischer Märkte.

Aber auch die Freibeuter unter ihnen hatte er auf ihre gewohnten räuberischen Irrtümer hingewiesen. Ihr Zweck, folgerte er, war die Begründung von Monopolstellungen gewesen, um die Preise in die Höhe treiben und überhöhte Gewinne abschöpfen zu können. Schwab verurteilte dieses System in schärfster Form. Die Kurzsichtigkeit einer solchen Politik, erläuterte er seinen Zuhörern, werde sichtbar in der Rückläufigkeit des Marktes zu einer Zeit, in der jedermann nach Expansion rief. Die Senkung der Stahlpreise, argumentierte er, würde dagegen eine anhaltende Ausweitung des Marktes zur Folge haben; neue Verwendungsmöglichkeiten müßten für Stahl gefunden und damit ein bedeutender Beitrag zum Welthandel geleistet werden. Ohne sich dessen bewußt zu sein, war Schwab ein Apostel der modernen Massenproduktion geworden.

Das war das Fazit des Diners im Universitätsclub. Morgan kehrte heim, um die rosenroten Zukunftspläne Schwabs noch einmal zu durchdenken. Schwab reiste nach Pittsburg zurück, um das Stahlgeschäft des »kleinen Andrew Carnegie« weiterzuführen, während Gary und die anderen Gäste ihren Bank- und Börsengeschäften nachgingen und den nächsten Schritt erwarteten.

Der ließ nicht lange auf sich warten. Morgan brauchte ungefähr eine Woche, um Schwabs Projekt zu prüfen. Nachdem er sicher war, daß sich keine unüberwindlichen finanziellen Schwierigkeiten ergeben würden, rief er Schwab zu sich — und fand den jungen Mann spröde. Schwab ließ durchblicken, daß sein Chef, Mr. Carnegie, möglicherweise den Annäherungsversuch seines Generaldirektors an den Beherrscher von Wall Street nicht billige, da Carnegie mit diesen Finanzkreisen grundsätzlich nichts zu tun haben wolle. Daraufhin schlug John W. Gates, der den Vermittler spielte, ein zufälliges Treffen von Schwab und J. P. Morgan im Bellevue Hotel in Philadelphia vor. Als Schwab dort erschien, hieß es jedoch, Morgan liege unglücklicherweise krank zu Hause in New York. Auf sein inständiges Bitten fuhr Schwab schließlich dorthin und sprach mit dem Finanzier in dessen Bibliothek.

Nun behaupten einige Wirtschaftshistoriker, von Anfang an habe der gerissene Schotte Andrew Carnegie selbst Regie geführt, indem er sowohl an jenem Sonntagabend das Diner zu Ehren Schwabs, als auch dessen berühmte Rede und die Besprechung mit dem Finanzkönig arrangierte. Das Gegenteil trifft zu. Als Schwab seine Gespräche begann, wußte er nicht einmal, ob »der kleine Boß«, wie Carnegie auch genannt wurde, einen Verkauf seines Unternehmens überhaupt in Betracht ziehen würde. Dies mußte um so fraglicher erscheinen, als sein Besitz dann in die Hände einer Gruppe gelangen würde, deren Geschäftsmethoden er verurteilte. Immerhin aber nahm Schwab zu dieser Besprechung sechs mit handschriftlichen Berechnungen bedeckte Blätter mit, die seiner Meinung nach den reellen Wert und die Gewinnaussichten aller Stahlwerke darstellten, die er für würdig hielt, als neue Sterne am Firmament der Stahlindustrie zu erscheinen.

Vier Männer saßen die ganze Nacht hindurch über diesen Zahlen. Den Vorsitz hatte Morgan inne, unerschütterlich wie immer in seinem Glauben »an das göttliche Recht des Geldes«. Neben ihm sein aristokratischer Partner, Robert Bacon, ein Gelehrter und Gentleman. Der dritte war John W. Gates, den Morgan als Spekulanten verachtete und nur als Werkzeug benutzte. Der vierte war Schwab, der besser als irgendein anderer über Gewinnung, Verarbeitung und Verkauf von Stahl Bescheid wußte. Während der ganzen Verhandlung fiel kein Wort des Zweifels bezüglich seines Zahlenmaterials. Wenn der Pittsburgher den Wert einer Firma nannte, dann war sie genausoviel wert und nicht einen Penny mehr. Aber er machte zur Bedingung, daß nur die von ihm ausgewählten Firmen angeschlossen werden sollten. Der ihm vorschwebende Trust bot keinen Raum für unnützen Ballast. Niemand sollte die Möglichkeit haben, sein unrentables Unternehmen mit hohem Gewinn auf Morgan abzuwälzen.

Als die Morgendämmerung anbrach, erhob sich Morgan und reckte den Rücken. Eine einzige Frage war noch offen.

»Glauben Sie, Andrew Carnegie zum Verkauf bewegen zu können?« fragte er.

»Ich kann es versuchen«, sagte Schwab.

»Wenn Sie ihn dazu bringen, werde ich das Projekt finanzieren«, versprach Morgan.

Alles war geregelt. Aber würde Carnegie verkaufen? Wieviel würde er verlangen? (Schwab schätzte 320 Millionen Dollar.) Welche Zahlungsmittel würde er fordern? Normale oder Vorzugsaktien? Andere Wertpapiere? Bargeld? Niemand wäre in der Lage gewesen, eine dritte Milliarde Dollar in bar zu beschaffen.

An einem vor Kälte klirrenden Januartag spielten zwei Männer auf der St. Andrews Heide in Westchester Golf. Andrew hatte sich warm eingemummt und Charlie öffnete wie gewöhnlich die Schleusen seiner Beredsamkeit, um Carnegie bei Laune zu halten. Aber vom Geschäft begann man erst zu sprechen, als beide sich in das nahegelegene, angenehm durchwärmte Landhaus Carnegies zurückgezogen hatten. Das war der Zeitpunkt, den Schwab erwartet hatte, um mit der gleichen Überredungskunst, die im Universitätsclub 80 Millionäre gewonnen

hatte, dem alten Mann in glühenden Farben das Bild von einem Lebensabend auszumalen, an dem unzählige Millionen darauf warteten, alle seine Wünsche zu erfüllen. Carnegie kapitulierte. Er schrieb eine Zahl auf einen Zettel, gab ihn Schwab und sagte: »Gut, zu diesem Preis verkaufe ich.«
Der Preis betrug ungefähr 400 Millionen Dollar. Carnegie war von Schwabs vorgeschlagenen 320 Millionen ausgegangen und hatte 80 Millionen aufgeschlagen, einen Betrag, der dem Wertzuwachs der letzten zwei Jahre entsprach.
Später, auf dem Deck eines Transatlantikdampfers sagte der Schotte zu Morgan: »Ich wollte, ich hätte 100 Millionen Dollar mehr von Ihnen verlangt.«
Und Morgan, gutgelaunt, erwiderte: »Hätten Sie sie verlangt, hätten Sie sie bekommen.«
Die Meldung von dieser Transaktion schlug wie eine Bombe ein. Ein britischer Korrespondent bezeichnete diesen Schritt als »entsetzlich« für die ausländische Stahlindustrie. Rektor Handley von der Universität Yale erklärte, daß, wenn diese Trusts nicht unter Kontrolle genommen würden, »Washington sich innerhalb der nächsten 25 Jahre auf einen Kaiser vorbereiten dürfe«. Aber der geniale Börsenmakler Keene bot die neuen Aktien mit so großer Energie an, daß der auf rund 600 Millionen Dollar geschätzte Überhang dennoch im Handumdrehen untergebracht war. So bekam Carnegie seine Millionen, das Syndikat Morgans »für seine Mühen« 62 Millionen Dollar und alle Partner, von Gates bis Gary, erhielten ebenfalls ihre Millionen.
Der 38jährige Schwab wurde zur Belohnung Präsident dieses neuen Trusts und blieb es bis zu seiner Pensionierung im Jahre 1930.

Reichtum beginnt im Innern des Menschen

Diese dramatische Geschichte eines großen Geschäfts ist ein glänzendes Beispiel für die Methode, einen Wunsch zu verwirklichen.
Die gigantische Organisation war dem Gehirn eines einzigen Mannes entsprungen. Der Plan, der dieser Organisation unter der Bedingung finanzieller Stabilität die Stahlwerke verschaffte, stammte von dem gleichen Manne. Sein Glaube, sein Wunsch, seine Vorstellungskraft, seine Hartnäckigkeit wurden zu den Voraussetzungen der United States Steel. Die Stahlwerke und alle industriellen Anlagen, die der Trust er-

warb, nachdem die rechtliche Grundlage geschaffen war, sind hierbei von zweitrangiger Bedeutung, wenn man bedenkt, daß der Wert der vereinigten Firmen unter einer zentralen Leitung um schätzungsweise 600 Millionen Dollar anstieg.

Mit anderen Worten, Charles M. Schwabs Idee und sein Glaube an ihre Durchführbarkeit, den er auf J. P. Morgan und die anderen zu übertragen vermochte, erbrachten einen Gewinn von ungefähr 600 Millionen Dollar. Kein schlechter Preis für eine einzige Idee!

Die United States Steel Corporation gedieh und wurde zu einem der reichsten und mächtigsten Trusts Amerikas. Sie beschäftigt Tausende von Menschen und entwickelt ständig neue Verfahren der Stahlverarbeitung, erschließt immer neue Märkte. Bedarf es weiterer Beweise dafür, daß Schwabs Idee 600 Millionen wert war?

Jeder Reichtum beginnt in einem Gedanken.

Die Größe eines Erfolgs wird immer nur vom Aktionsradius der Person begrenzt, deren Geist den entscheidenden Gedanken in Bewegung setzt. Der Glaube beseitigt Grenzen! Vergessen Sie das nicht, wenn Sie dem Leben Ihren Preis abverlangen, der Ihnen für die Bewältigung dieses Lebens zusteht.

LEITSÄTZE

Unerläßlich für den Erfolg ist der Glaube. Der feste Glaube wird gewonnen und verstärkt durch Anweisungen, die Sie Ihrem Unterbewußtsein geben.

Mühelos werden Sie die fünf Schritte zum Selbstvertrauen zurücklegen. Sie beweisen Ihnen, daß Sie sich sowohl ins Unglück als auch in Glück und Erfolg hineindenken können — beides nach dem gleichen Naturgesetz.

Männer wie Lincoln und Gandhi beweisen, daß Gedanken verwandte Gedanken magnetisch anziehen und die Macht haben, Millionen Menschen zum gemeinsamen Handeln zu bewegen.

Es ist wesentlich, daß Sie geben, ehe Sie nehmen! Selbst reiche Männer mußten das lernen, ehe ausbeuterische Unternehmen umgewandelt werden konnten in Firmen, die mit der Allgemeinheit für diese zu wirken vermögen und trotzdem mit Gewinn arbeiten.

Beide, Armut und Reichtum, sind Kinder des Glaubens.

Der dritte Schritt zum Reichtum:
Die Autosuggestion

Zu erstaunlichen Erfolgen gelangt, wer die tiefsten Schichten seines Geistes für sich arbeiten läßt. Verstärkt durch die Kraft des Gefühls entsteht eine phantastische Kombination.

Der Begriff »Autosuggestion« schließt alle Beeinflussungen und Reize ein, die den menschlichen Geist über die fünf Sinne erreichen. Autosuggestion ist also nichts anderes als Selbstbeeinflussung. Dieser geistige Vorgang spielt die Rolle eines Vermittlers zwischen dem Teil des Gehirns, der das bewußte Denken steuert, und jenem, der die unterbewußten Reaktionen bestimmt.

Die Gedanken und Vorstellungen, von denen wir unser Denken und Fühlen *absichtlich* beherrschen lassen (gleichgültig, ob sie von positiver oder negativer Art sind), schaffen mit Hilfe der Autosuggestion die Möglichkeit, das Unterbewußtsein jederzeit im gewünschten Sinne zu beeinflussen.

Die Natur hat die Entscheidung, welche sinnlichen Eindrücke dem Unterbewußtsein zugeleitet werden sollen, ausschließlich in unsere Hand gelegt. Das bedeutet selbstverständlich nicht, daß sich der Mensch dieser Kontrollfunktion auch immer bedient. Alle jene, die ihr Leben in Armut fristen, liefern dafür den deutlichen Beweis.

Wie Sie sich erinnern werden, hatten wir das Unterbewußtsein mit einem Stück fruchtbaren Bodens verglichen, auf dem nur dann Unkraut wild wuchern kann, wenn wir keine Blumen oder Nutzpflanzen aussäen. Das Prinzip der Autosuggestion stellt jeden von uns vor die Wahl, entweder das Unterbewußtsein mit schöpferischen, fruchtbaren Gedanken zu sättigen oder aber im fruchtbaren Garten des Geistes destruktive Vorstellungen wuchern zu lassen.

Gefühle sind Gold wert

Der im Kapitel »Das Begehren« beschriebene sechste Schritt bestand in der Aufforderung, Ihren schriftlich niedergelegten Wunsch nach Geld täglich zweimal laut und in der fest im Gefühl verankerten Überzeugung zu lesen, daß Sie tatsächlich bereits im Besitz der erstrebten Summe sind! Wer diese Anweisung genau befolgt, leitet im Bewußtsein absoluten Vertrauens seinen Wunsch direkt an das Unterbewußtsein weiter. Durch oftmalige Wiederholung dieses Vorgangs entwickeln sich ganz von selbst Denkgewohnheiten, die sich förderlich auf alle Ihre Bemühungen auswirken, den heißen Wunsch nach Geld in bare Münze zu verwandeln.

Ehe Sie weiterlesen, blättern Sie am besten zurück zu jenem Kapitel und wiederholen noch einmal sorgfältig die dort beschriebenen sechs Schritte. Haben Sie dann später das Kapitel über die »Organisierte Planung« und die darin gegebenen vier Anleitungen zur Organisation Ihrer Gruppe »Führender Köpfe« gelesen und den Inhalt der beiden Kapitel mit unserer Erklärung von Wesen und Wirkung der Autosuggestion verglichen, so wird Ihnen auch klar werden, daß alle zuvor gegebenen Anregungen nur mit Hilfe dieses Prinzips ausgeführt werden können.

Berücksichtigen Sie deshalb bei der regelmäßigen lauten Lektüre Ihres Verlangens nach Geld (eine Übung, die Ihren »Sinn für Geld« fördern soll), daß bloßes Lesen sinn- und wirkungslos wäre! Sie müssen dabei unbedingt etwas denken und fühlen, denn Ihr Unterbewußtsein hört und reagiert nur auf stark gefühlsbetonte Gedanken.

Diese Tatsache ist so wichtig, daß wir sie in nahezu jedem Kapitel von neuem betonen. Wenn darüber geklagt wird, daß die Autosuggestion nicht die gewünschte Wirkung erbrachte, so war häufig das mangelnde Verständnis dieses entscheidenden Umstands die Ursache des Fehlschlags.

Gedanken- und gefühllos heruntergeleierte Worte haben keinen Einfluß auf das Unterbewußtsein. Befriedigende Ergebnisse erzielen Sie nur, wenn Sie lernen, die Sprache des Unterbewußtseins zu sprechen, das heißt, wenn Sie Ihre Sätze mit Zuversicht und Gefühl erfüllen.

Werden Sie aber nicht mutlos, falls es Ihnen nicht schon beim erstenmal gelingt, die erforderliche emotionelle Stimmung in sich entstehen zu lassen und Ihre Gefühle in die gewünschte Richtung zu lenken. Jede

Fertigkeit erfordert eben eine gewisse Übung. Nur »mogeln« ist bei dieser Technik völlig ausgeschlossen — jeder Versuch würde auf einen sinnlosen Selbstbetrug hinauslaufen. Der Preis, den Sie für die Beherrschung Ihres Unterbewußtseins zahlen müssen, ist die ständige und unermüdliche Anwendung der hier beschriebenen Grundsätze. Diesen Preis können Sie nicht drücken. Sie ganz allein müssen entscheiden, ob der erstrebte, zu Reichtum führende »Sinn für Geld« Ihnen diese Anstrengungen wert ist.

Die erfolgreiche Anwendung der Autosuggestion hängt weitgehend von Ihrer Fähigkeit ab, Ihren Wunsch nach Geld so sehr zu emotionalisieren, daß er zur Besessenheit wird.

Erleben Sie sich beim »Geldmachen«

Wenn Sie beginnen, die im zweiten Kapitel beschriebenen sechs Schritte zu gehen, ist die Anwendung des Prinzips der Konzentration unumgänglich.

Deshalb möchten wir Ihnen hier einige Hinweise geben für die wirkungsvolle Anwendung der Konzentration. Beim ersten der sechs Schritte, der darin besteht, »die genaue Summe des gewünschten Betrags festzusetzen«, müssen Sie sich mit geschlossenen Augen so lange mit der Vorstellung beschäftigen, bis Sie die betreffende Summe — sei es in Banknoten oder in Schecks — in greifbarer Form erblicken. Tun Sie dies täglich mindestens einmal und vergessen Sie dabei nicht, was wir über die Bedeutung des festen Glaubens sagten; sehen Sie sich also bereits von wachsendem Reichtum umgeben.

Damit sind wir an einem ganz entscheidenden Punkt angelangt: Das Unterbewußtsein hört und befolgt jede Anweisung, die ihm mit Bestimmtheit und Zuversicht gegeben wird. Ehe diese tieferen Schichten des Geistes allerdings mit der tatsächlichen Ausführung beginnen, muß der betreffende Befehl über kürzere oder längere Zeit hin *unermüdlich und stets von neuem wiederholt werden*. Um Ihre Zwecke zu erreichen, dürfen Sie Ihrem Unterbewußtsein gegenüber auch getrost einen kleinen »Trick« anwenden. Überzeugen Sie es — ganz einfach dadurch, *daß Sie selbst davon überzeugt sind* —, daß Sie den genannten Betrag unbedingt brauchen, ja daß diese Summe schon für Sie bereitliegt und Ihr Unterbewußtsein nur noch einen gangbaren Weg zu diesem Geld zu zeigen hat!

Den weiteren Verlauf können Sie ruhig Ihrer Phantasie überlassen. Sie wird Ihnen praktische Mittel und Wege zeigen, die dazu führen, daß Ihr heißer Wunsch nach Geld in bare Münze umgewandelt wird.

Eine Inspiration wird Sie führen

Begnügen Sie sich aber nun nicht damit, auf einen fest umrissenen Plan zu warten, nach dem sich Waren oder Dienstleistungen in die gewünschte Summe verwandeln lassen; besser ist es, Sie sehen sich bereits im Besitz dieser Summe. Die Aufgabe Ihres Unterbewußtseins besteht allein darin, Ihnen zu zeigen, wie sich der zunächst nur vorgestellte Betrag in bare Münze verwandeln läßt. Nun ist größte geistige Wachsamkeit angebracht, denn sobald der erste durchführbare Plan sich abzuzeichnen beginnt, müssen Sie *sofort* beginnen, ihn auszuführen. Ihr »sechster Sinn« wird nämlich dafür sorgen, daß die Lösung Ihres Problems Sie wie eine »Erleuchtung« überkommt. Nehmen Sie solche Eingebungen so ernst wie sie es verdienen und beginnen Sie unverzüglich, sie in die Tat umzusetzen.

Der vierte Schritt bestand — Sie werden sich erinnern — darin, »einen genauen Plan zu erarbeiten, wie Ihr Wunsch zu verwirklichen ist, und sofort zu beginnen, das Vorhaben in die Tat umzusetzen, gleichgültig ob Sie dafür gerüstet sind oder nicht«. Auch diese Anweisung ist in der eben beschriebenen Art auszuführen. Verlassen Sie sich bei der Entwicklung eines Plans, Ihren Wunsch nach Geld in bares Geld zu verwandeln, nicht etwa auf Ihre »Vernunft«, denn dieser bewußte Teil unseres Geistes kann uns durchaus einmal in die Irre führen und enttäuschen, wenn wir unser Handeln zu ausschließlich von der »Stimme der Vernunft« diktieren lassen.

Das folgende ist sehr wichtig: Wenn Sie sich mit geschlossenen Augen auf den gewünschten Betrag konzentrieren, *müssen Sie vor Ihrem geistigen Auge die tatsächliche Handlung erstehen lassen, durch die Sie diese Summe verdienen werden. Stellen Sie sich also bildhaft vor, daß Sie z. B. gerade eine bestimmte Ware liefern oder Dienstleistung ausführen!*

Ihr Unterbewußtsein geht ans Werk

Zur Vertiefung hier noch einmal die im zweiten Kapitel beschriebenen sechs Schritte mit den zuletzt gegebenen Anweisungen:

1. Suchen Sie irgendeinen stillen Ort auf, an dem Sie vor unerwünschten Störungen sicher sind. (Am geeignetsten dafür sind die Augenblicke, ehe Sie in Ihrem Bett einschlafen.) Schließen Sie die Augen und wiederholen Sie mit lauter Stimme (so daß Sie Ihre eigenen Worte hören können) die Höhe des gewünschten Betrages, den Zeitpunkt, zu dem Sie darüber verfügen wollen, und die Beschreibung der Ware oder der Dienstleistung, durch die Sie dieses Geld verdienen wollen. Während der ganzen Übung müssen Sie sich bereits im tatsächlichen Besitz der genannten Summe sehen.

   Angenommen, Sie wollen von heute an in fünf Jahren als Verkäufer (also durch eine bestimmte Form der Dienstleistung) 100 000 Dollar verdienen. In diesem Fall müßte die Niederschrift Ihres Vorsatzes lauten:

   »Am Tag X des Jahres Y werde ich 100 000 Dollar besitzen, die mir bis dahin in verschiedenen Teilbeträgen zufließen.

   Um dieses Geld zu verdienen, gelobe ich, als Verkäufer immer und überall mein Bestes zu geben, um meine Arbeitgeber und Kunden mit der von mir gebotenen Dienstleistung (hier ist die genaue Beschreibung der Dienstleistung einzufügen) oder verkauften Ware (hier ist die genaue Beschreibung der Ware einzusetzen) vollkommen zu befriedigen.

   Ich glaube fest daran, daß dieser Betrag mein Eigentum sein wird. Ja meine Zuversicht ist so groß, daß ich diesen Betrag bereits vor meinem geistigen Auge sehe. Ich kann das Geld bereits mit meinen Händen fühlen. Es wartet schon darauf, mir zuzuströmen, sobald ich meine versprochene Gegenleistung erbracht habe. Ich warte nur noch darauf, daß mir mein Unterbewußtsein den richtigen Weg dazu zeigt und werde diesen sofort beschreiten, sobald eine Eingebung ihn mir vorzeichnet.«

2. Lassen Sie dieses Programm jeden Abend und jeden Morgen ablaufen, bis Sie den gedachten Betrag tatsächlich vor Ihrem geistigen Auge sehen.

3. Bringen Sie die Niederschrift Ihres Vorhabens an einer Stelle an, wo beim Erwachen Ihr erster Blick und vor dem Einschlafen Ihr letzter Blick darauf fällt, und lesen Sie den Wortlaut so oft, bis Sie ihn auswendig wissen.

Bei der Befolgung dieser Anleitungen muß Ihnen stets bewußt sein, daß Sie das Prinzip der Autosuggestion anwenden, um Ihrem Unterbewußtsein bestimmte Befehle zuzuleiten. Beachten Sie immer, daß Ihr Unterbewußtsein nur auf »emotionalisierte«, also gefühlsgeladene Anweisungen reagiert. Da bekanntlich der Glaube zu den stärksten und wirkungsvollsten Gefühlsregungen zählt, muß diese Übung im festen Vertrauen auf ihren Erfolg ausgeführt werden.

Anfangs mögen diese Belehrungen Ihnen als zu abstrakt erscheinen. Lassen Sie sich dadurch nicht beirren. Befolgen Sie die Ratschläge buchstabengetreu, auch wenn Sie sie für »unsinnig« halten mögen. Wenn Sie die hier beschriebenen Grundsätze in *Wort und Tat* genau befolgen, wird sich Ihnen alsbald eine neue Welt voller unbegrenzter Macht auftun.

Warum Sie der Herr Ihres Schicksals sind

Das Mißtrauen gegenüber allen neuen Ideen ist einer der typischen menschlichen Wesenszüge. Aber wenn Sie den hier gegebenen Anweisungen folgen, wird Ihr Mißtrauen bald schwinden und die mit Sicherheit zu erwartenden Erfolge werden auch den letzten Zweifel in Überzeugung und feste Zuversicht verwandeln.

Viele Philosophen haben bereits die Auffassung vertreten, der Mensch sei Herr seines *irdischen* Schicksals, aber die wenigsten unter ihnen vermochten zu erklären, *warum* das so ist. Hier sollen Sie erfahren, warum die Gestaltung seines Geschicks, insbesondere aber sein finanzieller Erfolg, in des Menschen eigenen Händen liegt:

Dem Menschen ist es gegeben, Herr seiner selbst und seiner gesamten Umwelt zu werden, weil er die Macht besitzt, sein Unterbewußtsein nach seinen Vorstellungen zu beeinflussen.

Der eigentliche Vorgang der Umwandlung eines Wunsches in bares Geld beruht auf der Anwendung der Autosuggestion, die uns das Tor zum Unterbewußtsein und seinen ungeheuren Kräften erschließt. Alle anderen hier dargelegten Prinzipien sind nichts als Werkzeuge, um die Macht des Unterbewußtseins praktisch zu nützen. Halten Sie also fest, daß der Erfolg der in diesem Buch dargelegten Methoden, und damit die Erfüllung Ihrer Wünsche, allein vom richtigen Gebrauch der Autosuggestion abhängen.

Der dritte Schritt zum Reichtum: Die Autosuggestion 71

Wenn Sie am Ende dieses Buches angelangt sind, dann blättern Sie zu dieser Stelle zurück und befolgen Sie wortgetreu und im rechten Geist diese Anweisung:

Lesen Sie das gesamte Kapitel jeden Abend einmal laut vor, bis Sie vollkommen von der Wirksamkeit der Autosuggestion überzeugt sind und in dieser das zuverlässige Werkzeug zur Erfüllung aller menschlichen Wünsche erkennen. Unterstreichen Sie beim Lesen jeden Satz, der Sie besonders beeindruckt.

Befolgen Sie auch diese Anweisung wortgetreu, denn sie wird Ihnen das Tor zum restlosen Verständnis und zur völligen Beherrschung des Erfolgsprinzips öffnen.

LEITSÄTZE

Sie besitzen einen sechsten Sinn, aber Sie bedürfen nur Ihrer normalen fünf Sinne, um Ihrem Unterbewußtsein die gewünschten Vorstellungen zuzuleiten. Sobald Ihnen dies gelingt, wird Ihr unterbewußter Drang nach Reichtum für die Vorstellung von Armut keinen Raum mehr lassen.

Sobald der von Ihnen erreichte Gefühlszustand Sie das ersehnte Geld tatsächlich vor sich sehen und mit Händen greifen läßt, wird der Reichtum Ihnen auf völlig überraschende Weise und von unerwarteter Seite zuströmen. Setzen Sie einen bestimmten Betrag fest und seien Sie dabei nicht bescheiden — je größer die Summe, um so besser. Bestimmen Sie auch den genauen Zeitpunkt, zu dem Sie die festgesetzte Summe zu besitzen wünschen.

Sobald Ihr Unterbewußtsein Ihnen einen Plan eingibt, handeln Sie unverzüglich. Nichts ist kostbarer und unwiederbringlicher als eine solche »Erleuchtung«. Wer »auf den rechten Augenblick wartet«, setzt den Erfolg aufs Spiel.

Drei einfache Methoden machen Sie zum Meister der Autosuggestion: Befolgen Sie unsere Anweisungen buchstabentreu und Sie werden Herr Ihres Schicksals.

Jede Widrigkeit des Schicksals trägt den Keim eines noch größeren Vorteils in sich.

Der vierte Schritt zum Reichtum: Fachkenntnisse

> *Ihre Bildung ist, was Sie aus ihr machen. Sie können alle Kenntnisse finden, die Sie dorthin bringen, wohin Sie gelangen wollen.*

Es gibt zwei Arten von Wissen, die sogenannte Allgemeinbildung und das Fachwissen. Wenn es darum geht, ein Vermögen anzusammeln, dann hilft selbst die umfangreichste und tiefschürfendste Allgemeinbildung nur wenig. Die führenden Universitäten mit ihren vielen Fakultäten sind Hort und Quelle des gesamten Wissens, das die Menschheit in ihrer langen Geschichte angesammelt hat. *Trotzdem verfügen die meisten Professoren nur über ein bescheidenes Einkommen.* Sie haben sich eben auf die *Vermittlung* ihres Wissens spezialisiert, statt ihre Kenntnisse *praktisch zu verwerten*.

Abstraktes Wissen bringt kein Geld ein. Wer Kenntnisse zu seinem und zum Nutzen anderer verwerten will, muß sie zunächst einmal ordnen und dann planvoll zur Verwirklichung eines *praktischen Ziels* einsetzen. Die Unkenntnis der wahren Zusammenhänge hat schon Millionen von Menschen zu einer falschen Auslegung des Wortes »Wissen ist Macht« verleitet. In dieser Form stimmt nämlich die Gleichung nicht! Wissen ist nur *potentielle* Macht. In *echte* Macht verwandeln sich unsere Kenntnisse erst, wenn wir sie nach einem bestimmten Plan und für einen bestimmten Zweck einsetzen.

Der Hauptmangel aller unserer Schulen, höheren Lehranstalten und Universitäten besteht darin, daß sie es versäumen, den Schülern und Studenten zu erklären, wie man das erworbene Wissen methodisch und gewinnbringend anwenden kann.

Viele Menschen hielten und halten einen Mann wie Henry Ford für »ungebildet«, weil er nur wenig »Schulbildung« besaß. Ein im wahren und ursprünglichen Sinne »gebildeter« Mensch muß aber nicht unbedingt über eine besonders umfangreiche Allgemeinbildung oder über außergewöhnliche Fachkenntnisse verfügen. Wir verstehen darunter eher jenen, der sich mit Hilfe seiner geistigen Fähigkeiten alles das verschafft, was sein Herz begehrt, ohne dabei die Rechte und Interessen anderer zu schmälern.

»Unwissend« genug, um sein Glück zu machen

Während des Ersten Weltkrieges nannte eine Chicagoer Zeitung in einem ihrer Leitartikel Henry Ford einen »unwissenden Pazifisten«. Henry Ford verklagte daraufhin den verantwortlichen Redakteur wegen Verleumdung. Bei der Verhandlung versuchten die Verteidiger der Zeitung den Beweis für die Richtigkeit dieses Ausdrucks zu erbringen und riefen Mr. Ford in den Zeugenstand, um das Gericht von seiner Unwissenheit zu überzeugen. Die Anwälte stellten ihm eine Reihe von Fragen, die den Kläger als völligen Ignoranten auf allen Gebieten — außer jenem des Kraftwagenbaus — bloßstellen sollten.

Ford wurde z. B. mit Fragen geplagt wie: »Wer war Benedict Arnold?« und »Wieviele Soldaten entsandte die britische Krone 1776 nach Amerika, um den Aufstand zu unterdrücken?« Und Ford antwortete: »Die genaue Zahl ist mir zwar unbekannt, aber ich weiß jedenfalls, daß die Zahl der Heimkehrer weit geringer war.«

Endlich, als einer der gegnerischen Anwälte eine besonders verletzende Frage stellte, riß Ford die Geduld: »Wollen Sie bitte«, versetzte er, »folgendes zur Kenntnis nehmen: Wenn mir wirklich etwas daran läge, die letzte und alle vorausgegangenen dummen Fragen zu beantworten, so brauchte ich nur einen der vielen Knöpfe auf meinem Schreibtisch zu drücken, um den entsprechenden Fachmann herbeizurufen. Mir stehen genug Leute zur Verfügung, die mir zu jeder Zeit jede gewünschte Auskunft zu allen Aufgaben und Problemen geben können, denen ich den größten Teil meiner Zeit und meiner Kraft widme. Vielleicht haben Sie nun die Freundlichkeit, mir zu verraten, warum ich mein Gedächtnis mit allem möglichen unnützen Kram belasten soll, wenn ich von Experten umgeben bin, die mir immer Rede und Antwort stehen?«

Die Logik dieser Erwiderung war unangreifbar. Auch der Gegenanwalt wußte darauf nichts mehr zu sagen. Jedem Anwesenden war klar geworden, daß eine solche Antwort nicht von einem dummen Menschen, sondern nur von einem gebildeten Manne gefunden werden konnte. Als »gebildet« gilt ja für uns jeder, der weiß, woher er das nötige Wissen beziehen und seinem Zweck dienstbar machen kann. Und Fords Gruppe von »führenden Köpfen« verfügte jederzeit über alle speziellen Auskünfte, die er brauchte, um einer der reichsten Männer Amerikas zu werden.

Es wäre tatsächlich nutzlos gewesen, hätte er mit all diesem Wissen sein eigenes Gehirn belastet.

Wissen ist leicht zu erwerben

Die Fähigkeit, den Wunsch nach Geld in bare Münze zu verwandeln, setzt spezielle Kenntnisse der Dienstleistungen oder Waren voraus, mit denen Sie das erstrebte Vermögen verdienen wollen. Möglicherweise benötigen Sie ein umfangreicheres Fachwissen, als Sie es sich aneignen wollen oder können. Die Lösung dieses Problems bietet der Einsatz einer Gruppe »führender Köpfe«.

Wer Reichtum ansammeln will, braucht Macht. Diese Macht wiederum erwirbt man mit Hilfe höchstentwickelter und zweckmäßig eingesetzter Spezialkenntnisse. Wie wir bereits wissen, müssen diese aber nicht unbedingt im Besitze desjenigen sein, der nach Reichtum strebt.

Diese Feststellung sollte jedem Hoffnung und Mut einflößen, der die erforderliche Spezialausbildung nicht genossen hat. Viele Menschen gehen mit Minderwertigkeitskomplexen behaftet durchs Leben, weil sie angeblich »ungebildet« sind. Wer aber eine Gruppe von »führenden Köpfen« gewinnen und leiten kann, die über alle erforderlichen Fachkenntnisse verfügen, der darf sich als wenigstens ebenso gebildet betrachten, wie jeder seiner Fachberater es ist, dessen Wissen ihm zu Gebote steht.

Thomas A. Edison war in seinem ganzen Leben nur drei Monate »zur Schule gegangen«. Trotzdem fehlte es ihm weder an Bildung noch an Geld.

Henry Ford hatte nicht einmal die mittlere Reife erlangt, was ihn jedoch nicht hinderte, Multimillionär zu werden.

Kaum etwas anderes wird so reichlich und billig angeboten, wie Fachwissen! Wenn Sie daran zweifeln, brauchen Sie sich nur einmal nach dem Einkommen eines Universitätsdozenten zu erkundigen.

Wo Wissen zu finden ist

Zuerst müssen Sie sich darüber klar werden, welche Fachkenntnisse Sie erwerben und für welchen Zweck Sie diese dann einsetzen wollen. Was Sie an Wissen brauchen, hängt von Ihrem Ziel, von Ihrem eigentlichen Lebenszweck ab. Ist diese Frage einmal beantwortet, so gilt es, wirklich zuverlässige Wissens- und Erkenntnisquellen zu erschließen. Die wichtigsten sind:

1. Die eigene Ausbildung und Erfahrung.

2. Die Zusammenarbeit mit geeigneten Fachleuten.

3. Höhere Fachschulen und Universitäten.

4. Der Öffentlichkeit zugängliche Büchereien und Bibliotheken (deren Bücher und Zeitschriften das gesamte Wissen der Menschheit enthalten).

5. Fortbildungskurse, Fernkurse und andere Formen der Erwachsenenbildung, z. B. Abendkurse und Abendschulen (zweiter Bildungsweg).

Das einmal erworbene Wissen muß unverzüglich nach einem genau ausgearbeiteten Plan praktisch verwertet werden. Wissen ist immer nur dann von echtem Wert, wenn es in den Dienst einer großen Aufgabe gestellt wird.

Wer seine Schulkenntnisse ausbauen will, muß zuerst feststellen, welche Fachkenntnisse zur Durchführung seiner Zukunftspläne nötig und welche Schulen für seine Zwecke die geeignetsten sind, weil sie ihm gerade das fehlende Wissen vermitteln.

Wirkliche Erfolgsmenschen — gleichgültig, in welchem Beruf sie wirken — sind stets bemüht, ihre Sach- und Fachkenntnisse zu erweitern und zu vertiefen. Berufliches Versagen ist häufig eine Folge des Irrtums, mit dem Abschluß der Schul- und Berufsausbildung habe man ein für allemal »ausgelernt«. In Wirklichkeit deutet die Schule nur den Weg an, den wir zu beschreiten haben, um die zuvor erhaltene »Vorbildung« nun auch »auszubilden«.

Die Forderung des Tages lautet *Spezialisierung!* Diese Grundtatsache beleuchtete Robert P. Moore (früher Leiter der akademischen Stellenvermittlung der Columbia Universität) in folgendem Artikel:

SPEZIALISTEN GESUCHT

Heutzutage suchen die Firmen hauptsächlich Mitarbeiter, die sich auf irgendeinem Gebiet zu Spezialisten herangebildet haben, also Betriebswirte mit spezieller Ausbildung in Buchführung und Statistik, Ingenieure aller Arten, Journalisten, Architekten, Chemiker. Unter diesen werden jene bevorzugt, die bereits von ihren Mitschülern oder Studienkollegen mit Ämtern betraut worden waren und Führungseigenschaften nachgewiesen haben. Wer nicht nur seine Fachausbildung mit Erfolg abgeschlossen, sondern darüber hinaus tätigen Anteil an der Schülerselbstverwaltung, den ASTA und anderen Bereichen des Schul- und Universitätslebens genommen und sich als kontaktfähig erwiesen hat, der besitzt gegenüber dem rein akademischen Bewerber, der ausschließlich in seinem Fach aufgeht, entscheidende Vorzüge. Wer solche hervorragende und abgerundete Qualifikationen erworben hat, kann sogar mit mehreren günstigen Stellenangeboten rechnen. Manche Bewerber dieser Art erhielten bis zu sechs Angebote zur Auswahl.

Eines der größten Unternehmen dieses Landes teilte mir auf meine Anfrage mit:

»Wir sind hauptsächlich daran interessiert, zukünftige Führungskräfte zu gewinnen. Aus diesem Grund messen wir dem Charakter, der Intelligenz und der Persönlichkeit des Bewerbers größere Bedeutung bei, als seiner Fachausbildung.«

In Verbindung mit seinem Vorschlag, daß Studenten während ihrer Semesterferien in geeigneten Büros, Läden oder Fertigungsbetrieben eine praktische »Lehrzeit« absolvieren, betonte Mr. Moore: »Spätestens nach dem zweiten Semester müßte sich jeder Student für eine bestimmte Fachrichtung entschieden haben und dem ziellosen »Herumhören« ein Ende setzen.«

Außerdem sollten sich die Fachschulen und Universitäten endlich darauf einstellen, daß heutzutage in allen Berufen Spezialisten gebraucht werden. Es sei dringend notwendig, daß die Lehr- und Erziehungsanstalten sich mehr als bisher der praktischen Berufsberatung annehmen und noch weit mehr auch Einfluß zu gewinnen suchen auf die Vermittlung geeigneter Fachkräfte.

Eine der zuverlässigsten und brauchbarsten Wissensquellen sind die Abendkurse, die von zahlreichen Instituten für Erwachsenenbildung angeboten werden. Hierzu zählen insbesondere die Volkshochschulen, die Abendmittelschulen und -gymnasien, sowie viele andere Einrichtungen des »Zweiten Bildungsweges«, die überall leicht zu erfragen sind. In diesem Zusammenhang sollen auch Fernkurse genannt werden, die Interessierte in nahezu alle wichtigen Wissensbereiche einführen. Der besondere Vorteil des Heimstudiums besteht darin, daß sich das Lehrprogramm den jeweiligen zeitlichen Möglichkeiten anpassen läßt. Im übrigen bieten Fernkurse vertrauenswürdiger Institute oft auch Gelegenheit zu individueller Beratung. Niemand wohnt zu abgelegen, um sich dieser Einrichtungen bedienen zu können.

Studium und Selbstdisziplin

Was sich ohne Mühe und Kosten erreichen läßt, wird oft geringgeschätzt und manchmal sogar verachtet. Vielleicht ist dies der Grund dafür, daß die hervorragenden Bildungsmöglichkeiten des schulgeldfreien Unterrichts an mittleren und höheren Schulen so wenig genutzt werden. Allerdings stellt die Selbstdisziplin, die jeder entwickeln und beweisen muß, der sich als Erwachsener weiterbilden und einen bestimmten Abschluß erreichen will, eine zusätzliche »Prämie« dar, die in etwa einen Ersatz für die früher entgangene kostenlose Ausbildung an den öffentlichen Schulen bietet. Fernunterricht wird von privaten Anstalten durchgeführt, die unter kommerziellen Gesichtspunkten geführt werden. Die Unterrichtsgebühren sind meist so niedrig kalkuliert, daß diese Institute auf prompter Barzahlung bestehen müssen. Da der Teilnehmer bezahlen muß, ob er nun Fortschritte erzielt oder nicht, führt er die Ausbildung in der Regel zu Ende, selbst wenn seine ursprüngliche Begeisterung geschwunden ist. Meiner Ansicht nach sollten die Veranstalter von Fernkursen in ihrer Werbung gerade diesen Gesichtspunkt besonders herausstellen, denn ihre Buchhaltungen bieten das eindrucksvollste Training zur Ausbildung von *Entschlußkraft, Pünktlichkeit und der Gewohnheit, Angefangenes zu Ende zu führen.* Ich selbst machte diese Erfahrung, als ich vor mehr als 45 Jahren einen Fernkurs für Werbung belegte. Nach den ersten acht oder zehn Lektionen gab ich das Studium auf, was die Schule jedoch keineswegs daran hinderte, mir weiterhin Rechnungen zuzuschicken. Die Entschuldigung, daß ich mein Interesse an dem Kurs verloren habe, ließ man nicht gelten, sondern man bestand auf der Entrichtung der fälligen Gebühren. Da ich nun einmal vertraglich verpflichtet war zu zahlen, beschloß ich, auch die restlichen Lektionen durchzuarbeiten, um wenigstens etwas für mein Geld zu erhalten. Die Gewissenhaftigkeit und Hartnäckigkeit des Mahnbüros erschienen mir zu jener Zeit zwar übertrieben, später aber kam ich zur Einsicht, daß diese Erfahrung mir eine äußerst wertvolle Gratislehre in Zielstrebigkeit erteilt hatte. Außerdem verdankte ich dem Werbekurs, den ich mit so großem Widerwillen beendet hatte, in späteren Jahren eine höchst einträgliche Anstellung.

Zum Lernen ist es nie zu spät

Amerika und die meisten europäischen Länder besitzen ein vorbildlich ausgebautes öffentliches Schulsystem. Nun zählt es aber zu den seltsamsten Wesenszügen des Menschen, daß er nur das schätzt, wofür er bezahlen muß. Das ist wohl einer der Hauptgründe dafür, daß viele die während der Kindheit und Jugend gebotenen Chancen ungenutzt lassen und ihre Weiterbildung später neben ihrem Beruf betreiben müssen, um in höhere und besser bezahlte Stellungen aufzusteigen. Die damit verbundenen Bemühungen lohnen sich allerdings in mehr als einer Hinsicht: Die Arbeitgeber wissen längst, wieviel außerordentlicher Fleiß und Ehrgeiz nötig sind, um sich auch in der Freizeit noch dem beruflichen Aufstieg zu widmen. Aus diesem Grunde lassen sie auch ihrerseits solchen vielversprechenden Mitarbeitern eine besondere Förderung angedeihen, um sie später als Führungskräfte einsetzen zu können.

Bedauerlicherweise gibt es für eine der folgenschwersten menschlichen Schwächen kein Heilmittel — für den weit verbreiteten Mangel an Ehrgeiz! Dabei wissen wir, daß jeder (besonders jeder Angestellte), der sich seine Mußestunden so einteilt, daß er noch Zeit für das häusliche Studium erübrigt, nie lange in untergeordneter Stellung bleibt. Tatkraft überwindet alle Hindernisse, öffnet Tür und Tor und trägt Ihnen das Wohlwollen jener ein, die Ihnen echte Aufstiegschancen bieten können.

Das Selbststudium ist besonders für solche Angestellte geeignet, die erst nach Abschluß ihrer Schulzeit die unumgängliche Notwendigkeit von Fachkenntnissen entdecken, nun aber weder Zeit noch Gelegenheit haben, ihre Schulausbildung fortzusetzen.

Stewart Austin Wier war eine Reihe von Jahren als Bauingenieur tätig gewesen, als er eines Tages feststellte, daß als Folge der Konjunkturabschwächung seine Dienste immer seltener gefragt wurden und sich sein Einkommen darum gefährlich verringerte. Nach sorgfältiger Prüfung seiner Kenntnisse und Begabungen entschloß er sich, Rechtswissenschaften zu studieren. Er kehrte zur Universität zurück und belegte Spezialkurse, um sich als Körperschaftsanwalt auszubilden. Schon bald nach seiner Zulassung gelang es ihm, sich eine höchst einträgliche Anwaltspraxis aufzubauen.

Um keine wichtigen Einzelheiten auszulassen und von vornherein dem Einwand jener zu begegnen, die behaupten, »Ich habe eine Familie zu versorgen und kann unmöglich noch einmal zur Schule oder zur Universität gehen« oder »dafür bin ich zu alt«, möchte ich hinzufügen, daß Mr. Wier bereits über 40 Jahre alt und verheiratet war, als er sich wieder auf die Schulbank setzte. Dabei bewältigte er ein Studium, zu dem die meisten vier Jahre benötigen, in zwei Jahren, weil er mit seinem von Erfahrung geschärften Blick nur solche Übungen und Vorlesungen ausgewählt und belegt hatte, die ihn am schnellsten zum Ziel brachten. Das »Gewußt wie« macht sich eben immer bezahlt!

Buchhaltung auf Rädern

Wenden wir uns einem weiteren typischen Beispiel zu. Ein Lebensmittelverkäufer verlor völlig unerwartet seine Stellung. In dieser Situation besann er sich darauf, daß er sich früher einmal gewisse Kenntnisse in Buchführung erworben hatte. Nachdem er sich mit den modernsten Buchführungs- und maschinellen Rationalisierungsmethoden vertraut gemacht hatte, gründete er ein selbständiges Unternehmen. Einschließlich des Lebensmittelhändlers, bei dem er vorher beschäftigt gewesen war, verpflichtete er sich vertraglich mehr als 100 Einzelhändlern, ihnen gegen eine geringe Gebühr alle Buchführungsarbeiten abzunehmen. Diese Dienstleistung fand solchen Anklang, daß er bald einen Lieferwagen in ein »fahrbares Büro« umwandelte und mit modernsten Buchhaltungsmaschinen ausstattete. Heute besitzt er einen ganzen Wagenpark solcher fahrbaren Buchhaltungen und beschäftigt

einen großen Mitarbeiterstab, der zahllose Kleinhändler zu deren Zufriedenheit bedient.
Fachwissen und Phantasie begründeten den Erfolg dieses einzigartigen Unternehmens. Mr. Wiers letztjährige Einkommensteuer war zehnmal höher als der Lohn, den er vor seiner Entlassung von dem Lebensmittelhändler bezogen hatte.
Am Anfang dieses erfolgreichen Unternehmens stand nichts als eine Idee!
Da ich selbst es war, der damals den arbeitslosen Verkäufer auf diese gewinnbringende Idee gebracht hatte, sei es mir gestattet, einen weiteren Vorschlag zu machen, der sich als noch einträglicher erweisen könnte.
Auch hierzu gab ursprünglich der bereits erwähnte Verkäufer den Anstoß, ehe er mit der Buchführung im Großen begann. Als ich ihn damals auf diese Möglichkeit hinwies, griff er zwar den Gedanken sofort mit Begeisterung auf, wandte dann aber ein: »Das ist eine blendende Idee, aber wie soll ich sie in die Tat umsetzen?« Das bedeutete, daß er mit dem »erlernten Wissen« nichts anzufangen wußte.
Hier war also ein neues Problem aufgetreten und es wurde gelöst. Mit Hilfe einer jungen und sprachgewandten Schreibkraft entstand eine sehr interessante Beschreibung des neuen Buchführungssystems. Vervielfältigt und ebenso hübsch wie billig gebunden, gewann diese Werbebroschüre schnell so viele Interessenten, daß Mr. Wier bald mehr Buchführungsaufträge erhielt, als er allein bewältigen konnte.

Ein guter Plan schafft neue Möglichkeiten

Da sind Tausende von Menschen überall im Land, die nur allzugern die Dienste eines Werbefachmannes in Anspruch nehmen würden, der ihre Talente und Fähigkeiten in einer Art von Werbebrief überzeugend darstellen könnte.
Die hier zu beschreibende Idee wurde einst aus der Not des Augenblicks geboren und war ursprünglich auch nur als Notbehelf gedacht. Jedoch hatte die Dame, die den Gedanken entwickelte, Scharfblick und Phantasie genug, um zu erfassen, daß sich ihr Projekt zu einem neuen Beruf ausbauen ließ. Sie beschloß, den vielen Tausenden zu helfen, die bei Bewerbungen und ähnlichen Gelegenheiten den Wert

ihrer Fähigkeiten und Dienste nicht ins rechte Licht zu rücken wußten. Der außerordentliche Erfolg ihres ersten »persönlichen Werbeschreibens« ermutigte diese tatkräftige Dame, ihrem Sohn aus einer ähnlichen Schwierigkeit herauszuhelfen. Dieser hatte sein Universitätsstudium gerade mit Erfolg abgeschlossen, doch schien niemand für ihn Verwendung zu haben. Das von seiner Mutter ausgearbeitete Schriftstück ist zweifellos die beste Bewerbung, das wirkungsvollste »persönliche Werbeschreiben«, das mir in meinem ganzen Leben begegnet ist.

Es umfaßte 50 Seiten säuberlich getippter und klar gegliederter Auskünfte über die natürlichen Talente, die Ausbildung, die persönlichen Erfahrungen und viele andere Merkmale, deren Aufzählung hier zu viel Platz beanspruchen würde. Auch enthielt dieser Werbebrief eine ausführliche Beschreibung der Stelle, die sich der junge Mann wünschte, und einen detaillierten Plan, wie er die damit verbunden Aufgaben und Probleme lösen würde.

Die Ausarbeitung erforderte mehrere Wochen, in deren Verlauf die Verfasserin ihren Sohn fast jeden Tag in die öffentliche Bibliothek schickte, um dort weitere, wirksame Werbeargumente zu sammeln. Außerdem veranlaßte sie ihn, alle Konkurrenten seines in Aussicht genommenen Arbeitgebers aufzusuchen, um Einblick in deren Geschäftsmethoden zu gewinnen. Was er dabei herausfand, war von unbezahlbarem Wert für sein zukünftiges Arbeitsprogramm. Auf diese Weise war er in der Lage, dem in Aussicht genommenen Arbeitgeber mehr als ein halbes Dutzend sorgfältig durchdachter und gewinnbringender Neuerungen vorzuschlagen.

Er sparte zehn Jahre »Aufstieg«

Einige meiner Leser mögen sich nun die verwunderte Frage stellen: »Warum sollte ich soviel Zeit auf eine bloße Stellenbewerbung verwenden?«

Die Antwort darauf lautet: »Sorgfältige Vorbereitungen sind niemals Zeitvergeudung, sondern machen sich immer bezahlt! Diesem ausführlichen Bewerbungsplan hatte es nämlich der junge Mann zu verdanken, daß er sofort und zwar zu dem von ihm geforderten Gehalt eingestellt wurde. Darüber hinaus — und dieser Punkt ist noch bedeutsamer — brauchte er nicht erst »von unten anzufangen«, sondern er fand gleich als Direktionsassistent Verwendung.«

Der vierte Schritt zum Reichtum: Fachkenntnisse

»Warum alle diese Umstände?«
Nun, zunächst einmal ersparte der sorgfältig *ausgearbeitete Bewerbungsplan* dem jungen Mann ganze zehn Jahre, in denen er sich sonst zu dieser Stellung hätte *hocharbeite*n müssen.
Auf den ersten Blick scheint zwar an der Methode des »allmählichen Aufstiegs« nichts auszusetzen zu sein. Trotzdem spricht manches dagegen. Einmal die Tatsache, daß es allzuvielen, die ganz unten anfangen, allzuoft mißlingt, die Aufmerksamkeit der entscheidenden Führungskräfte auf sich zu lenken, so daß ihnen der Sprung nach oben niemals gelingt. Auch ist zu bedenken, daß von der untersten Sprosse aus betrachtet die steil aufragende Leiter des Erfolgs nicht gerade sehr einladend wirkt. Jeder Weg zur Spitze scheint und ist mit so vielen Schwierigkeiten verbunden, daß die meisten sehr bald den Mut verlieren und ihre ehrgeizigen Pläne aufgeben, zumal man sich dann an den »alten Trott gewöhnt« hat und resigniert. In dieser Gefahr aber liegt ein weiterer wichtiger Grund, warum es sich lohnt, die untersten Sprossen zu überspringen. Von der höheren Warte aus fällt es wesentlich leichter, die Aufstiegsmethoden der anderen zu ergründen, die Augen offenzuhalten und jede sich bietende Chance sofort zu ergreifen.

Den Erfolgreichen lieben alle

Dan Halpins ist ein glänzendes Beispiel für das, was ich damit meine. Während seiner Universitätszeit war er Manager des berühmten Rugby Teams von Notre Dame, das unter seinem Trainer Knute Rockne die Landesmeisterschaften gewann.
Halpin beendete sein Studium im denkbar ungünstigsten Augenblick, denn damals hatte die Wirtschaftskrise gerade ihren Höhepunkt erreicht und offene Stellen waren knapp. Nachdem er sich zunächst als Vertreter einer Investmentgesellschaft und in der Filmbranche versucht hatte, sattelte er abermals um und verkaufte elektrische Hörgeräte auf Provisionsbasis. Natürlich wußte er, daß sein Studium für diese Beschäftigung nicht erforderlich gewesen wäre, aber diese schien ihm eine ausbaufähige Chance für die Zukunft zu bieten.
Fast zwei Jahre lang bewährte er sich in der von ihm nicht gerade besonders geschätzten Aufgabe. Hätte er in dieser Zeit seinen Ehrgeiz einschlafen lassen, so wäre er wohl für immer auf der erreichten

Stufe stehengeblieben. Er war jedoch klug genug, sich gleich von Anfang an für die Stelle des stellvertretenden Verkaufsleiters der Firma zu bewerben. Er wurde auch in dieser Eigenschaft eingestellt und bereits diese erste Sprosse war hoch genug, um ihn aus der Masse herauszuheben. Außerdem bot ihm diese Stelle gute Aussichten, sich weiter zu verbessern.

Die von Halpin erzielten Verkaufserfolge waren so eindrucksvoll, daß A. M. Andrews, der Aufsichtsratsvorsitzende der Dictograph Products Company, der stärksten Konkurrenz von Halpins Firma, sich für den jungen Mann zu interessieren begann, nachdem dieser der alteingesessenen Dictograph Company bereits viele Kunden abspenstig gemacht hatte. Er bat Halpin zu sich und am Ende der ersten Unterredung war Halpin der neue Verkaufsleiter der Hörgeräteabteilung. Unmittelbar darauf verreiste Mr. Andrews für drei Monate nach Florida, um Halpins Fähigkeiten auf die Probe zu stellen. Völlig auf sich gestellt, blieb diesem nichts anderes übrig, als zu schwimmen oder unterzugehen. Aber Dan Halpin ging nicht unter! Er hatte niemals Knute Rocknes Ausspruch vergessen, daß »der Erfolgreiche überall beliebt und der Versager überall mißachtet ist.« Von solchem kämpferischen Geist erfüllt setzte er sich so energisch für seine Aufgabe ein, daß man ihn zum stellvertretenden Direktor der Firma ernannte. Andere wären stolz gewesen, eine solche Position nach zehnjähriger harter Arbeit zu erreichen — Dan Halpins gelang dies in wenig mehr als sechs Monaten.

Was ist nun der springende Punkt an dieser Geschichte? Nun, sie beweist, daß es einzig und allein von unserem Entschluß und unserer Fähigkeit abhängt, unser Schicksal selbst in die Hand zu nehmen, ob wir zu den höchsten Höhen aufsteigen oder in der Routine des Alltags versanden.

Kleben Sie nicht auf der untersten Sprosse fest

Aus dieser Geschichte läßt sich noch eine andere wichtige Schlußfolgerung ableiten: Erfolg wie Mißerfolg sind Ergebnisse unserer *Gewohnheiten*. Für mich steht es fest, daß Dan Halpins persönliche Bindung an einen der größten Rugby-Trainer Amerikas in ihm den gleichen unbeirrbaren Siegeswillen hatte entstehen lassen, dem die Mannschaft von Notre Dame ihren weltweiten Ruhm verdankte.

Ja, die Verehrung eines Vorbildes hat schon einiges für sich, vorausgesetzt, man wählt sich ein solches, das als positiver Ansporn wirkt.
Mein Glaube an die Theorie, daß Geschäftsverbindungen beeinflußt werden durch die Wahl des richtigen menschlichen Vorbildes, bestimmte auch mein Verhalten, als sich mein Sohn Blair bei Dan Halpin um eine Stellung bewarb. Letzterer bot ihm nämlich als Anfangsgehalt nur die Hälfte dessen, was er bei einer Konkurrenzfirma erhalten hätte. Trotzdem brachte ich meinen ganzen väterlichen Einfluß ins Spiel, um meinen Sohn zur Annahme von Mr. Halpins Angebot zu bewegen. Ich tat dies in der Überzeugung, daß der persönliche Kontakt mit einem Mann, der sich immer standhaft geweigert hatte, Kompromisse zu seinem Nachteil zu schließen, von im wahrsten Sinne des Wortes unbezahlbarem Wert sein würde.
Die unterste Sprosse der Erfolgsleiter ist für die Dauer ein sehr eintöniger, hoffnungsloser und unrentabler Aufenthalt. Eben darum habe ich so ausführlich geschildert, wie sich die niedrigsten Stufen mit Hilfe kluger Planung überspringen lassen.

Wie man sich zum höchsten Preis »verkauft«

Jene Dame, welche den »Stellenbewerbungsplan« für ihren Sohn ausgearbeitet hatte, wird heute von allen Seiten bestürmt, solche Unterlagen auch für andere zu erstellen, die ihre Fähigkeiten und Dienste besser »verkaufen« wollen.
Dies ist nun nicht etwa so zu verstehen, daß die Dame lediglich ein Verkaufsgenie ist, das allen möglichen Leuten dazu verhilft, mit gleicher Arbeit wie bisher ein höheres Einkommen zu erzielen. Sie dient ja nicht nur den Interessen des Arbeitnehmers, sondern ebenso auch jenen des Arbeitgebers, wenn sie auf der Grundlage der besonderen Fähigkeiten des jeweiligen Bewerbers Arbeitsprogramme ausarbeitet, die zwar einerseits das Gehalt, andererseits aber auch das Leistungsvermögen und damit den Wert des Mitarbeiters erhöhen.
Für alle jene, die genug Phantasie besitzen und ihre Kräfte gewinnbringender einsetzen wollen, sollte dieses Beispiel den Anreiz bieten, ähnliches zu unternehmen. Mit einer solchen Idee läßt sich das Durchschnittseinkommen eines Arztes, Rechtsanwalts oder Ingenieurs, die viele Jahre auf ihre Ausbildung verwenden mußten, leicht übertreffen.

Für gute Ideen gibt es keine Preisbindung!

Nun darf nicht vergessen werden, daß die Verwirklichung solcher Ideen immer ein Mindestmaß an Fachkenntnissen voraussetzt. Unglücklicherweise aber ist es für alle jene, die zu Geld kommen wollen, wesentlich leichter, sich Fachwissen anzueignen als schöpferische Ideen hervorzubringen. Nur deshalb haben wir einen ständig anwachsenden Bedarf an Menschen zu verzeichnen, die anderen helfen können, sich besser zu verkaufen. Wer solche Aufgaben lösen will, muß Phantasie besitzen. Sie allein ermöglicht es, Fachkenntnisse und fruchtbare Ideen zu klar durchdachten Arbeitsprogrammen zu verschmelzen, die schon oft zur Grundlage wurden für künftige riesige Vermögen.

Phantasiebegabte Leser können in diesem Kapitel die Anregung finden, die den Grundstein zukünftigen Reichtums legt. Aber denken Sie immer daran: zuerst die Idee! Die Beschaffung der nötigen Fachkenntnisse bereitet dann keine Schwierigkeiten mehr.

LEITSÄTZE

Wissen bedeutet nur *potentielle* Macht. Ihre Kenntnisse lassen sich jederzeit zu einem genauen Plan verarbeiten, der Sie an jedes gewünschte Ziel führt.

Bemühen Sie sich stets, aus Ihrem Wissen und aus Ihren Kontakten zu anderen den größten Nutzen zu ziehen. Henry Fords »Unwissenheit« hinderte ihn nicht daran, ein Riesenvermögen anzusammeln.

Beschaffen Sie sich das nötige Wissen aus einer oder mehreren der in diesem Kapitel genannten Quellen. Kenntnisse lassen sich jederzeit leicht aneignen.

Wer keine Waren anzubieten hat, kann doch seine Dienste sehr vorteilhaft verkaufen. Ich kenne Männer über sechzig, die dies mit großem Gewinn taten. Tausenden von zielstrebigen und selbstdisziplinierten jungen Männern hat diese Methode zum Aufstieg verholfen.

Die in diesem Kapitel entwickelten Ideen können Ihnen zehn Jahre »Aufstiegsarbeit« ersparen.

Wissen bahnt den Weg zum Reichtum — man braucht nur den richtigen Weg einzuschlagen.

Der fünfte Schritt zum Reichtum: Die Phantasie

Ihre Phantasie hält alle Chancen bereit, die Sie sich vom Leben erhoffen. Ihre Phantasie, die Werkstatt Ihres Geistes, ist darauf vorbereitet, Ihre Denkkraft anzukurbeln, um Erfolg und Reichtum zu gewinnen.

Die Phantasie ist buchstäblich die Werkstatt, in der alle Pläne entworfen werden, die der Mensch verwirklicht. Gedankliche Impulse und Wünsche erhalten Gestalt, Form und Bewegung durch den von der Vorstellungskraft des Geistes ausgehenden Anstoß.

Es ist schon oft gesagt worden, daß der Mensch alles vollbringen kann, was er sich in seiner Phantasie vorzustellen vermag.

Seiner schöpferischen Vorstellungskraft hat es der Mensch zu verdanken, daß er in den letzten 50 Jahren mehr Naturkräfte entdeckt und sich dienstbar gemacht hat, als während der ganzen vorausgegangenen Menschheitsgeschichte. Er hat sich das Reich der Lüfte erobert und übertrifft die Vögel in der Kunst des Fliegens. Er hat nicht nur aus einer mittleren Entfernung von 149,5 Millionen Kilometern die Sonne gemessen und gewogen, sondern mit Hilfe seiner *Vorstellungskraft* auch eine Methode zur Bestimmung jener Elemente entwickelt, aus denen die Materie dieses Himmelskörpers besteht. Er hat die Technik der Fortbewegung zu einem so hohen Stand entwickelt, daß er heute die Geschwindigkeit des Schalls übertrifft.

Wenn die Zielsetzungen des Menschen überhaupt irgendwelchen Beschränkungen unterliegen, so sind es jene, die durch Entwicklungsstand und Einsatzmöglichkeiten der Phantasie auferlegt werden. Noch immer sind wir weit von der völligen Beherrschung unserer Vorstellungskraft entfernt. Es ist auch noch nicht lange her, daß wir uns überhaupt erst des Besitzes dieser Geisteskraft bewußt geworden sind und beginnen konnten, sie uns in noch sehr unvollkommener Weise zunutze zu machen.

Die synthetische und die schöpferische Phantasie

Unsere Vorstellungskraft besitzt zwei Erscheinungsformen. Die eine ist bekannt als »synthetische«, die andere als »schöpferische Phantasie«.

Der *synthetischen Phantasie* bedienen wir uns, um bereits vorhandene Vorstellungen, Ideen oder Pläne zu neuen Konzeptionen zu verschmelzen. Diesem Teil des Geistes kommt keinerlei schöpferische Funktion zu, sondern er verarbeitet nur jenen Stoff, den unsere Erfahrungen, Beobachtungen und Kenntnisse ihm liefern. Gerade der Erfinder verläßt sich vorwiegend auf diese Geistesgabe — es sei denn, er ist ein »Genie«, das scheinbar unlösbaren Problemen mit Hilfe der »schöpferischen Phantasie« zu Leibe geht.

Die *schöpferische Phantasie* ist die Geistesgabe, welche die Brücke darstellt zwischen dem begrenzten menschlichen Verstand und der Allumfassenden Vernunft. Ihr verdanken wir nicht nur unsere »Intuitionen« und »Erleuchtungen«, sondern auch die Fähigkeit, mit dem Unterbewußtsein anderer Menschen Verbindung aufzunehmen, mit ihnen zu »korrespondieren«.

Auf den folgenden Seiten wird noch ausführlicher dargestellt werden, wie die schöpferische Phantasie völlig selbständig arbeitet. Dies gilt aber nur dann, wenn die bewußten oder verstandesmäßigen Vorgänge unseres Geistes mit ganz außerordentlicher Beschleunigung ablaufen; nämlich dann, wenn das Unterbewußtsein angeregt ist durch das Gefühl einer *starken Wunschvorstellung*.

Je stärker die schöpferische Phantasie beansprucht wird, um so leistungsfähiger wird sie.

Die führenden Vertreter der Geschäfts-, Industrie- und Finanzwelt und die großen Künstler, Musiker, Dichter und Schriftsteller verdanken ihre außergewöhnlichen Erfolge in erster Linie der Entfaltung ihrer schöpferischen Phantasie.

Wie die Spannkraft eines Muskels bei entsprechendem Training zunimmt, so läßt sich auch die Leistungskraft der synthetischen und der schöpferischen Phantasie durch stetige Übung erhöhen.

Jeder Wunsch ist nur ein Gedanke, ein Impuls. Er ist nebelhaft und vergänglich. Er ist abstrakt und ohne Wert, solange er nicht umgewandelt ist in sein materielles Gegenstück. Wenn auch unsere Wünsche vorwiegend mittels der synthetischen Phantasie verwirklicht werden, so gibt es doch Fälle, deren Lösung außerdem den Einsatz der schöpferischen Phantasie verlangt.

Regen Sie Ihre Phantasie an

Ihre Vorstellungskraft kann durch mangelnden Gebrauch geschwächt sein. Sobald Sie sich ihrer wieder bedienen, wird sie jedoch von neuem angeregt. Die Fähigkeiten der Phantasie sterben nicht, wenn sie auch vorübergehend in Bewegungslosigkeit erstarren können.

Richten Sie Ihre Aufmerksamkeit zunächst darauf, Ihre synthetische Phantasie zu entwickeln, weil Sie gerade dieser Fähigkeit zur Verwirklichung Ihres Wunsches nach Reichtum besonders häufig bedürfen. Die Umwandlung des unbestimmten Impulses, des Wunsches, in die handgreifliche Realität des Geldes erfordert die Entwicklung eines bestimmten Planes oder sogar deren mehrerer. Diese Pläne müssen gestaltet werden mit Hilfe der Phantasie, und vorwiegend der synthetischen Phantasie.

Sobald Sie dieses Buch zu Ende gelesen haben, kehren Sie zu diesem Kapitel zurück. Geben Sie dann Ihrer Phantasie den Auftrag, die Pläne auszuarbeiten, deren Sie zur Verwirklichung Ihres Wunsches nach Reichtum bedürfen. Genaue Hinweise, wie dabei vorzugehen ist, können Sie nahezu allen Kapiteln entnehmen. Wählen Sie die für Ihre Zwecke geeignetste Methode und legen Sie Ihre Pläne schriftlich nieder, falls Sie das nicht schon getan haben. Sobald Sie dies nämlich tun, nimmt Ihr abstrakter Wunsch feste Gestalt an. Lesen Sie diesen letzten Satz sofort noch einmal mit größter Aufmerksamkeit durch, um sich für immer die grundlegende Tatsache einzuprägen, daß *die schriftliche Fixierung Ihres Wunsches und Planes bereits den ersten Schritt darstellt zu seiner Verwandlung in greifbare Wirklichkeit.*

Die Natur verrät uns das Geheimnis des Wohlstands

Die Erde, auf der Sie leben, Sie selbst und jeder andere lebendige Organismus, sind Ergebnisse evolutionärer Umwandlungsprozesse, in deren Verlauf sich mikroskopisch kleine Teilchen organischer Materie zu immer höheren und komplizierteren Lebewesen vereinigt haben.

Außerdem — und diese Tatsache ist von entscheidender Bedeutung — entstand unsere Erde, also jede der Milliarden Zellen unseres Körpers und jedes Atom der uns bekannten Formen der Materie, aus *ursprünglich unsichtbarer und unstofflicher Energie.*

Nun ist jeder Wunsch ein Gedankenimpuls. Gedankenimpulse sind ihrer Natur nach wiederum Formen unsichtbarer, unstofflicher Energie. Wenn Sie also den Wunsch nach Geld zum Ausgangspunkt eines bestimmten Plans machen, so bedienen Sie sich des gleichen »Materials«, aus dem die Natur das ganze Universum, alle organischen und anorganischen Erscheinungsformen, den menschlichen Körper und sogar den menschlichen Verstand formte, in welchem nun Ihre Gedankenimpulse tätig werden.

Mit Hilfe der gleichen unwandelbaren Gesetze, die in der Natur am Werk waren, können Sie auch Ihr Vermögen schaffen. Zuerst aber müssen Sie sich mit dem Wesen und der Anwendung dieser Gesetze vertraut machen. Auf den folgenden Seiten werden Sie darum mit immer neuen Gesichtspunkten jenes Geheimnisses vertraut gemacht, das die eigentliche Quelle des Reichtums darstellt. Denn im Grunde handelt es sich hier gar nicht um ein echtes »Geheimnis«. Die Natur selbst enthüllt es uns immer und überall: Auf der Erde, die wir bewohnen, in den Sternen und Planeten, die vor unseren Augen ihre Bahnen ziehen, in allen Elementen, in jedem Grashalm, ja in jeder Form des Lebens, die wahrzunehmen wir imstande sind.

Die im folgenden behandelten Prinzipien werden Ihnen die Augen für Wesen und Wirken der Phantasie öffnen. Eignen Sie sich alles an, was Sie von dieser Philosophie schon beim ersten Lesen verstehen. Bei jeder späteren Rückkehr zu diesen Zeilen werden sich Ihnen dann — als Folgen inzwischen gewonnener Einsichten — weitere Zusammenhänge öffnen. Geben Sie es keinesfalls auf, das Geheimnis ergründen zu wollen, ehe Sie nicht dieses Buch wenigstens *dreimal* gelesen haben — danach wollen Sie nicht mehr aufhören.

Ideen werden zu Erfolgen

Ideen sind die Anfänge aller Erfolge. Ideen sind Werke der Phantasie. Prüfen wir einige der weithin bekannten Ideen, die beträchtliche

Vermögen hervorgebracht haben. Aus diesen Beispielen werden Sie klare Hinweise zur Anwendung der Methode entnehmen, mit deren Hilfe die Phantasie zur Quelle unermeßlichen Reichtums werden kann, auf einer Erde und in einem Leben, die in dem Maß zu Ihrem Besitz werden, wie Ihre Phantasie sie durchdringt.

Ein Bestandteil fehlte

Vor etwa 50 Jahren fuhr ein alter Landarzt in die Stadt, band sein Pferd fest, schlüpfte verstohlen durch die Hintertür einer Apotheke und begann mit dem jungen Apotheker zu »feilschen«.

Länger als eine Stunde steckten der alte Arzt und der Apotheker hinter dem Rezeptschrank die Köpfe zusammen. Dann stand der Arzt auf. Er ging hinaus zu seinem Dogcart und holte einen altmodischen Wasserkessel sowie einen großen hölzernen Rührlöffel und stellte beides in eine Ecke des Raumes.

Der Apotheker untersuchte das Gefäß. Dann langte er in die Tasche, brachte ein Bündel Geldscheine hervor und übergab sie dem Besucher. Es waren genau 500 Dollar — die ganzen Ersparnisse des jungen Mannes!

Von dem Arzt erhielt er dafür einen kleinen Zettel mit einer geheimen Formel. Die Angaben auf dem Zettel besaßen den gleichen Wert wie das Lösegeld für einen König. *Aber nicht für den Arzt!*

Zwar war darauf alles angegeben, was in dem großem schwarzen Kessel zum Kochen gebracht werden mußte — doch weder der Arzt noch der junge Mann hatten die geringste Ahnung, welcher fabelhafte Reichtum diesem Gefäß noch entströmen sollte.

Der alte Arzt war froh, den ganzen »Krempel« für 500 Dollar losgeworden zu sein. Der junge Apotheker andererseits nahm ein beträchtliches Risiko auf sich, als er seine gesamten Ersparnisse für den kleinen Zettel und den alten Kessel hingab. In seinen kühnsten Träumen wäre es ihm nicht eingefallen, daß dieses verbeulte Gefäß soviel Gold hervorbringen würde, wie wunderbare Geschichten es von Aladins Wunderlampe erzählen.

Was der junge Mann nämlich *in Wirklichkeit kaufte,* war eine Idee! Der alte Kessel, der hölzerne Rührlöffel und die magische Formel auf dem Zettel waren letzten Endes Nebensächlichkeiten. Denn seine zauberhafte Wirkung entfaltete das erworbene Rezept erst, als ihm sein neuer Besitzer eine weitere Zutat beimengte, die der Arzt übersehen hatte.

Versuchen Sie selbst zu entdecken, was der junge Apotheker zu der geheimnisvollen Formel hinzufügte, um den Kessel zu einer Goldquelle zu machen. Diese wahre Geschichte mutet zwar seltsamer an als mancher Roman, aber dennoch haben wir es hier mit einer Entwicklung zu tun, deren Ausgangspunkt eine Idee war.

Seither ist der alte Kessel zu einem Füllhorn geworden, das seine Schätze über viele Millionen Menschen ausgeschüttet hat. Er verschlingt heute einen bedeutenden Teil der Zuckerproduktion der ganzen Welt und schafft damit Arbeit und Brot für zahllose Männer und Frauen, die ihren Lebensunterhalt mit Anbau, Raffinade und Verkauf von Zucker verdienen.

Der Inhalt des alten Kessels ergießt sich heute in nie versiegendem Strom in Millionen von Flaschen und gibt damit auch jenen Tausenden Arbeit, die in der Glasindustrie beschäftigt sind.

Er beschäftigt eine ganze Armee von Angestellten, Sekretärinnen, Textern und Werbefachleuten in der ganzen Welt. Er begründete den Ruhm einer ganzen Reihe von Künstlern, die seinen Inhalt in meisterhaften Gemälden darstellten.

Er verwandelte eine verschlafene Kleinstadt in den gewerblichen Mittelpunkt der Südstaaten und wirkte sich direkt und indirekt zum Segen nahezu aller Einwohner dieser heutigen Großstadt aus.

Die Auswirkungen der Idee haben längst alle Teile der zivilisierten Welt erreicht und lassen Reichtum in die Hände aller jener Menschen strömen, die mit ihr in Berührung kommen.

Das flüssige Gold aus dem alten Kessel ermöglichte die Gründung einer der berühmtesten Universitäten der Südstaaten, die Tausenden von jungen Menschen das Rüstzeug gibt, sich im Leben zu bewähren.

Besäße jenes alte Messinggefäß eine Zunge, es könnte in jeder Weltsprache die sensationellsten Berichte liefern: Unglaublich anmutende Geschichten von Liebe, geschäftlichem Erfolg und beruflichem Aufstieg unzähliger Männer und Frauen.

Die Wahrheit eines dieser Berichte kann der Verfasser sogar selbst bezeugen, denn er spielt darin persönlich eine Rolle. Die Geschichte nahm ihren Anfang gar nicht weit von jener Apotheke, in der ein junger Mann einst Rezept und Kessel erwarb. Dort nämlich traf der Autor die

Frau, die er später heiratete; die Frau, die ihm erstmals auch von dem verzauberten Gefäß berichtete. Sie und er tranken sogar von seinem Inhalt, während er sie fragte, ob sie ihn »nähme für bessere oder schlechtere Zeiten«.

Wer immer Sie sind, wo Sie auch leben oder was Sie tun mögen — denken Sie in Zukunft beim Lesen der Worte *Coca-Cola* immer daran, daß das gesamte Wirtschaftsimperium, das sich heute der Herstellung und dem Vertrieb dieses Produktes widmet, aus einer einzigen Idee entstanden ist, und das die geheimnisvolle Zutat, die Asa Candler dem erworbenen Rezept beimengte, nichts anderes war als — Phantasie!

Halten Sie einen Augenblick inne und versuchen Sie, die ganze Bedeutung dieses Gedankens zu erfassen!

Bedenken Sie, daß die in diesem Buch beschriebenen Schritte zum Reichtum die Träger waren, die den Ruhm von Coca-Cola in den entferntesten Winkel unserer Erde verbreitet haben, und daß jede Ihrer schöpferischen Ideen — falls sie *ebenso brauchbar und fruchtbar* ist wie jene, die Coca-Cola berühmt gemacht hat — auch ebenso große, wenn nicht größere Reichtümer schaffen kann.

Eine Million Dollar in einer Woche

Die folgende Geschichte beweist die Richtigkeit des alten Sprichworts: »Wo ein Wille ist, da ist auch ein Weg.« Der ebenso berühmte wie beliebte Geistliche und Erzieher Frank W. Gunsaulus, der seine Laufbahn als Prediger im Schatten der Chicagoer Schlachthöfe begann, verbürgte sich für die Wahrheit dieses Berichts.

Schon als Student entdeckte Dr. Gunsaulus viele Mängel im damaligen Erziehungssystem, die auszumerzen er fest entschlossen war, wenn das Schicksal es ihm je vergönnen sollte, selbst ein College zu leiten.

Um seine Vorstellungen, ungehindert durch die herkömmlichen Erziehungsmethoden, verwirklichen zu können, beschloß er schließlich, selbst eine völlige neuartige Hochschule zu gründen.

Zur Realisierung dieses Projekts brauchte er aber eine runde Million Dollar. Wie sollte er diese riesige Summe je in die Hände bekommen? Das war die Frage, die das Denken des jungen, ehrgeizigen Predigers beanspruchte.

Aber es gelang ihm nicht, der Lösung auch nur einen Schritt näher zu kommen.

Jeden Abend schlief er mit dem gleichen Gedanken ein, jeden Morgen erwachte er mit ihm. Er trug ihn mit sich herum, wohin er auch ging. Er bewegte ihn hin und her in seinem Geist, bis er zur *Besessenheit* wurde.

Dr. Gunsaulus war nicht nur Geistlicher, er war auch Philosoph; so erkannte er, wie alle anderen Erfolgsmenschen vor und nach ihm, daß ein klares Ziel als Ausgangspunkt eines jeden Handelns notwendig ist. Er wußte auch, daß ein von heißem Verlangen eingegebener Plan aus sich selbst die Begeisterung, die Kraft und die Möglichkeiten zu seiner Verwirklichung schafft.

Er kannte alle diese großen Wahrheiten — trotzdem wußte er nicht, wie er 1 Million Dollar beschaffen sollte. Was wäre in dieser Lage verständlicher gewesen als sich zu sagen: ›Was nützt die beste Idee, wenn ich nicht das Geld besitze, sie zu verwirklichen?‹ Und — aufzugeben. Genau das hätten die meisten Menschen gedacht und getan. Nicht aber Dr. Gunsaulus! Was er sagte und tat, war so wesentlich, daß ich ihn hier selbst sprechen lasse:

»An einem Samstag nachmittag saß ich in meinem Zimmer und dachte wieder einmal über Mittel und Wege nach, wie ich das Geld zur Verwirklichung meines Planes erhalten könnte. Fast zwei Jahre hatte ich mir nun ununterbrochen das Gehirn zermartert, *aber ich hatte nichts dazu getan!*

An jenem Nachmittag reifte in mir der endgültige Entschluß, die erforderliche Million Dollar innerhalb einer Woche zu beschaffen. Wie? Darüber brauchte ich mir keine Gedanken zu machen. Zunächst einmal war es wichtig, *festzulegen,* bis wann ich das Geld haben wollte. Und lassen Sie mich Ihnen sagen: Sobald ich diesen Schritt getan hatte, überkam mich ein Gefühl der Ruhe und Sicherheit, wie ich es nie zuvor verspürt hatte. Eine innere Stimme schien mich zu fragen: ›Warum hast Du Dich nicht längst zu diesem Schritt entschieden? Das Geld hat doch die ganze Zeit über auf Dich gewartet!‹

Von nun an überstürzten sich die Ereignisse. Ich gab telefonisch eine Annonce auf, daß ich tags darauf über das Thema predigen wolle: ›Was ich tun würde, wenn ich eine Million Dollar hätte!‹

Dann begann ich sogleich mit der Ausarbeitung meiner Predigt. Nie war mir eine solche Aufgabe leichter gefallen, aber ich hatte mich ja auch seit fast zwei Jahren darauf vorbereitet.

Es war noch früh am Abend, als ich meine Vorbereitungen abschließen konnte. Ich ging zu Bett und schlief zuversichtlich ein: *Ich sah mich bereits im Besitz der Million Dollar.*

Am nächsten Morgen stand ich früh auf und las die Predigt noch einmal. Dann kniete ich nieder und betete, unter meinen Zuhörern möge sich der eine finden, der mir die fehlende Summe geben würde.

Während des Gebets überkam mich wiederum jenes Gefühl der unbedingten Zuversicht. In meiner Aufregung vergaß ich schließlich das Konzept meiner Predigt zu Hause und wurde dessen erst gewahr, als ich bereits auf der Kanzel stand.

Welcher Segen, daß es bereits zu spät war, um es zu holen. Denn nun konnte ich ungestört und ausschließlich der Stimme meines Unterbewußtseins lauschen. Als ich mich erhob, um meine Predigt zu beginnen, schloß ich die Augen und ließ mein Herz sprechen. Mir war, als spräche ich nicht nur zu meinen Zuhörern, sondern zu Gott selbst. Ich erzählte, was ich mit einer Million Dollar beginnen würde: Daß ich ein großes Institut aufbauen wolle, an dem junge Menschen nicht nur praktisches Wissen sammeln, sondern gleichzeitig auch ihren Geist ausbilden sollten.

Als ich wieder Platz genommen hatte, erhob sich in der drittletzten Bankreihe ein Mann und kam auf mich zu. Ich war gespannt, was er wohl beabsichtigte. Er trat zu mir, reichte mir die Hand und sagte: ›Referend, Ihre Predigt hat mir gefallen. Ich traue Ihnen zu, daß Sie aus einer Million Dollar das machen können, was Sie uns erzählt haben. Um Ihnen meinen Glauben an Sie und Ihre Predigt zu beweisen, möchte ich Sie bitten, morgen in mein Büro zu kommen und die Million abzuholen. Mein Name ist Philip D. Armour.‹«

Am nächsten Morgen suchte der junge Gunsaulus das Büro Armours auf und erhielt tatsächlich die Million. Mit diesem Geld gründete er das Armour Institute of Technology, das jetzt als Illinois Institute of Technology bekannt ist.

Die notwendige Million Dollar war die Frucht einer Idee. Hinter der Idee stand der heiße Wunsch, den der junge Gunsaulus schon fast zwei Jahre lang in sich bewegt hatte.

Wohl gemerkt, er bekam das Geld innerhalb von 36 Stunden nach seinem Entschluß, es sich auf irgendeine Weise bis zu einem bestimmten Zeitpunkt durch entschiedenes Handeln zu beschaffen.

An dem nebelhaften Traum des jungen Gunsaulus, irgendwann einmal eine Million Dollar zu besitzen, ist absolut nichts Neues. Vor ihm und nach ihm haben schon viele Menschen ähnliche Gedankengänge verfolgt. Der Entschluß jedoch, den er faßte, als er an jenem Samstagnachmittag jeden Zweifel von sich warf und entschied, sich das Geld auf irgendeine Weise innerhalb einer Woche zu beschaffen — dieser Entschluß ist das Besondere und Einzigartige.

Das Prinzip, mit dessen Hilfe Dr. Gunsaulus zu seiner Million kam, funktioniert heute noch wie damals. Auch Sie können es anwenden! Es hat nichts von seiner Wirksamkeit eingebüßt, seit der junge Prediger es damals mit so großem Erfolg anwandte.

Ein festes Ziel und ein klarer Plan

Haben Sie bei Asa Candler und Dr. Frank Gunsaulus einen gemeinsamen Wesenszug entdeckt? Beide waren mit der erstaunlichen Wahrheit vertraut, daß sich Ideen in bare Münze verwandeln lassen, sobald man die Kräfte eines festen Ziels und eines endgültigen Plans einsetzen kann.

Huldigen auch Sie jener irrigen Meinung, Reichtum ließe sich nur durch harte Arbeit und Redlichkeit erlangen? Verbannen Sie diesen Irrtum ein für allemal aus Ihrem Denken! Es ist nicht wahr! Reichtum wurde nie allein durch harte Arbeit erworben! Reichtum kommt, wenn überhaupt, als Erwiderung auf bestimmte Fragen nach Anwendung bestimmter Prinzipien, niemals aber durch Glück oder gar Zufall.

Im allgemeinen gilt, daß jede Idee ein Gedankenimpuls ist, der auf die Phantasie einwirkt und den Anstoß zum Handeln gibt. Alle Top-Verkäufer wissen, daß Ideen verschlissen werden können, wenn eine Ware sich als schwer verkäuflich erweist. Durchschnittliche Verkäufer wissen das nicht — weil sie »Durchschnitt« sind.

Ein Verleger billiger Bücher machte einst eine Entdeckung, die auch anderen Verlegern Gewinn bringen sollte. Er bemerkte, daß viele Leser nicht durch den angebotenen Inhalt, sondern durch den Titel eines Buches zum Kauf veranlaßt werden. Durch einfache Titeländerung gelang es ihm dann, mehr als eine Million Exemplare eines zuvor hoffnungslos erscheinenden Ladenhüters zu verkaufen. Er riß diesem ganz einfach den Umschlag ab und ersetzte ihn durch einen werbewirksameren Titel.

So einfach dieses Verfahren auch erscheinen mag — am Anfang stand wieder eine Idee! Der Verleger besaß Phantasie!

Ideen haben keinen festen Marktpreis. Ihr Schöpfer allein bestimmt den Preis und wird — wenn er gewandt genug ist — ihn auch bekommen.

Die Geschichte nahezu jedes großen Vermögens begann, sobald sich der Besitzer eines guten Gedankens und der gute Verkäufer guter Gedanken zusammenschlossen. Carnegie versammelte um sich Männer, die ihm jene Gedanken lieferten, die ihm selbst nicht einfielen, und die alles taten, wozu er selbst nicht imstande war. Diese Zusammenarbeit begründete den Wohlstand aller unmittelbar Beteiligten und verschaffte darüber hinaus ungezählten anderen Menschen ein sicheres Einkommen.

Millionen Menschen gehen durchs Leben und warten unentwegt auf ihre »Chance«. Eine solche kann der Zufall durchaus einmal bieten. Besser ist es aber, nicht auf das Glück zu warten. Ich selbst hatte einmal einem »Zufall« die größte Chance meines Lebens zu verdanken, doch mußte ich darauf *25 Jahre meines Lebens verwenden,* um diese Chance auch voll auszunützen.

Jener Zufall war ein glückliches Zusammentreffen mit Andrew Carnegie und sein Angebot, mit ihm zusammenzuarbeiten. Bei dieser Gelegenheit lieferte mir Carnegie die *Idee,* die Regeln des Erfolgs zu einer Erfolgsphilosophie zu verarbeiten. Tausende von Menschen haben sich seither die Erkenntnis dieser 25 jährigen Forschungsarbeit zunutze gemacht und gar manches große Vermögen wurde bereits mit Hilfe unserer Methode begründet. In jedem Fall war der Anfang höchst einfach: Ich begann mit einer Idee, die jeder von uns hätte haben können.

Die »Chance« hatte mir zwar Carnegie geboten, aber bedenken Sie auch die Entschlossenheit und Zielstrebigkeit, die kompromißlose Bereitschaft und die unermüdlichen Anstrengungen voller 25 Jahre! Kein bloßer Wunschtraum hätte all den Enttäuschungen, Entmutigungen und vorübergehenden Niederlagen, den vielen Angriffen und den häufigen Ermahnungen, das alles »sei doch nur Zeitverschwendung«, so lange standgehalten. Das vermochte wirklich nur jenes brennende Verlangen, das sich zur wahren Besessenheit gesteigert hatte. Die Tatsache der Entstehung dieses Buches gibt mir recht.

Als Mr. Carnegie mir damals die Idee zu einer solchen Erfolgsphilosophie einpflanzte, galt es, den Gedanken zu hegen und zu pflegen, damit er *lebendig blieb und mehr und mehr von mir Besitz ergriff*. Als aber dieser Gedanke erst einmal seine volle Kraft entfaltet hatte, war er es, der meinen Mut stärkte, der mir über jedes Hindernis hinweg half und mich immer von neuem vorantrieb. Das ist die typische Eigenart schöpferischer Ideen! Zuerst muß man sie ins Leben rufen, auf ein bestimmtes Ziel hinlenken und sie zu verwirklichen streben, bis sie schließlich aus eigener Kraft jeden Widerstand beiseite fegen.

Ideen aktivieren geistige Kräfte, die zwar unsichtbar sind, die aber dennoch eine weit größere Macht entfalten als das Gehirn, in dem sie entstanden sind. Sie leben sogar noch weiter, wenn das Gehirn, dem sie einmal entsprungen sind, längst zu Staub geworden ist.

LEITSÄTZE

Sie können synthetische und schöpferische Phantasie anwenden. Durch entsprechende Übungen lassen sich beide zu einem einzigen Werkzeug vereinigen, das alle Widerstände überwindet.

Ohne Phantasie mißlingt vieles, *mit* Phantasie gelingt alles. Asa Candler erfand nicht das Rezept für Coca-Cola, aber seiner fruchtbaren Phantasie entstammt der Gedanke, der dieses Rezept in einen großen Erfolg verwandelte.

Sie können über jede Summe Geldes verfügen — vorausgesetzt, Sie fordern einen bestimmten Betrag für einen bestimmten Zweck, der Ihre Phantasie beflügelt. Der Anwendung dieses Prinzips verdankte ein Geistlicher eine ganze Million Dollar.

Manches Vermögen wartet nur darauf, mit Hilfe einer einfachen Idee verdient zu werden. Abertausende, ja Millionen lassen sich sogar ohne eine wirklich neue Idee erwerben. Man braucht dazu nur alt bekannte Gedanken zu einer neuen Konzeption zu vereinigen.

Das vollkommenste Werkzeug der Welt muß versagen, wenn man es nicht zu gebrauchen weiß.

Der sechste Schritt zum Reichtum:
Organisierte Planung

Ihre Anleitung für das elektrisierende Geheimnis des »führenden Kopfes«. Sie selbst können das lohnendste Betätigungsfeld wählen und in kürzester Zeit zu Macht und Reichtum gelangen.

Sie wissen bereits, daß jede Tat und jeder Erfolg aus einem Wunsch geboren werden, welcher der Werkstatt der Phantasie zugeleitet werden muß, in der jene Pläne entstehen, mir deren Hilfe sich der bloße Gedanke in greifbare Wirklichkeit verwandelt.
Im Kapitel über das Begehren lernten Sie die sechs Schritte kennen, die Sie der Verwirklichung Ihres Traums vom Reichtum näherbringen. Einer dieser Schritte bestand in der Ausarbeitung einer oder mehrerer klar durchdachter und anwendbarer Pläne.
Als nächstes sollen Sie erfahren, wie Sie brauchbare Pläne erarbeiten:

1. Verbinden Sie sich mit einer so großen Gruppe von Leuten, wie Sie diese zur Ausarbeitung Ihrer der Ansammlung von Vermögen dienenden Pläne zu gebrauchen glauben. Beachten Sie dabei die in einem späteren Kapitel behandelten Grundsätze des »führenden Kopfes«. (Das wortgetreue Befolgen dieser Anleitung ist *unerläßlich!*)

2. Ehe Sie Ihren »Gehirntrust« begründen, ist genau zu überlegen, welche Vorteile *Sie* den anderen als Belohnung für ihre Mitarbeit bieten können. Niemand wird sich bereit finden, unbegrenzt umsonst zu arbeiten. Deshalb wird es auch keinem vernünftigen Menschen einfallen, andere ohne angemessene Gegenleistung für seine Zwecke einsetzen zu wollen. Das heißt allerdings nicht, daß Mitarbeiter immer nur mit Geld belohnt werden müßten.

3. Treffen Sie sich mindestens zweimal wöchentlich (wenn möglich, öfter) mit den Mitgliedern Ihres Gehirntrusts, bis Sie gemeinsam ausführliche und exakte Pläne erarbeitet haben, die Ihren Reichtum begründen sollen.
4. Sorgen Sie dafür, daß zwischen Ihnen und Ihrem Gehirntrust immer das beste Einvernehmen herrscht. Schon beim geringsten Verstoß gegen diese Regel kann sich Ihr Traum von Reichtum leicht in Luft auflösen. Ohne unbedingte Harmonie läßt sich die Methode des »führenden Kopfes« nicht erfolgreich praktizieren.

Beachten Sie auch noch dieses:

1. Sie verpflichten sich einem Unternehmen, dessen Ausgang für Sie von entscheidender Bedeutung ist. Der Erfolg wird sich aber nur dann einstellen, wenn Ihre Pläne nicht den geringsten Fehler enthalten.
2. Sie müssen Vorteil ziehen aus der Erfahrung, den Kenntnissen, den natürlichen Talenten und der Phantasie anderer Gehirne. Diese Methode wandten alle jene bereits an, die es zu großem Vermögen gebracht haben.

Kein Mensch besitzt ausreichende Erfahrungen, Kenntnisse, Talente und Fähigkeiten, um ohne Zusammenarbeit mit anderen Menschen einen großen Erfolg zu erzielen. Deshalb muß auch jeder Plan gemeinsam von der Gruppe ausgearbeitet werden. Jeder — natürlich auch Sie selbst — kann seine eigenen Gedanken und Vorstellungen entwickeln, doch bedürfen diese unbedingt der Prüfung und Billigung aller »führenden Köpfe«.

Ein Rückschlag macht Sie stärker

Falls Ihr erster Plan nicht den erwarteten Erfolg hat, dann arbeiten Sie einen zweiten aus. Schlägt auch dieser fehl, ersetzen Sie ihn durch den dritten. Fahren Sie damit unverzagt fort, bis Sie Ihr Ziel erreicht haben. An diesem Punkt versagt die Mehrzahl der Menschen nur deshalb, weil es ihnen an der Ausdauer fehlt, mißlungene Pläne durch immer neue und bessere Pläne zu ersetzen.

Ohne sorgfältige Planung kann selbst der intelligenteste Mensch weder ein Vermögen erwerben noch ein Unternehmen zum Erfolg führen. Schlägt aber Ihr Projekt fehl, so beachten Sie, daß ein Rückschlag niemals einen endgültigen Mißerfolg darstellt. Betrachten Sie eine solche

Niederlage als vorübergehend und als Zeichen dafür, daß Ihre Pläne noch nicht völlig ausgereift waren. Arbeiten Sie an jenen so lange weiter, bis Sie Ihr Ziel dennoch erreicht haben; Millionen von Menschen bleiben nur deshalb ihr Leben lang arm und unglücklich, weil sie nicht die nötige Ausdauer besitzen.

Ihr Erfolg kann nie größer sein als die Logik in Ihrer Planung.

Niemand ist endgültig unterlegen — es sei denn, *er gibt sich selbst geschlagen.*

Auch James J. Hill mußte zuerst eine Niederlage einstecken, als er versuchte, das Kapital für den Bau einer Eisenbahnlinie aufzubringen, die den Osten und den Westen der Vereinigten Staaten verbinden sollte. *Durch neue Pläne* gelang es ihm jedoch, die Niederlage in einen Sieg zu verwandeln.

Henry Ford erlitt nicht nur zu Beginn seiner Karriere als Automobilhersteller einen schweren Rückschlag, sondern auch, als er die Leiter des Erfolgs schon nahezu völlig erklommen hatte. Aber er verbesserte seine Planung und gelangte ans Ziel.

Wir bemerken immer nur den Reichtum der Menschen und vergessen über ihren Erfolgen alle Enttäuschungen und Rückschläge, die auch sie zu überwinden hatten, ehe sie ihr Ziel erreichten.

Unsere Erfolgsphilosophie bietet keineswegs eine Garantie, daß Sie ohne irgendwelche Rückschläge zu Macht und Reichtum gelangen werden. Betrachten Sie jedes Scheitern Ihrer Pläne ganz einfach als sicheres Zeichen dafür, daß Sie diese nicht sorgfältig genug ausgearbeitet hatten. Überdenken Sie Ihre Strategie und steuern Sie frischen Mutes von neuem auf Ihr Ziel zu. Nur wer vorher aufgibt, ist ein »Schwächling«.

Wer schwach wird, gewinnt nie — wer gewinnt, wird nie schwach!

Prägen Sie sich diesen Satz ein, schreiben Sie ihn in zwei Zentimeter hohen Buchstaben auf ein Blatt Papier. Heften Sie dieses dort an, wo abends vor dem Schlafengehen und morgens vor dem Aufstehen Ihr Blick zuerst darauf fällt.

Achten Sie auch darauf, für Ihren »Gehirntrust« nur solche Mitarbeiter auszuwählen, die sich durch Niederlagen niemals entmutigen lassen.

Manche huldigen dem irrigen Glauben, Geld ließe sich nur mit Geld verdienen. Keineswegs! Auf den brennenden Wunsch kommt es an, der mit Hilfe der hier beschriebenen Methoden in bare Münze verwandelt werden kann. Das Geld selbst ist nichts anderes als tote

Materie. Es kann sich weder bewegen, noch denken, noch sprechen — aber es »hört«, sobald es mit den richtigen Worten gerufen wird. Und es arbeitet, wird es im Sinne eines gut durchdachten Planes ausgegeben.

Ideen und Dienstleistungen sind verkäuflich

Wer sich großen Reichtum zum Ziel setzt, muß sorgfältig und vernünftig planen. Die folgenden Abschnitte enthalten genaue Anweisungen für alle jene, die zu Vermögen gelangen wollen, indem sie ihre Talente und Dienste an den Mann bringen.
Zur Ermutigung sei Ihnen noch gesagt, daß praktisch jedes große Vermögen auf diese Weise begründet wurde. Denn was könnte jemand, der nicht von vornherein mit Glücksgütern gesegnet ist, anderes als Gegenleistung für den erstrebten Reichtum bieten als Talente und Ideen? Daß Hingabe, unermüdlicher Fleiß und Ausdauer vorausgesetzt werden, versteht sich von selbst.

Wo Führung beginnt

Es gibt — vereinfachen wir — auf unserer Erde zwei Typen von Menschen. Der eine ist zum Führen bestimmt, der andere zum Folgen. *Sie* müssen hier und jetzt die grundlegende, endgültige Entscheidung treffen, welcher der beiden Gruppen Sie angehören wollen. Der Unterschied in der Belohnung, die beide zu erwarten haben, klafft riesengroß. Denn der Gefolgsmann hat gerechterweise keinen Anspruch auf den Anteil des Führenden — obwohl häufig solche maßlosen Forderungen geltend gemacht werden.
Ein Gefolgsmann zu sein ist keine Schande. Andererseits ist es aber auch kaum als besondere Auszeichnung zu werten, wenn man für immer in untergeordneter Stellung verharrt. Die meisten Führungsmenschen begannen ihre Laufbahn auf dieser Stufe — doch dank ihrer Intelligenz gelang es ihnen, sich emporzuarbeiten. Die Richtigkeit der Regel, daß nur der ein guter Führer werden kann, der bereits als Gefolgsmann seine Klugheit bewies, wird durch die wenigen bekannt gewordenen Ausnahmen bestätigt. Wer sich dagegen am besten führen läßt, gelangt oft selbst am schnellsten in eine führende Position. Der intelligente Gefolgsmensch genießt viele Vorteile, darunter besonders jenen, von den Führenden lernen zu können.

Elf Geheimnisse des Führens

Die wichtigsten Merkmale des Führungsmenschen sind:

1. *Unerschütterlicher Mut:* Er beruht auf objektiver Selbsteinschätzung und genauer Kenntnis seines Berufs. Niemand läßt sich von jemandem führen, dem es an Selbstvertrauen und Mut fehlt. Kein intelligenter Mensch würde sich längere Zeit hindurch einem solchen »Führer« unterordnen.
2. *Selbstbeherrschung:* Wer sich nicht selbst zu beherrschen vermag, kann auch nicht über andere herrschen. Eiserne Selbstkontrolle schafft das leuchtende Vorbild, dem gerade die klugen Gefolgsleute nacheifern werden.
3. *Ausgeprägter Gerechtigkeitssinn:* Ohne ein Gefühl für Fairness und Gerechtigkeit kann sich kein Vorgesetzter die Achtung seiner Untergebenen erringen und bewahren.
4. *Unbeirrbarkeit:* Wer wankelmütig ist, beweist, daß er seiner selbst nicht sicher ist und deshalb andere auch nicht zum Erfolg führen kann.
5. *Feste Pläne:* Der erfolgreiche Führungsmensch plant die Durchführung und führt die Planung durch. Wer blindlings alles dem Zufall überläßt und ohne wohldurchdachte, feste Pläne handelt, gleicht einem steuerlosen Schiff. Früher oder später wird er unweigerlich scheitern.
6. *Die Gewohnheit, alle Erwartungen zu übertreffen:* Eine der Bürden, die eine führende Stellung mit sich bringt, besteht in der Notwendigkeit, mehr zu leisten als die anderen. Der wirkliche Führer fordert von sich mehr, als er von seinen Untergebenen erwartet.
7. *Eine angenehme Persönlichkeit:* Schlampige und nachlässige Menschen werden niemals erfolgreiche Führer sein. Ein solcher muß immer die Achtung seiner Untergebenen genießen, die ihm aber nur dann zuteil wird, wenn er sich in jeder Beziehung als Mensch bewährt.
8. *Sympathie und Verständnis:* Der geborene Führer muß sich in seine Gefolgsleute hineindenken können. Er muß stets Verständnis für sie und ihre Nöte zeigen.
9. *Ein Auge fürs Detail:* Wer als Führer Erfolg haben will, muß auch die Kleinigkeiten beherrschen und — bemerken.

10. *Bereitschaft, Verantwortung zu übernehmen:* Der erfolgreiche Führer ist stets bereit, für die Fehler und Versäumnisse seiner Gefolgsleute einzustehen. Die Flucht vor dieser Verantwortung würde seinen eigenen Sturz bedeuten. Für mangelhafte Leistungen der Mitarbeiter *ist der Vorgesetzte verantwortlich.*

11. *Fähigkeit zur Zusammenarbeit:* Der erfolgreiche Führungsmensch muß die Kunst der Zusammenarbeit beherrschen und *pflegen.* Das heißt, er muß seine Gefolgsleute zur Mitarbeit begeistern können, denn Führung beruht auf Macht, und Macht beruht auf tatkräftiger Unterstützung.

Man kann seine Führungsaufgaben auf zweierlei Art erfüllen. Die erste — und weitaus wirkungsvollste — kann sich auf die freiwillige und freudige Mitarbeit der Gefolgsleute stützen. Eine Führung, die auf diese Voraussetzung verzichten zu können glaubt und sich stattdessen auf bloße Befehlsgewalt verläßt, artet in Tyrannei aus.
Die Geschichte liefert uns unzählige Beispiele dafür, daß Gewaltherrschaft nie von langer Dauer ist. Der Sturz der Diktatoren und das Verschwinden der absoluten Monarchie liefern eindrucksvolle Beweise dafür, daß die Menschheit sich der Gewalt nicht dauernd beugt.
Napoleon, Mussolini und Hitler waren Beispiele für Gewaltherrschaft. Ihre Tyrannei fand ein jähes Ende. *Nur eine auf der freiwilligen Zustimmung der Gefolgsleute begründete Führung* ist von Dauer! Der Tyrann dagegen kann sich keinen Augenblick auf den erzwungenen Gehorsam seiner Gefolgschaft verlassen.
Ein echter Führer wird immer diese elf Wesensmerkmale aufweisen — und noch einige mehr. Wer diesen Anforderungen gerecht wird, darf zuversichtlich darauf hoffen, sich in jeder führenden Position zu bewähren.

Warum Führungskräfte scheitern

Wer eine führende Rolle spielen will, muß nicht nur wissen, was er zu tun hat, sondern auch *was er nicht tun darf.* Wenn eine Führungskraft scheitert, dann meist aus einem der folgenden Hauptgründe:

1. *Mangelnde Aufmerksamkeit für Details:* Wer erfolgreich führen will, muß auch den scheinbar unbedeutenden Details seine Aufmerksamkeit schenken. Er kann nicht für irgendein Problem »keine

Zeit« haben. Wer »zu beschäftigt« ist, um seine Pläne einer veränderten Lage anzupassen oder eine dringliche Angelegenheit zu regeln, der gesteht damit seine Unfähigkeit ein — und das gilt sowohl für den Führungs- wie für den Gefolgsmenschen. Wer sich in leitender Position bewähren will, muß seine Aufgabe fest im Griff haben. Dazu gehört natürlich auch die Fähigkeit, geeignete Arbeiten fähigen Mitarbeitern anzuvertrauen.

2. *Abneigung gegen die Ausführung bescheidener Aufgaben:* Der echte Führer dünkt sich auch für die niedrigsten Dienste nicht zu schade, wenn es die Umstände erfordern. Das heißt, er wird jederzeit selbst alle Arbeiten verrichten, die er normalerweise verlangt. Der Satz »Der Größte unter euch soll euer aller Diener sein« ist eine Wahrheit, die alle echten Führer anerkennen.

3. *Die Erwartung, für Ihr »Wissen« bezahlt zu werden, anstatt für das, was Sie aus diesem Wissen machen:* Die Welt belohnt nicht schon bloßes »Wissen«, sondern die Höhe des Honorars richtet sich nach Leistung, also nach dem tatsächlichen Nutzen und der ständigen Bewährung in führender Position.

4. *Furcht vor dem Wettbewerb mit Nachfolgern:* Wer fürchtet, von einem seiner Gefolgsleute ausgebootet zu werden, dem wird dies unfehlbar früher oder später auch geschehen. Andererseits sammelt jeder wirklich fähige Führer einen Kreis fähiger Mitarbeiter um sich, die er mit geeigneten Aufgaben betrauen kann. Nur so ist er in der Lage, gleichzeitig eine große Anzahl von Aufgaben zu bewältigen. Es ist eine alte Wahrheit, *daß man durch den richtigen Einsatz der Kräfte anderer mehr verdienen kann, als durch den der eigenen Kräfte.* Dank seiner Fachkenntnisse und seiner persönlichen Vorzüge gelingt es einem echten Führer, seine Untergebenen zu Höchstleistungen anzuspornen, die sie ohne ihn niemals erreichen würden.

5. *Mangel an Phantasie:* Ohne dynamische Vorstellungskraft wird der Mann an der Spitze weder einen Ausweg aus irgendwelchen Notlagen finden, noch erfolgversprechende Pläne entwickeln können.

6. *Selbstsucht:* Ein Chef, der für sich selbst die Anerkennung beansprucht, die eigentlich der Leistung seiner Mitarbeiter gilt, wird bald unbeliebt sein. Echte Führungsmenschen reißen sich nicht um

Anerkennung. Sie ziehen es vielmehr vor, die Verdienste ihrer Untergebenen hervorzuheben, denn sie wissen, daß Lob einen noch größeren Leistungsansporn darstellt als bloße Bezahlung.

7. *Unmäßigkeit:* Niemand ordnet sich gern einem unmäßigen und unbeherrschten Führer unter. Außerdem führt eine solche Lebensweise unweigerlich zum Verlust von Energie und Lebenskraft.

8. *Mangel an Loyalität:* Vielleicht hätte dieser Charakterfehler an erster Stelle genannt werden sollen. Wer an führender Stelle steht und sich gegenüber seiner Firma, seinen Partnern sowie seinen etwaigen Vorgesetzten und Untergebenen nicht unbedingt loyal verhält, wird nicht lange als Führer anerkannt bleiben. Nicht umsonst sagt man: »Untreue schlägt den eigenen Herrn«. Wer es an Loyalität fehlen läßt, wird allerseits zu Recht verachtet. Mangelnde Zuverlässigkeit ist die Hauptursache jedes menschlichen und beruflichen Versagens.

9. *Betonung der »Autorität«:* Der erfolgreiche Führer weckt im Herzen seiner Mitarbeiter Begeisterung und nicht etwa Furcht. Wer versucht, seine »Autorität« herauszustreichen, gerät in die gefährliche Nähe der Tyrannen. Die echte Führernatur hat es nicht nötig, mit ihrer Position zu prahlen. Sie bewährt sich in den Augen ihrer Umgebung durch ganz andere Eigenschaften, zum Beispiel durch Zugänglichkeit, Verständnis, Unparteilichkeit und berufliches Können.

10. *Titelsucht:* Der echte Typ des Führers ist nicht auf Titel angewiesen, um die Achtung seiner Untergebenen zu gewinnen. Wer sich mit einem Titel wichtig tut, beweist nur, daß er sonst nicht viel zu bieten hat. Das Zimmer eines wirklichen Chefs wird jedem offenstehen und frei sein von überflüssigem Luxus.

Das sind die gefährlichsten Klippen, an denen jeder Mensch in führender Stellung nur allzu leicht scheitert. Wer selbst nach einer solchen Position strebt, sollte sich alle Punkte sorgfältig einprägen, um etwaige Fehler dieser Art unbedingt zu vermeiden.

Freie Plätze für Führungskräfte

Ehe wir dieses Kapitel abschließen, möchten wir Sie auf eine Reihe aussichtsreicher Gebiete hinweisen, auf denen gute Führungskräfte selten geworden sind und die deshalb echten Führungsnaturen vorzügliche Chancen bieten.

1. Vor allem sei das politische Leben genannt, denn hier ist der Bedarf an Führungspersönlichkeiten am allerdringlichsten.
2. Der fortschreitende Zusammenschluß der Länder Europas läßt immer neue leitende Stellungen in internationalen und europäischen Organisationen entstehen.
3. Die Industrie ruft ununterbrochen nach neuen Führungskräften. Wer sich hier in Zukunft bewähren will, muß bei der Erfüllung seiner Aufgabe stets das Gemeinwohl im Auge behalten und dafür sorgen, daß auch die menschlichen Belange der Arbeitnehmer — seien es nun die des einzelnen oder jene ganzer Gruppen — ausreichend berücksichtigt werden.
4. Auch der Seelenhirte der Zukunft wird den weltlichen Nöten, den wirtschaftlichen und persönlichen Problemen seiner Gemeinde mehr Aufmerksamkeit schenken müssen, als dies bisher häufig der Fall war. Seine Aufgaben stellt heute die Gegenwart, weniger die tote Vergangenheit und kaum noch die unbestimmte Zukunft.
5. In der Rechtspflege, der Medizin und im Erziehungswesen stehen viele leitende Positionen offen, die häufig sogar völlig neuartige Führungseigenschaften verlangen. Dies gilt insbesondere für das Schul- und Hochschulwesen. Wer sich hier bewähren will, muß imstande sein, den ihm anvertrauten jungen Menschen zu zeigen, wie sie ihr Wissen auch praktisch verwerten können. Die Theorie muß sich den Forderungen der Praxis unterordnen.
6. Als letztes Gebiet seien die modernen Massenmedien wie Presse, Rundfunk und Fernsehen genannt, deren Bedeutung noch immer im Wachsen begriffen ist.

Diese Aufstellung kann nicht vollständig sein. Sie nennt nur jene Bereiche, in denen ein augenblicklicher dringender Bedarf an neuen Führungskräften besteht. Unsere ganze Welt und mit ihr alle Lebensbereiche sind jedoch in schnellem Wandel begriffen. Dies bedeutet, daß auch die unterschiedlichen Mittel und Werkzeuge, mit deren Hilfe wir unser Leben gestalten, den sich ändernden Verhältnissen ständig angepaßt werden müssen. Die hier beschriebenen Medien bestimmen mehr als alle anderen die zukünftige Entwicklung unserer Zivilisation.

Fünf Wege zu einer guten Stellung

Die hier empfohlenen Möglichkeiten haben sich aus den Erfahrungen vieler Jahre herauskristallisiert. Tausende von Männern und Frauen fanden auf diese Weise Ansatzpunkte für die lohnende Verwendung ihrer Fähigkeiten und Kenntnisse.

1. *Arbeitsämter und private Stellenvermittlungen:* Amtliche Vermittlungen haben in manchen Ländern ein Monopol inne, das sich aus der veränderten wirtschaftlichen und soziologischen Struktur heraus nicht mehr für alle Berufe rechtfertigen läßt und darum auch nicht mehr als allgemein praktikabel anerkannt wird. Wo jedoch private Vermittler in Anspruch genommen werden, ist immer ihr beruflicher Leumund sorgfältig zu prüfen.

2. *Stellenanzeigen:* Versuchen Sie Ihr Glück mit Tageszeitungen, Fachzeitungen und -zeitschriften. Für die Suche nach einer Bürotätigkeit und anderen produzierenden oder reproduzierenden Beschäftigungen dürften Kleinanzeigen genügen. Um führende Positionen bewirbt man sich dagegen am besten mit einer günstig placierten Großanzeige in einem Blatt, das die in Frage kommenden Arbeitgeber mit Sicherheit lesen. Die Anzeige sollte von einem Fachmann formuliert werden, der es versteht, die menschlichen und beruflichen Qualitäten des Stellungsuchenden exakt zu definieren und ins rechte Licht zu rücken.

3. *Bewerbungsschreiben:* Diese werden an bestimmte Firmen oder Personen gerichtet, in deren Unternehmen mit einer entsprechenden Vakanz zu rechnen ist. Briefe solche Art müssen sauber getippt oder gut leserlich mit der Hand geschrieben sein. Eine detaillierte Darstellung der beruflichen Qualifikationen ist beizufügen. Sowohl das Bewerbungsschreiben als auch der fachliche Befähigungsnachweis sollten von einem Fachmann verfaßt werden (vergleichen Sie bitte unsere Zusammenstellung der erforderlichen Angaben).

4. *Bewerbungen unter Berufung auf gemeinsame Bekannte:* Zuweilen ist es vorteilhaft, wenn in dem Brief an den Arbeitgeber auf einen geeigneten gemeinsamen Bekannten Bezug genommen wird. Diese Methode empfiehlt sich besonders für jene, die sich um leitende Stellungen bewerben und nicht den Anschein erwecken wollen,

als müßten sie mit ihren Fähigkeiten und Talenten »hausieren« gehen.

5. *Persönliche Vorstellung:* In manchen Fällen ist eine persönliche Bewerbung bei dem in Aussicht genommenen Arbeitgeber am erfolgversprechendsten. Jedoch sollte auch in diesem Fall eine umfassende Darstellung des beruflichen Werdeganges und besonderer Fähigkeiten vorgelegt werden, da Arbeitgeber die Eignung neu Einzustellender gern mit bewährten Mitarbeitern besprechen.

Die Bestandteile des wirkungsvollen Bewerbungsschreibens

Die Kurzdarstellung der persönlichen und fachlichen Qualifikationen bedarf sorgfältigster Überlegung und Vorbereitung. Wer darin keine ausreichende Erfahrung besitzt, sollte unbedingt die Dienste eines Fachmannes in Anspruch nehmen. Auch erfolgreiche Kaufleute beschäftigen Meister der Werbekunst und der Werbepsychologie, um die Vorzüge ihres Angebots gebührend herauszustellen. Persönliche Dienstleistungen müssen ebenso werbewirksam angeboten werden. Unbedingt erwähnt werden müssen folgende Punkte:

1. *Schul- und Fachausbildung:* Geben Sie eine kurze aber vollständige Darstellung Ihrer Schulbildung. Besonders wichtig sind eine etwaige Spezialausbildung und eine Begründung, warum Sie sich gerade diesem Fach gewidmet haben.

2. *Berufliche Erfahrung:* Wer bereits auf dem gleichen oder einem ähnlichen Gebiet berufliche Erfahrungen gesammelt hat, muß dies unbedingt erwähnen. Ebenso sind die Namen und Adressen früherer Arbeitgeber aufzuführen. Vergessen Sie auch nicht, alle *Spezialkenntnisse* hervorzuheben, die Sie für die angestrebte Stellung besonders qualifizieren.

3. *Referenzen:* Handelt es sich um die Besetzung einer führenden Position, so wird wohl kaum ein Arbeitgeber auf genaue Auskunft über den Bewerber verzichten wollen. Fügen Sie deshalb Abschriften oder Fotokopien folgender Schriftstücke bei:

   a) Zeugnisse und Referenzen früherer Arbeitgeber

   b) Zeugnisse und Referenzen früherer Ausbilder und Lehrer

   c) Empfehlungen bekannter und bedeutender Persönlichkeiten, deren Urteil besonderes Gewicht hat.

4. *Ihre Fotografie:* Vergessen Sie auch nicht, ein Lichtbild neueren Datums beizufügen.

5. *Bewerben Sie sich für eine ganz bestimmte Stellung:* Es ist falsch, sich ganz allgemein um Anstellung, nicht aber für eine ganz bestimmte Aufgabe zu bewerben. Eine unbestimmte Bewerbung wird vermutlich so verstanden, daß Sie keinerlei Spezialkenntnisse besitzen. Geben Sie also genau an, welche Position Sie anstreben.

6. *Beweisen Sie Ihre besondere Eignung:* Erläutern Sie den besonderen Nutzen, den sich der Arbeitgeber von Ihrer Anstellung erhoffen kann. Der Nachweis Ihrer besonderen Eignung stellt den wichtigsten Teil Ihres Bewerbungsschreibens dar. Gerade von diesem Punkt hängen oft Erfolg oder Mißerfolg ab.

7. *Bieten Sie von sich aus eine Probezeit an:* Dieses Angebot mag manchem Leser als zu weitgehend erscheinen. Die Erfahrung lehrt aber, daß man sich auf diese Weise eine Bewährungsmöglichkeit verschafft. Wer seiner selbst und seiner Sache sicher ist, braucht eine Probezeit nicht zu fürchten. Außerdem wird ein solcher Vorschlag als überzeugender Beweis von Selbstvertrauen gewertet. Allerdings müssen Sie klar herausstellen, daß Sie dieses Angebot nur machen, weil Sie

   a) aufgrund Ihrer Fähigkeit darauf vertrauen, daß Sie den Anforderungen gerecht werden,

   b) weil Sie nach entsprechender Bewährung selbstverständlich mit fester Anstellung rechnen, und

   c) weil Sie entschlossen sind, diese und nur diese Position zu erringen.

8. *Kenntnis des zukünftigen Aufgabengebietes:* Ehe Sie sich bewerben, sollten Sie gründliche Nachforschungen über die Firma und Ihr zukünftiges Aufgabengebiet anstellen. Der Hinweis auf solche Kenntnisse wird niemals seine Wirkung verfehlen, da sie auf überdurchschnittliches Interesse und besondere Eignung schließen lassen.

Denken Sie immer daran, daß vor Gericht nicht immer der paragraphenkundigste Anwalt gewinnen muß. Fast immer aber erweist sich derjenige als überlegen, der sein Plädoyer am sorgfältigsten vorbereitet hat. Auch bei Stellenbewerbungen bietet sorgfältige Planung die beste Aussicht auf Erfolg.

Fürchten Sie nicht, Ihre Bewerbung könne zu ausführlich und zu umfangreich werden. Ebenso wie Sie daran interessiert sind, eine lohnende Stellung zu finden, möchte auch Ihr Arbeitgeber sichergehen, daß er einen wirklich geeigneten Mitarbeiter gewinnt. Und gerade die fähigsten Führungskräfte verdanken ihre außerordentlichen Erfolge der Fähigkeit, sich die qualifiziertesten Assistenten auszusuchen. Lückenlose Auskünfte über den Bewerber sind dafür allerdings unerläßlich.

Bedenken Sie auch, daß eine bis ins kleinste ausgearbeitete Bewerbung Sie als sorgfältigen und gewissenhaften Menschen ausweist. Ich habe selbst schon bei der Abfassung von Bewerbungsschreiben geholfen, die so außergewöhnlich und nachhaltig wirkten, daß die Betreffenden unter Verzicht auf eine persönliche Vorstellung sofort eingestellt wurden.

Sobald Ihre Bewerbungsunterlagen vollständig sind, lassen Sie sie sauber heften oder binden. Auch Ringordner mit Klarsichthüllen erfreuen sich zunehmender Beliebtheit, weil hierbei die Bindearbeit entfällt und durch die Austauschbarkeit der Einlagen eine vielseitigere Verwendbarkeit erreicht wird. Der Umschlag sollte dann etwa nach folgendem Muster beschriftet werden:

BEWERBUNGSSCHREIBEN UND BEFÄHIGUNGSNACHWEIS
von Robert K. Schmitt
BEWERBER FÜR DIE STELLUNG DES
VERTRIEBSLEITERS
bei der EXPORT UND IMPORT GMBH

Die Zusammenstellung einer solchen Dokumentation ist eine einmalige Arbeit, die im Laufe der Jahre nur weniger Ergänzungen bedarf. Ausserdem läßt sie sich mit entsprechend geändertem Titel immer wieder verwenden. Lassen Sie alle Texte von einer fähigen Schreibkraft mit schöner Type auf gutes Papier schreiben und evtl. von einem Buchbinder mit einem attraktiven festen Umschlag versehen. Eine solche persönliche Note wird niemals ihre Wirkung verfehlen. Ihr Lichtbild sollte vorn eingeklebt sein. Befolgen Sie diese Vorschläge möglichst genau, lassen Sie sich aber nicht hindern, Ihre Bewerbung mit eigenen Ideen noch wirkungsvoller zu gestalten.

Erfolgreiche Geschäftsleute kleiden sich mit größter Sorgfalt, weil sie wissen, daß der erste Eindruck oft der entscheidende ist. Ihre Bewerbungsdokumentation dient dem gleichen Zweck. Sorgen Sie deshalb dafür, daß sie unter den Bewerbungen Ihrer Konkurrenten sofort auffällt. Wenn Sie auf eine bestimmte Position Wert legen, so kann Ihnen auch zugemutet werden, daß Sie sich mit allen Kräften und äußerster Sorgfalt darum bemühen. Außerdem kann der überdurchschnittliche Bewerber von vornherein auch mit überdurchschnittlicher Anerkennung und überdurchschnittlichem Gehalt rechnen.

Wer zum Zweck der Stellungssuche eine Werbeagentur oder eine Arbeitsvermittlung einschaltet, muß darauf dringen, daß die oben beschriebenen Unterlagen auch tatsächlich verwendet werden. Damit sichert sich der Bewerber nicht nur die besondere Aufmerksamkeit des in Aussicht genommenen Arbeitgebers, sondern auch die der beauftragten Agentur.

Suchen Sie eine Aufgabe, die Ihnen Freude bereitet

Es ist nur natürlich, daß man am liebsten der Beschäftigung nachgeht, für die man besonders geeignet ist. So empfindet zum Beispiel ein Maler das Bedürfnis, mit Farben umzugehen, ein Handwerker, das Geschick seiner Hände zu erproben, während ein Schriftsteller am glücklichsten sein wird, wenn er seine Gedanken zu Papier bringen, ein Musiker, wenn er sich in ein gutgeleitetes Orchester einfügen kann. Wo sich angeborene Talente dieser Art nicht deutlich ausprägen, tritt meist ein besonderes Interesse für einen bestimmten Geschäfts- oder Industriezweig zutage. Einer der größten Vorzüge unserer heutigen Gesellschaftsstruktur liegt ja gerade in ihrer beruflichen Vielfalt, die sich von der Landwirtschaft bis zur Produktion, zum Vertrieb und zu anspruchsvollsten akademischen Berufen erstreckt.

1. Überlegen Sie genau, welche Art der Arbeit Ihren Wünschen am ehesten entspricht. Sollte es den betreffenden Berufszweig noch nicht geben, dann schaffen Sie ihn eben.

2. Wählen Sie mit großer Sorgfalt die Firma oder die Person aus, für die Sie zu arbeiten wünschen.

3. Stellen Sie genaue Nachforschungen über Ihren in Aussicht genommenen Arbeitgeber an, über seine Firmen- und Personalpolitik und über die Aufstiegsmöglichkeiten.

4. Prüfen Sie gewissenhaft Ihre Talente und Fähigkeiten, um zu erkennen, *was Sie tatsächlich zu bieten haben*. Suchen Sie dann nach Mitteln und Wegen, alle besonderen Vorteile, Dienstleistungen und Ideen, von deren Nützlichkeit Sie *überzeugt* sind, möglichst wirkungsvoll anzubieten und zum Höchstpreis zu verkaufen.

5. Bewerben Sie sich nicht um irgendeinen »Job«. Zerbrechen Sie sich nicht lange den Kopf, wo Sie möglicherweise eine freie Stelle finden können. Schreiben Sie nie: »Haben Sie Arbeit für mich?« Konzentrieren Sie sich vielmehr von vornherein auf das, *was Sie zu bieten haben*.

6. Ist Ihr Plan vollkommen ausgearbeitet, dann bringen Sie ihn sauber und ausführlich zu Papier.

7. Übergeben Sie Ihre Unterlagen *der zuständigen Person*, diese wird sich um alles weitere kümmern. Jede Firma sucht stets nach Mitarbeitern, die einen wertvollen Beitrag zu leisten vermögen — sei dies nun in Form von Ideen, von Dienstleistungen oder persönlichen »Verbindungen«. Jedes Unternehmen hat immer eine Stelle frei für einen Bewerber, der mit seinem Aufgabengebiet restlos vertraut ist und für die Firma von Nutzen sein kann.

Wer seine Bewerbungen in dieser Weise betreibt, wird zwar einige Tage oder Wochen für Planung und Vorbereitung aufwenden müssen, er wird sich aber von vornherein jene Bezahlung, Anerkennung und Aufstiegschance sichern, um die er sich sonst viele Jahre bemühen müßte. Diese Methode bringt Ihnen eine Zeitersparnis bis zu fünf Jahren, denn wer bewußt und sorgfältig plant, kann die unteren Sprossen der Erfolgsleiter mit Leichtigkeit überspringen.

Der Kunde ist Ihr Partner

Alle Damen und Herren, die ihre Dienste in Zukunft zu Höchstpreisen verkaufen wollen, sollten berücksichtigen, daß sich im Verhältnis zwischen Arbeitgeber und Arbeitnehmer inzwischen einiges geändert hat.

Im heutigen Wirtschaftsleben hat sich eine dreifache Partnerschaft herausgebildet zwischen

1. dem Arbeitgeber
2. dem Arbeitnehmer
3. dem Kunden, dem beide gemeinsam dienen.

Im gesamten Dienstleistungsgewerbe hat sich in der Tat ein grundlegender Wandel vollzogen. Künftig werden sich Arbeitgeber und Arbeitnehmer unterschiedslos und in erster Linie in den Dienst für den Kunden zu stellen haben. Bisher waren die Sozialpartner meist nur bestrebt gewesen, den anderen zu möglichst großen Zugeständnissen zu bewegen. Dabei bedachten sie nicht, daß alle Versuche, einander zu übervorteilen, unweigerlich zu Lasten des Kunden gingen, dessen Interessen sie ihre Ansprüche zum eigenen Vorteil hätten unterordnen müssen.

»Höflichkeit« und »Kundendienst« lauten heute die Leitprinzipien innerhalb des Handels; sie betreffen den Arbeitnehmer noch unmittelbarer als den Arbeitgeber. Genaugenommen werden nämlich beide in gleicher Weise vom Kunden bezahlt, und sobald ihre Dienste zu wünschen übrig lassen, wird die Anzahl der Kunden und damit das Einkommen beider zu schwinden beginnen.

Während der Wirtschaftskrise hielt ich mich mehrere Monate lang im »Kohlenpott« von Pennsylvanien auf, um an Ort und Stelle die Ursachen zu untersuchen, welche die Existenz des Kohlenbergbaus immer stärker bedrohten. Bald erkannte ich, daß die Grubenbesitzer und die Bergleute allzulange miteinander um den kleinsten Vorteil gefeilscht und die dabei entstandenen Mehrkosten jeweils dem Kohlenpreis zugeschlagen hatten. Zu spät gelangten sie zur Einsicht, daß ihre eigene Selbstsucht und Kurzsichtigkeit entscheidend zum Sieg des Heizöls und zu den Riesengewinnen der Ölindustrie beigetragen hatten.

Diesem Beispiel könnten noch viele andere hinzugefügt werden. Sie alle richten ihre deutliche Warnung an die Angehörigen des Dienstleistungsgewerbes, die Zeichen der Zeit zu beachten und zu verstehen, *daß Ihre Zukunft von Ihrem eigenen Verhalten abhängt!* Das gleiche Prinzip von Ursache und Wirkung, das die Entwicklung im Handel, im Bankgeschäft und im Transportwesen steuert, bestimmt auch den wirtschaftlichen Erfolg des einzelnen.

Die drei beruflichen Maßstäbe

Aus dem vorausgegangenen Teil dieses Kapitels wird jedem Leser klar geworden sein, worauf es ankommt, wenn man seine Dienste mit dauerndem Erfolg verkaufen will. Doch müssen die hier wirksamen Faktoren immer wieder von neuem analysiert, verstanden und angewandt werden. Denn sowohl die Sicherheit der Stellung als auch die Höhe des Verdienstes hängen nahezu ausschließlich von Qualität und Quantität der persönlichen Dienstleistung sowie vom Geiste ab, aus welchem diese erbracht wird.

Wer deshalb in diesem Wirtschaftsbereich dauernden Erfolg erzielen will (das heißt, zu annehmbaren Bedingungen und mit zufriedenstellendem Gewinn sich dauernde Nachfrage zu sichern), der muß die »QQG-Formel« befolgen — ja ihre ständige Anwendung sich zur festen Gewohnheit machen!

Diese Formel ist von so entscheidender Bedeutung, daß sie hier genau analysiert und erklärt werden soll:

1. *Qualität* der Dienstleistung erfordert die sorgfältigste und vollkommenste Erfüllung jeder, auch der scheinbar unwichtigsten beruflichen Aufgabe. Unermüdliches Streben nach immer vollkommenerer Beherrschung Ihres Arbeitsgebiets muß Ihr Handeln bestimmen.

2. *Quantität* der Dienstleistung bedeutet die Verpflichtung, jederzeit ein Höchstmaß an Diensten zu leisten mit dem festen Vorsatz, dieses Pensum mit wachsender Geschicklichkeit und Erfahrung weiter zu steigern. Auch das muß zur festen Gewohnheit werden.

3. *Der Geist,* der alle Dienstleistungen erfüllt, bewirkt *stetige* Freundlichkeit, Zuvorkommenheit und Dienstbereitschaft gegenüber Vorgesetzten, Mitarbeitern und Kunden. Nur mit solchem Verhalten kann man sich allerseits bereitwillige Unterstützung sichern.

Entsprechende Qualität und Quantität der Dienstleistungen allein bilden aber noch keine sichere Erfolgsgrundlage. Sowohl die Höhe des Einkommens, als auch die Dauer der Anstellung hängen in erster Linie ab von dem Geist, in dem Sie Ihre Dienste anbieten und erfüllen.

Gerade diesen Punkt hob Andrew Carnegie immer besonders hervor, als wir über die Voraussetzungen geschäftlichen Erfolgs sprachen. Er betonte stets, daß er ohne zu zögern auch den fähigsten Mitarbeiter, dessen Qualität und Quantität der Dienstleistung über jeden Zweifel erhaben waren, entlassen würde, falls dieser nicht zu harmonischer Zusammenarbeit fähig und bereit sei. Seine Personalpolitik lieferte den Beweis, daß es ihm mit diesem Grundsatz ernst war: *Zuvorkommenden und einsatzbereiten Mitarbeitern* verhalf er zu großem Reichtum; jene aber, die sich nicht in die Betriebsgemeinschaft einordnen konnten oder wollten, mußten ihre Plätze für andere räumen.

Die »angenehme Persönlichkeit« bildet die unerläßliche Voraussetzung für den *richtigen Geist* als tragendes Element jeder Dienstleistung. Persönliche Vorzüge und die Bereitschaft zu harmonischer Zusammenarbeit können manchen Mangel an Qualität und Quantität der Dienstleistung ausgleichen — für ansprechendes Verhalten aber gibt es keinen Ersatz.

Draufgänger oder Draufgeber?

Wer seine persönlichen Dienste anbietet, hat die gleichen Verhaltensregeln zu befolgen, wie ein Kaufmann, der seine Waren an den Mann bringen möchte.

Ich betone dies besonders, weil die meisten derer, die vom Verkauf ihrer Talente und Fähigkeiten leben, irrtümlich glauben, die Regeln und Gesetze der Verkaufspsychologie träfen auf sie nicht zu.

Die Tage des »Draufgängers« sind vergangen. Er wurde verdrängt durch den »Draufgeber«.

Der tatsächliche Wert Ihres geistigen Kapitals ist nach der Höhe des damit erzielten Einkommens zu bemessen. Eine ziemlich genaue Schätzziffer dieses Marktwertes Ihrer Dienstleistungen ergibt sich, wenn Sie Ihr Jahreseinkommen mit 16 2/3 multiplizieren. Das jährliche Einkommen kann durchaus als sechsprozentige Verzinsung Ihres persönlichen geistigen Kapitals betrachtet werden, da auch langfristig angelegtes Geld mit durchschnittlich sechs Prozent verzinst wird. Dabei wird Geld keineswegs höher bewertet als geistige Fähigkeiten — oft wird sogar das Gegenteil praktiziert.

Wer es versteht, seinen »Kopf« zum Höchstpreis zu verkaufen, verfügt über eine weit wertvollere »Ware« als ein Kaufmann, der irgendwelche Produkte anzubieten hat. Geistige Fähigkeiten sind nämlich ein Kapital, dessen Wert von Konjunkturschwankungen nahezu unabhängig ist und das weder ausgegeben noch gestohlen werden kann.

Selbst große finanzielle Mittel sind als Geschäftsgrundlage nahezu unbrauchbar, wenn sie nicht mit »Verstand« eingesetzt werden.

Die 31 Wege zum Mißerfolg

Eine der größten Tragödien ist es, wenn sich ein Mensch vorbehaltlos für ein bestimmtes Ziel einsetzt und trotzdem scheitert! Noch trauriger muß es uns stimmen, wenn wir die ungeheure Zahl der Erfolglosen mit der geringen Zahl der Erfolgreichen vergleichen.

Ich habe den Vorzug genossen, das Leben mehrerer Tausend Männer und Frauen analysieren zu können, von denen 98% »versagt« hatten.

Diese sorgfältigen Untersuchungen ergaben 31 Hauptgründe für den Mißerfolg und 13 Hauptgründe, die Menschen zum Erfolg verhelfen. In diesem Kapitel werden die häufigsten Quellen menschlichen Versagens beschrieben. Lesen Sie diese Zusammenstellung sorgfältig durch und prüfen Sie sich bei jedem Punkt, ob Sie vielleicht einen Ihrer eigenen Fehler wiedererkennen. Auf diese Weise gewinnen Sie ein klares Bild von jenen Hindernissen, die vielleicht noch zwischen Ihnen und dem Erfolg stehen:

1. *Ungünstige Erbanlagen:* Menschen mit geringen Geistesgaben kann — wenn überhaupt — nur wenig geholfen werden. Unser Erfolgssystem kennt nur einen einzigen Ausweg aus dieser Schwierigkeit: Das Bündnis mit klugen Köpfen. Zum Trost sei jedoch bereits hier gesagt, daß dies das einzige der 31 Hindernisse ist, das nicht *mit Leichtigkeit* aus eigener Kraft genommen werden kann.

2. *Ungenaue Zielsetzung:* Wer kein bestimmtes Lebensziel besitzt, kann auch keinen bestimmten Erfolg erhoffen. Jene 98% Versager innerhalb der von mir untersuchten Gruppe lebten ohne *festen Plan* in den Tag hinein. Mit an Gewißheit grenzender Wahrscheinlichkeit war dies einer der Hauptgründe ihrer Fehlschläge.

3. *Mangelnder Ehrgeiz:* Menschen, denen es gleichgültig ist, ob sie im Leben vorankommen, und die nicht bereit sind, sich mit aller Kraft für den Erfolg einzusetzen, haben nur äußerst geringe Aussicht, etwas aus sich zu machen.

4. *Mangelhafte Schulbildung:* Diese Hürde ist verhältnismäßig leicht zu überwinden. Die Erfahrung lehrt uns, daß die kenntnisreichsten Menschen meist jene sind, die ihr Wissen und ihre Erfahrung aus eigener Kraft und aus eigenem Antrieb gesammelt haben. Ein Hochschulzeugnis allein ist noch kein Nachweis für echte Bildung. In unserem Sinne »gebildet« ist erst, wer sich alle Wünsche zu erfüllen vermag, ohne die Rechte anderer zu verletzen. Bildung besteht also nicht nur in einer Ansammlung von Kenntnissen, sondern in der Fähigkeit, sein Wissen wirksam und mit dauerndem Erfolg anzuwenden. Schließlich werden wir nicht für unser Wissen bezahlt, sondern für den Nutzen, den wir für andere mit unserem Wissen schaffen.

5. *Mangel an Selbstdisziplin:* Selbstbeherrschung ist die Fähigkeit, alle negativen Eigenschaften entweder abzulegen oder unter Kontrolle zu halten. Nur wer sich selbst beherrscht, erlangt Einfluß auf seine Lebensbedingungen. Wirklich Herr seiner selbst zu werden, ist zwar eine schwierige Aufgabe, doch wer nicht den Sieg über sich zu erringen vermag, wird auch niemals andere lenken können. Ihr Spiegelbild zeigt Ihnen gleichzeitig Ihren besten Freund und Ihren ärgsten Feind.

6. *Ein schlechter Gesundheitszustand:* Ohne widerstandsfähige Gesundheit bringt man es im Leben nicht weit. Besondere Anfälligkeit ist oftmals die Folge mangelnder Selbstbeherrschung, wie sie sich zum Beispiel äußert in

 a) Unmäßigkeit beim Essen und Trinken,
 b) Schwarzseherei,
 c) sexuellen Exzessen,
 d) Mangel an körperlicher Bewegung,
 e) ungenügender Sauerstoffversorgung des Organismus' durch schlechte Atemgewohnheiten.

7. *Schädliche Umwelteinflüsse während der Kindheit:* »Wie der Zweig gebogen wird, neigt sich der Baum« — asoziale Neigungen bilden sich meist in der Kindheit aus als Folgen schlechter Umwelteinflüsse.

8. *Entschlußlosigkeit:* Das ewige »Morgen, morgen, nur nicht heute...« ist eine der Hauptursachen menschlichen Versagens. Die meisten von uns bringen es nur deshalb zu nichts, weil sie immerzu

auf den »rechten Augenblick« warten, um einen an und für sich guten Plan in Angriff zu nehmen. Schieben Sie nichts auf die lange Bank! Den »einzig richtigen Augenblick« gibt es nur in seltenen Ausnahmefällen. Machen Sie sich frisch ans Werk, auch wenn Ihnen im Augenblick noch das eine oder andere Werkzeug zu fehlen scheint. Sobald die Arbeit einmal läuft, findet sich immer eine Möglichkeit.

9. *Mangelnde Ausdauer:* Fast jedem von uns fällt es leichter, etwas zu beginnen, als es zu Ende zu führen. Und eine noch größere Anzahl von Menschen gibt bereits beim ersten kleinen Fehlschlag auf. Aber Ausdauer ist durch nichts zu ersetzen. Wer genügend Ausdauer besitzt, wird das Wort »unmöglich« nie kennenlernen.

10. *Negative Wesenszüge:* Wer durch sein Wesen und Verhalten seine Mitmenschen vergrämt, kann keinen Erfolg erhoffen. Macht ist die notwendige Voraussetzung für jeden Erfolg, und Macht über andere erlangt nur, wer andere für seine Ziele gewinnt. Ein unverträglicher Mensch kann nie mit bereitwilliger Unterstützung rechnen.

11. *Mangelnde Kontrolle des Geschlechtstriebs:* Der Sexualtrieb ist einer der mächtigsten Antriebe menschlichen Handelns. Weil er wesentlich im Gefühl verankert ist, müssen wir ihn besonders unter Kontrolle halten und versuchen, ihn schöpferischen Zwecken dienstbar zu machen.

12. *Der Traum vom mühelosen Reichtum:* Die Spielleidenschaft hat schon Millionen Menschen ins Unglück gestürzt. Den Nachweis dafür finden wir beim Studium der Wirtschaftskrise des Jahres 1929, als sie in unübersehbarer Anzahl an der Wallstreet mit geliehenem Geld ihr Glück versuchten.

13. *Mangelnde Entschlußfreudigkeit:* Erfolgreiche Menschen treffen ihre Entscheidungen sofort und stoßen sie — wenn überhaupt — erst nach reiflicher Überlegung wieder um. Erfolglose Menschen treffen ihre Entscheidungen — wenn überhaupt — nur zögernd und ändern sie um so häufiger und rascher. Unentschlossenheit und Willensschwäche sind nahe verwandt und treten meist gemeinsam auf. Befreien Sie sich unbedingt von diesen verderblichen Hemmschuhen.

14. *Eine oder mehrere der sechs Hauptängste:* Diese Befürchtungen werden wir in einem späteren Kapitel genau analysieren. Sie müssen überwunden werden, ehe Sie Ihre Leistungen wirkungsvoll verkaufen können.

15. *Die Wahl des falschen Ehegefährten:* Das ist eine der häufigsten Ursachen des Mißerfolgs. Die eheliche Beziehung fußt auf der Grundlage des intimen Kontakts zweier Menschen. Wird die Harmonie des Zusammenlebens gestört, so wirkt sich das erfahrungsgemäß nachteilig auf alle anderen Lebensbereiche aus. Nur allzu leicht erstickt eine gescheiterte Ehe selbst die ehrgeizigsten Pläne.

16. *Übertriebene Vorsicht:* Wer vor jedem Wagnis zurückschreckt, muß sich meist mit dem begnügen, was beherztere Konkurrenten übrig lassen. Übertriebene Vorsicht ist genauso schädlich wie Unvorsichtigkeit. Vor beiden Extremen sollte man sich hüten. Unser Leben ist nun einmal den Wechselfällen des Schicksals ausgesetzt.

17. *Die Wahl eines ungeeigneten Geschäftspartners:* Gerade im Geschäftsleben hat ein solcher Irrtum die schwerwiegendsten Folgen. Als Angestellter sollte man sich wenn irgend möglich einem Vorgesetzten oder Arbeitgeber anschließen, dessen Intelligenz und Erfolg als Ansporn wirken. Nichts könnte den eigenen Aufstieg mehr fördern, zumal jeder automatisch in Wettbewerb tritt zu allen Menschen seiner unmittelbaren Umgebung.

18. *Aberglaube und Vorurteile:* Aberglaube verrät nicht nur Angst, sondern auch Unwissenheit. Erfolgreiche Menschen sind unabhängige Denker und fürchten sich vor nichts.

19. *Die Wahl des falschen Berufs:* Wer an seinem Beruf keine Freude findet, wird darum auch nie etwas Außerordentliches leisten. Deshalb bildet die wohlüberlegte Wahl des Arbeitsgebietes, zu dem wir uns am meisten hingezogen fühlen, eine unabdingbare Voraussetzung für jeden beruflichen Erfolg.

20. *Verzettelung:* Ein »Hansdampf in allen Gassen« ist meistens auf keinem Fachgebiet besonders beschlagen. Konzentrieren Sie lieber all Ihr Denken und Tun auf ein einziges Ziel.

21. *Verschwendungssucht:* Der Verschwender wird schon allein deshalb keine Erfolge ernten, weil er in dauernder Angst leben muß, eines

Tages mittellos dazustehen. Deshalb sollten Sie sich angewöhnen, systematisch einen bestimmten Prozentsatz Ihres Einkommens beiseite zu legen. Mit einem gewissen finanziellen Rückhalt kann man es sich leisten, auf ein wirklich günstiges Angebot zu warten. Ohne Ersparnisse aber bleibt nichts anderes übrig, als dankbar die erste beste Gelegenheit zu ergreifen.

22. *Mangelnde Begeisterungsfähigkeit:* Einsatzbereitschaft wirkt nur dann überzeugend, wenn sie von echter innerer Begeisterung gespeist wird. Darüber hinaus wirkt Begeisterung so ansteckend, daß man sehr bald zum Mittelpunkt seines Kollegen- und Freundeskreises wird.

23. *Intoleranz:* Wer über alles und jedes eine vorgefaßte und unabänderliche Meinung besitzt, wird selten vorankommen. Intoleranz ist eines der sichersten Anzeichen solcher Engstirnigkeit und beweist mangelnde Bereitschaft, den Gesichtskreis zu erweitern und dazuzulernen. Zu den schlimmsten Formen der Intoleranz zählt die Ablehnung aller jener, die einer anderen Religion, Rasse oder politischen Richtung angehören.

24. *Unmäßigkeit:* Am verderblichsten wirkt sich Unmäßigkeit aus im Essen, Trinken und im Geschlechtsleben. Schon eine einzige dieser drei Charakterschwächen genügt, um jede Aussicht auf einen Erfolg zu zerstören.

25. *Mangelnde Bereitschaft zur Zusammenarbeit:* Dieser Verhaltensfehler kostet mehr Menschen ihre Stellung und ihre beruflichen Aussichten, als alle anderen Fehlhaltungen zusammengenommen. Kein erfahrener Geschäftsmann oder Vorgesetzter wird einen Menschen dieser Art in seiner Firma dulden.

26. *Eine unverdiente Machtstellung:* Dies gilt besonders für die Söhne und Töchter wohlhabender Eltern, die Vermögen und gesellschaftliche oder berufliche Stellung einfach geerbt haben. Denn jede Macht, die uns mühelos in den Schoß fällt, wird zur Zerreißprobe der Charakterstärke. Schneller und unvorbereiteter Reichtum ist gefährlicher als Armut.

27. *Vorsätzliche Unehrlichkeit:* Ehrlichkeit ist eine unersetzliche Tugend. Wer vorübergehend und unter Zwang der Umstände zu einer Notlüge greift, begeht noch kein todeswürdiges Verbrechen.

Aber aus freien Stücken unehrlich oder unwahrhaftig zu sein, bedeutet den sicheren Ruin. Früher oder später kommt die Wahrheit immer an den Tag und der bloßgestellte Lügner oder Betrüger verliert nicht nur seinen guten Ruf, sondern er findet sich manchmal sogar im Gefängnis wieder.

28. *Geltungsbedürfnis und Eitelkeit:* Kaum eine andere Charakterschwäche wirkt so abschreckend auf die Umwelt wie diese beiden. Für den Erfolg sind sie tödlich.

29. *Ungenauigkeit und Denkfaulheit:* Die meisten Menschen sind entweder zu gleichgültig oder zu träge, um ihre Pläne und Entschlüsse mit ausreichendem Tatsachenmaterial zu untermauern. Sie ziehen es vor, Mutmaßungen anzustellen und auf gut Glück zu handeln. Eine solche Verfahrensweise ist nicht das Kennzeichen des Erfolgreichen.

30. *Mangel an Kapital:* Es ist ein typischer Anfängerfehler, sich auf geschäftliche Unternehmungen einzulassen, ohne ein Kapitalpolster zu besitzen, mit dem anfangs mögliche Rückschläge aufgefangen werden können. Die meisten neugegründeten Firmen müssen zuerst eine gewisse »Durststrecke« überwinden.

31. *Weitere Gründe:* Setzen Sie hier alle Ursachen persönlicher Niederlagen ein, die Sie in der vorausgegangenen Übersicht nicht gefunden haben.

Diese 31 Gründe sind es also, die hauptsächlich für die Tragödien im Leben aller jener verantwortlich sind, die trotz ehrlichen Bemühens scheiterten. Es wird Ihnen nützen, diese Zusammenstellung in Form einer gründlichen Selbstanalyse auszuwerten. Sprechen Sie, wenn irgend möglich, Punkt für Punkt mit einem Ihnen nahestehenden Menschen durch, der Sie in- und auswendig kennt. Nur auf diese Weise kann die angestrebte subjektive Selbstkritik durch die objektive Einschätzung eines anderen korrigiert werden.

Wie Sie sich am besten verkaufen?

Eine der ältesten Forderungen der Menschheitsgeschichte lautet: »Mensch, erkenne dich selbst!« Wenn Sie irgendeine Ware mit Erfolg verkaufen wollen, müssen Sie mit ihren Eigenschaften vertraut sein. Das gleiche gilt auf dem personellen Markt. Dazu gehört auch die genaue Kenntnis der eigenen Schwächen, die Sie dann um so leichter ablegen oder ausgleichen können. Die gleiche Beachtung sollten Sie aber auch Ihren positiven Charakterseiten sowie allen besonderen Talenten und Fähigkeiten schenken. Denn gerade diese gilt es ja ins rechte Licht zu rücken, sobald Sie sich um eine geeignete Stellung bemühen. Voraussetzung dafür ist eine *genaue Selbstanalyse*.

Zu welchen peinlichen Situationen falsche Selbsteinschätzung führen kann, zeigt das Beispiel eines jungen Mannes, der sich beim Chef eines sehr bekannten Unternehmens um eine Stellung bewarb. Er machte einen durchaus vorteilhaften Eindruck, bis er nach seinen Gehaltswünschen gefragt wurde. Darauf erwiderte der Bewerber, er habe davon noch keine feste Vorstellung *(unklare Zielsetzung!)*. Der Manager machte ihm daraufhin den Vorschlag: »Dann stellen wir Sie eben für eine Woche zur Probe ein und bezahlen Sie nach Ihrer Leistung.« — »Nein, lieber nicht«, erwiderte da der junge Mann, »in meiner bisherigen Stellung erhalte ich mehr!«

Ehe Sie sich um eine Gehaltsaufbesserung oder um eine andere, höher bezahlte Stellung bemühen, sollten Sie gewissenhaft prüfen, ob Sie auch wirklich die notwendigen Voraussetzungen erfüllen.

Wer möchte nicht mehr Geld verdienen! Die entscheidende Frage lautet dann nur, ob man es auch wirklich verdient. Viele Menschen haben übertriebene Vorstellungen vom tatsächlichen Wert ihrer Leistungen. Deren Höhe wird niemals danach bemessen, was wir gerade brauchen oder zu brauchen glauben. Der Wert, den wir in den Augen unserer Arbeitgeber besitzen, hängt einzig und allein von unserer Fähigkeit ab, selbst wertvolle Dienste zu leisten oder andere dazu anzuregen.

Haben Sie im letzten Jahr Fortschritte erzielt?

Die jährliche Selbstanalyse hat für den Angestellten die gleiche Bedeutung, wie in jedem Herstellungs- oder Handelsunternehmen die alljährliche Inventur. Per saldo sollte sich dabei immer eine Abnahme der Fehler und Schwächen sowie eine Zunahme der positiven Charakterseiten und Fähigkeiten ergeben. Das Leben bietet nur drei Möglichkeiten: Fortschritt, Stillstand oder Rückschritt. Jeder von uns ist natürlich bestrebt, vorwärts zu kommen. Eine gewissenhafte Selbstprüfung zeigt am deutlichsten, wie es wirklich um uns steht. Wer es verstanden hat, seine Dienste vorteilhaft zu verkaufen, wird in seiner Jahresbilanz mit Sicherheit einen Reingewinn vorweisen.

Für eine solche Analyse ist das Jahresende besonders geeignet, da dies der natürliche Zeitpunkt ist, Selbsterkenntnis mit guten Vorsätzen zu vereinigen. Prüfen Sie sich also mit Hilfe der folgenden Fragen, und zwar am besten wieder zusammen mit einem Partner, dessen objektives Urteil jede nur zu verständliche Selbsttäuschung ausschließt.

28 sehr persönliche Fragen

1. Habe ich mein Jahresziel erreicht? (Bis man sein Lebensziel erreicht hat, sollte man sich für jedes Jahr ein bestimmtes Zwischenziel setzen.)
2. War die Qualität meiner Dienstleistungen einwandfrei oder ließe sie sich auf die eine oder andere Weise noch verbessern?
3. Habe ich wirklich alle meine Kräfte eingesetzt, um auch die größtmögliche Quantität an Dienstleistung zu erbringen?
4. War ich stets umgänglich, zuvorkommend und bereit zur Mitarbeit?
5. Habe ich die Entscheidungen größerer oder kleinerer Probleme hinausgeschoben?
6. Habe ich an der Vervollkommnung meiner Persönlichkeit gearbeitet? Und wenn ja, in ausreichendem Umfang?
7. War ich ausdauernd genug, um alle meine Pläne zu verwirklichen?
8. Habe ich alle nötigen Entscheidungen prompt und entschlossen getroffen?
9. Habe ich mich in meinem Denken und Handeln von einer oder mehrerer der sechs Hauptängste beeinflussen lassen?
10. War ich zu vorsichtig oder zu unvorsichtig?
11. Waren meine Beziehungen zu meinen Arbeitskollegen freundlich oder gespannt? Falls das gegenseitige Verhältnis zu wünschen übrig ließ, war dies ganz oder vorwiegend meine Schuld?
12. Habe ich meine Kräfte verzettelt, indem ich anstatt eines einzigen Hauptzwecks mehrere Ziele gleichzeitig verfolgte?
13. War ich stets allen und allem gegenüber aufgeschlossen und tolerant?

14. Habe ich meine Leistungsfähigkeit gesteigert?
15. War ich in irgendeiner Beziehung unmäßig?
16. Habe ich mir in Gedanken, Worten oder Taten Selbstsucht vorzuwerfen?
17. Habe ich mich stets so verhalten, daß ich die Achtung meiner Mitmenschen verdiente?
18. Gab ich mich mit bloßen Mutmaßungen zufrieden oder lagen meinen Plänen und Entscheidungen sorgfältige Überlegungen und Berechnungen zugrunde?
19. Habe ich meine Zeit und mein Geld richtig eingeteilt?
20. Habe ich meine Zeit mit nutzlosen oder überflüssigen Dingen vergeudet?
21. Lassen sich durch bessere Zeiteinteilung und strengere Selbstzucht meine Leistungen im kommenden Jahr noch steigern?
22. Habe ich in irgendeiner Hinsicht nicht nach bestem Wissen oder Gewissen gehandelt?
23. Habe ich mehr oder besseres geleistet, als von mir verlangt wurde?
24. War ich irgend jemandem gegenüber unfair und, wenn ja, in welcher Weise?
25. Waren meine Dienste eine echte und volle Gegenleistung für das Geld, das ich von meinem Arbeitgeber erhielt?
26. Habe ich den richtigen Beruf erwählt? Und wenn nicht, wozu fühle ich mich besser geeignet, bzw. eigentlich berufen?
27. War mein Arbeitgeber mit meinen Diensten zufrieden? Falls nein, warum nicht?
28. Wieviele der wichtigsten Erfolgsgrundsätze habe ich bis heute übernommen und verwirklicht? (Lassen Sie sich besonders bei der Antwort auf diese letzte Frage von einem kritischen Partner beraten.)

Wer sich die in diesem Kapitel gegebenen Hinweise eingeprägt hat und entschlossen ist, sein Denken und Handeln fortan nach diesen Leitsätzen zu formen, kann nun mit der Ausarbeitung eines praktischen Planes beginnen, der ihm helfen wird, seine Dienste am ertragreichsten zu verkaufen. Wie bereits festgestellt, hat kaum jemand von denen, die eben erst beginnen Geld zu verdienen oder die ihr Vermögen durch unglückliche Umstände verloren haben, eine andere Gegenleistung für den erstrebten Reichtum zu bieten, als den Wert vorhandener Talente und Fähigkeiten.

Die hier geforderte und eingehend betriebene Selbstanalyse wird Ihnen nicht nur zur besseren Kenntnis Ihrer Person und Eigenschaften verhelfen, die als Voraussetzung für die objektive Einschätzung Ihrer Aussichten unentbehrlich ist. Sie will darüber hinaus auch Ihren Blick für die Stärken und Schwächen Ihrer Mitmenschen schärfen. Deshalb sind diese Hinweise für Personalchefs wie für andere Menschen, die mit der Auswahl geeigneter Mitarbeiter betraut sind, von unschätzbarem Wert. Wer an der Richtigkeit dieser Behauptung zweifelt, der wird bei schriftlicher und ehrlicher Beantwortung der oben genannten 28 Fragen dennoch den Beweis dafür finden und die gewonnenen Erfahrungen leicht in die Praxis übertragen können.

Ihre ungezählten Möglichkeiten, Reichtum anzusammeln

Jetzt haben wir uns mit den Grundsätzen vertraut gemacht, mit deren Hilfe Reichtum angesammelt wird. Unsere nächste Frage lautet natürlich: »Wo bietet sich uns Gelegenheit, diese Grundsätze anzuwenden?« Gut, dann beginnen wir mit einer Bestandsaufnahme jener Möglichkeiten, welche die freie Welt allen jenen bietet, die reich werden wollen.

Zuerst erinnern wir uns daran, daß *jeder von uns* in einem Lande lebt, in dem *jeder gesetzestreue Bürger die uneingeschränkte Freiheit genießt, zu denken, zu sprechen und zu tun, was ihm gut erscheint und keinem anderen schadet!* Viele von uns nehmen diese Freiheit als Selbstverständlichkeit hin, ohne einen Gedanken an jene zu verschwenden, die ihr Leben in Unfreiheit verbringen müssen.

Wir also erfreuen uns der Gedankenfreiheit, der freien Wahl und der ungehinderten Nutzung aller Erziehungs- und Bildungsmöglichkeiten, der Religionsfreiheit, der freiheitlichen politischen Meinungsbildung, der freien Berufswahl, der Freiheit, ohne jede äußere Einmischung *so viele Reichtümer anzusammeln, wie wir nur wünschen,* der freien Wahl des Wohnsitzes, des Ehepartners, der Freiheit, zu reisen, wohin es uns beliebt, und schließlich der Freiheit, *uns jedes, auch das höchste Ziel zu setzen,* das einem Menschen erreichbar ist.

Der sechste Schritt zum Reichtum: Organisierte Planung

Es wären noch viel mehr Freiheiten aufzuzählen, doch die bisher genannten sind es, die Ihnen vor allem den Weg zur Erfüllung eines jeden Lebenszieles ebnen.

Werfen wir nun einen Blick auf die zahllosen Vorzüge, die wir diesen Freiheiten verdanken. Betrachten wir irgendeine Familie mit durchschnittlichem Einkommen und zählen wir auf, was jedem ihrer Mitglieder in unserem freien Land geboten wird. Wie steht es um die drei wichtigsten Lebensnotwendigkeiten, um Nahrung, Kleidung und Wohnung?

Nahrung: Dank unserer freien Wirtschaft verfügen wir heute über eine reiche Auswahl an Nahrungs- und Genußmitteln zu erschwinglichen Preisen.

Kleidung: Der durchschnittliche jährliche Kleidungsbedarf läßt sich mit einem durchschnittlichen Einkommen ohne Mühe decken.

Wohnung: Die meisten Familien leben heute in modernen Komfort-Wohnungen mit fließendem kalten und warmen Wasser, Zentralheizung und gekachelten Bädern.

Die Übersicht großer und kleiner Annehmlichkeiten, die wir unserer politischen und wirtschaftlichen Freiheit verdanken, könnte noch wesentlich erweitert werden. Und was wir dafür als Gegenleistung bieten müssen, übersteigt nicht die durchschnittliche Arbeitsleistung der üblichen 40-Stunden-Woche.

Vom Segen des Kapitals

Kaum ein anderer Begriff wird im politischen und öffentlichen Leben so oft beschworen wie das Wort »Freiheit«. Selten aber machte sich jemand die Mühe, einmal nachzuprüfen, welchen Faktoren wir diese Freiheit mit all ihren vielfältigen Segnungen ideeller und materieller Art zu verdanken haben. Deshalb möchte ich diese Gelegenheit ergreifen, um einmal völlig objektiv jenes geheimnisvolle und so häufig mißverstandene Phänomen zu untersuchen, daß entscheidender zum allgemeinen Wohlstand beiträgt als viele andere Faktoren zusammengenommen.

Ich darf durchaus das Recht für mich beanspruchen, die Herkunft und das Wesen jener unsichtbaren Macht darzustellen, denn ich bin seit mehr als einem halben Jahrhundert mit Menschen vertraut, die sie schufen und deren Händen sie noch heute anvertraut ist.

Der Name dieser geheimnisvollen und segenspendenden Macht lautet: Das Kapital!

Kapital ist nicht einfach mit großen Summen Geldes gleichzusetzen; seine tiefgreifende Macht erhält dieses Phänomen erst durch die bis ins letzte durchorganisierten Gruppen hervorragend begabter und außerordentlich intelligenter Menschen, deren Aufgabe es ist, Mittel und Wege zu finden, um Geld nicht nur zum eigenen Nutzen, sondern zum Wohl der Gesamtheit möglichst gewinnbringend anzulegen.

Zu diesen Gruppen zählen Wissenschaftler, Erzieher, Chemiker, Erfinder, erfahrene Kaufleute, Finanzexperten, Rechtsanwälte, Ärzte, Vertreter des Staates und anderer öffentlicher Körperschaften — kurz, alle jene Männer und Frauen, welche in ihrem jeweiligen Tätigkeitsbereich die höchsten Qualifikationen aufzuweisen haben, sei dies nun Handel, Industrie, Forschung oder Verwaltung. Sie sind die eigentlichen Pioniere unserer Zeit, deren bahnbrechende Experimente den Weg in die Zukunft weisen. Sie sind es, denen wir unsere Schulen und Hochschulen, Krankenhäuser, Straßen, Zeitungen, unsere öffentliche Ordnung und Sicherheit, sowie die gewissenhafte Erfüllung aller jener Aufgaben verdanken, die aufs engste mit unserem persönlichen und nationalen Wohlergehen verknüpft sind.

Diese Menschen sind der eigentlich entscheidende Bestandteil des Faktors »Kapital«, denn sie sind es, die den Strom des Geldes in die richtigen Bahnen lenken. Denn falsch verwendetes Geld müßte immer zur ernsten Bedrohung unseres Wohlstandes werden.

Um Ihnen einen nachhaltigen Eindruck von der entscheidenden Bedeutung des Kapitals zu vermitteln, sei im folgenden geschildert, wie ohne diesen Hauptfaktor der Wirtschaft selbst die Zusammenstellung eines ganz normalen Frühstücks an unüberwindlichen Schwierigkeiten scheitern würde:

Um Ihren Tee zu erhalten, müßten Sie die nicht gerade kurze Reise nach China oder Indien unternehmen. Für den Zucker müßten Sie sich dann entweder zu den Westindischen Inseln bemühen oder aber einen sehr, sehr langen Spaziergang in jene Gegenden unternehmen, wo Zuckerrüben angebaut werden. Um aber die natürlichen Rohstoffe in Zucker zu verwandeln, bedarf es des organisierten Einsatzes von Kraft und Geld auf Plantagen, in Raffinerien, im Transport- und Verteilerwesen.

Eier könnten Sie sich vermutlich in Ihrer näheren Umgebung besorgen, doch wenn Sie Lust auf Orangensaft hätten, wären Südeuropa oder Florida die besten Adressen.

Auch Weißbrot wächst nicht fertig auf dem Halm, sondern hier ist ebenfalls der planmäßige Einsatz von Kraft und Geld — als Kapital — nötig. Das gleiche gilt für Butter, Wurst und Käse, oder womit Sie sonst Ihr Frühstück mehr oder weniger reichhaltig gestalten wollen.

Ziemlich anstrengend, nicht wahr? So schwierig und armselig würde aber unser Leben werden, wenn wir auf das soviel geschmähte Kapital verzichten müßten.

Das Kapital ist die Grundlage der Zivilisation

Die Investitionen, die Bau und Erhaltung allein jener Transportmittel verschlangen, die uns die Bestandteile des oben erwähnten Frühstücks an Ort und Stelle liefern, übersteigen bereits unsere Vorstellungskraft. Sie belaufen sich auf Milliarden, wobei das Heer der Fachleute, die alle jene Land-, Luft- und Wasserfahrzeuge bedienen, noch nicht einmal einkalkuliert ist. Mit dem Transport allein ist es aber nicht getan. Denn ehe etwas zu befördern ist, muß es zunächst einmal angebaut oder hergestellt werden. Und dazu sind weitere Millionenwerte an Geräten, Maschinen, Verpackung nötig sowie ungeheure Aufwendungen für Verkaufskosten und Löhne.

Auch Transportmittel wachsen weder aus dem Boden noch bewegen sie sich automatisch. Sie sind ebenfalls Schöpfungen unserer Zivilisation — in ihnen verkörpern sich Arbeit, Scharfsinn und Organisationstalent von Männern mit Phantasie, Zuversicht, Begeisterungsfähigkeit, Entschlußfreudigkeit und Ausdauer! Diese sind die wirklichen »Kapitalisten«. Ihr Handeln war und ist diktiert vom Wunsch, zu bauen, zu leisten, sich und anderen zu nützen, Gewinne zu erzielen und für sich und andere Reichtum zu schaffen. Und das Vermögen, welches jene Männer angehäuft haben, ist der gerechte Lohn für ihre Dienste, ohne die es keine Zivilisation gäbe.

Um Mißverständnisse zu vermeiden, möchte ich noch hinzufügen, daß dies die gleichen Männer sind, die von gewissen Leuten als »gewissenlose Ausbeuter« oder »Piraten der Wall Street« beschimpft werden.

In diesem Zusammenhang möchte ich noch einmal betonen, daß es keineswegs meine Absicht ist, irgendein Wirtschaftssystem zu verteidigen oder anzugreifen. Der Zweck dieses Buches — *dem mehr als ein halbes Jahrhundert lang all mein Denken und Tun gewidmet war* — ist es einzig und allein, allen jenen, die nach unbegrenztem Reichtum streben, den sicheren Weg zum Ziel zu zeigen. Meine Analyse der wirtschaftlichen Vorteile des kapitalistischen Systems hatte zwei Gründe: Sie sollte

1. jeden, der nach Reichtum strebt, dazu anregen, die Gesetze und Spielregeln dieses Systems zu beachten und zu befolgen, und
2. das von unrealistischen Politikern und Demagogen verzerrte Bild, welches das organisierte Kapital als »Gift« und noch schlimmeres darzustellen versucht, korrigieren und in Übereinstimmung bringen mit der Wirklichkeit.

Wir leben nun einmal in einer weitgehend kapitalistisch orientierten Welt, die ihre Existenzform dem Kapital verdankt. In diesem mancherorts so »verrufenen« System gibt es aber nur eine zuverlässige Methode, um auf rechtmäßige Art zu Wohlstand zu gelangen. Sie besteht darin, daß jeder seinen Mitmenschen nützliche Waren oder Dienstleistungen bietet.

Überall Überfluß — überall Chancen

Unsere freie Welt bietet jedem ehrenwerten Bürger unzählige Gelegenheiten, zu Reichtum zu gelangen. Doch wer auf die Jagd geht, wird sich dazu ein wildreiches Revier aussuchen. Und wer nach Vermögen strebt, wird auf Grund ähnlicher Überlegungen ein gewinnversprechendes Betätigungsfeld wählen.

Wer Reichtum ansammeln will, denke einmal darüber nach, wie reich und vielversprechend ein Land sein muß, dessen Frauen jährlich Millionen und Abermillionen für Lippenstift, Puder und andere Kosmetika ausgeben können.

Wenn Sie nach Wohlstand streben, dann finden Sie ihn sicher in einem Land, in dem Jahr für Jahr Hunderte von Millionen für Zigaretten ausgegeben werden.

Halten Sie nach weiteren Möglichkeiten, Geld in Ihre Taschen strömen zu lassen, Ausschau in einem Land, dessen Bewohner alljährlich mit größter Bereitwilligkeit Milliardenbeträge für alle möglichen Vergnügungen und Sportarten anlegen. Bedenken Sie, daß die hier genannten Waren und Dienstleistungen nur einige wenige Quellen des

Reichtums darstellen, ja daß es sich hierbei lediglich um Luxusartikel und Nebensächlichkeiten handelt. Doch schon Herstellung, Transport und Vertrieb dieser wenigen Waren schafft Arbeitsplätze für viele Millionen Männer und Frauen, die dafür Milliarden an Löhnen und Gehältern verdienen und diese wiederum nach Belieben für Bedarfs- und Luxusartikel ausgeben.

Dieser Kreislauf von Geld, Waren und Dienstleistungen läßt jenen Überfluß an Gelegenheiten entstehen, der es jedem erlaubt, Reichtum zu erwerben. Niemand und nichts kann Sie daran hindern, dieses Ziel mit allen Kräften zu verfolgen. Mit überdurchschnittlichem Talent, überdurchschnittlichen Fähigkeiten und überdurchschnittlicher Erfahrung kann auch heute noch jeder unermeßlichen Reichtum erwerben Die Größe des Wohlstands hängt einzig und allein vom Grad der eigenen Tüchtigkeit ab. Und wer sich in einem abhängigen Arbeitsverhältnis befindet, kann auch dort mit Hilfe unserer Methode ein sehr beträchtliches Arbeitseinkommen erzielen.

Darum — beginnen Sie!

Unzählige Chancen breiten sich vor Ihnen aus. Kommen Sie her, wählen Sie aus, entwickeln Sie einen Plan, machen Sie sich ans Werk und verfolgen Sie Ihr Ziel mit unermüdlicher Ausdauer. Unsere freie Wirtschaft übernimmt den Rest. Sie können sich darauf verlassen — unsere kapitalistische Welt garantiert jedem die Möglichkeit und das Recht, nützliche Dienste zu leisten und die entsprechende Belohnung einzustreichen.

Unser »System« beraubt niemanden dieses Rechtes — andererseits verschenkt es aber auch nichts. Denn unser System unterliegt selbst dem ehernen Gesetz des Wirtschaftslebens, das auf die Dauer für jede Dienstleistung den gerechten Preis oder Lohn fordert.

LEITSÄTZE

Lassen Sie sich bei der Begründung Ihres »Gehirntrusts« von vier dynamischen Prinzipien leiten, die Ihre Verdienstmöglichkeiten vervielfachen werden.

Wählen Sie Menschen, die Sie inspirieren, die Sie mit ihren Geisteskräften unterstützen, die an Sie glauben und dadurch Ihr Selbstvertrauen stärken.

Wenden Sie die elf Geheimnisse des erfolgreichen Führungsmenschen an; merken Sie sich gut die zehn Ursachen, die schon manchen Mann in führender

Position zum Scheitern gebracht haben; lassen Sie sich von niemandem und durch nichts negativ beeinflussen; sehen Sie sich um in jenen sechs Bereichen, in denen Mangel an Führungskräften herrscht, und wenden Sie unsere erprobten fünf Methoden an, um sich die gewünschte Stellung zu verschaffen.

Arbeiten Sie mit Hilfe der in diesem Kapitel gegebenen Anweisungen Ihre Bewerbungsunterlagen aus. Erstellen Sie eine wirksame »Bewerbungsdokumentation« oder »Bewerbungsmappe«, und alle Tore werden sich Ihnen auftun, jeder Unternehmer wird Ihnen eine einflußreiche und gut bezahlte Position anbieten.

Unser Wohlstand beruht auf dem Kapital — dieses Kapital aber unterscheidet sich letztlich gar nicht so sehr von jenem unbegrenzten Kapital an Möglichkeiten, das in Ihnen ruht.

Erfolg fordert keine Gründe. Mißerfolg duldet keine Entschuldigungen.

Der siebente Schritt zum Reichtum:
Der Entschluß

Sie erkennen, wie eine Meinung zum Entschluß kristallisiert und wie ein Entschluß durchgeführt wird. Sie verstehen, wie und wann die Änderung einer Entscheidung zu größerem Nutzen und Gewinn führt.

Meine Analysen von mehr als 25 000 Männern und Frauen, die im Leben versagt hatten, ergab, daß mangelnde Entschlußkraft zu den Hauptgründen ihrer Mißerfolge zählte.

Die Neigung, alles hinauszuschieben, gehört nun einmal zu den am weitesten verbreiteten menschlichen Schwächen und fast jeder von uns hat sie zu überwinden.

Nach der Lektüre dieses Buches wird sich bald herausstellen, ob Sie wirklich gerlent haben, notwendige Entscheidungen *schnell und endgültig* zu treffen. Diese Entschlußfreudigkeit ist eine der wichtigsten Voraussetzungen für die Anwendung aller in diesem Buch beschriebenen Grundsätze.

Im Gegensatz zu der oben genannten Gruppe von Versagern ergab meine Analyse der Lebensgeschichten von mehreren hundert Menschen, deren Vermögen die Millionen-Dollar-Grenze weit überschritten hat, daß *jeder von ihnen* gewohnt war, blitzschnelle Entscheidungen zu treffen und diese — wenn überhaupt — nur nach langem und reiflichem Überlegen zu ändern. Menschen, deren Traum vom Reichtum unerfüllt bleibt, treffen dagegen — wenn überhaupt — ihre Entscheidungen *nur zögernd* und sind nur zu gern bereit, sie *oft und schnell wieder zu ändern*.

Einer der hervorragenden Wesenszüge Henry Fords war seine *Gewohnheit*, Entscheidungen nicht nur schnell zu treffen, sondern sie auch umgehend in die Tat umzusetzen. War ein Entschluß einmal gefaßt, so änderte er ihn nur selten und auch dann erst nach reiflicher Überlegung.

Diese Eigenschaft war so ausgeprägt, daß er als dickköpfig verrufen war. Sein Starrsinn war es auch, der ihn bestimmte, sein berühmtes T-Modell (das »häßlichste Auto der Welt«, wie es der Weltumsegler Graf Luckner im Gespräch mit Ford einmal genannt hatte) noch weiterzubauen, als alle seine Berater und viele seiner Käufer in ihn drangen, endlich ein neues Modell in Serie zu geben.

Möglicherweise hatte Ford in diesem besonderen Fall etwas zu lange gezögert, andererseits aber brachte ihm seine Festigkeit noch so lange ein riesiges Vermögen ein, bis die Änderung des Modells *unbedingt nötig geworden war*. Zweifellos war Fords Beharrungsvermögen nicht frei von Dickköpfigkeit, aber ein gewisser Starrsinn ist trotzdem immer mangelnder Entschlußfähigkeit und übergroßem Wankelmut vorzuziehen.

Meinungen — eine billige Ware

Die meisten Menschen, denen es nicht so recht gelingen will, zu Geld zu kommen, sind allzu leicht beeinflußbar. Sie erlauben den Zeitungen und den klatschenden Nachbarn, für sie zu denken. Meinungen aber sind die billigsten Massenartikel der Welt. Jeder von uns hat sie im Überfluß bereit und sucht irgend jemanden, der sie ihm abnimmt. Wer aber eines selbständigen Urteils nicht fähig ist, dem wird es kaum je gelingen, einen Plan zu verwirklichen, am allerwenigsten den, reich zu werden.

Wenn Sie von den Meinungen anderer abhängig sind, werden Sie ohnehin keinen *eigenen Wunsch* haben.

Sollten Sie aber ernsthaft beginnen, die hier dargelegten Prinzipien in die Tat umzusetzen, dann schweigen Sie über Ihr Vorhaben, fassen Sie Ihre eigenen Entschlüsse und führen Sie diese aus. Ziehen Sie niemanden ins Vertrauen außer Ihren sorgfältig ausgewählten »klugen Köpfen«, deren Unterstützung Sie völlig sicher sein können, weil sie ebenfalls Ihr Ziel verfolgen.

Selbst beste Freunde und wohlmeinendste Verwandte machen uns nur allzu leicht unsicher durch ihre im Grunde nicht bös gemeinten Witzeleien und »Meinungen«. Tausende von Männern und Frauen leiden ihr Leben lang an Minderwertigkeitskomplexen, weil sie sich ihr Selbstvertrauen durch die Einwände und den Spott ihrer Mitmenschen rauben ließen.

Sie besitzen einen eigenen Kopf mit klarem Verstand. Urteilen Sie also selbständig und treffen Sie ihre eigenen Entscheidungen. Natürlich wird es dazu meist nötig sein, sich Tatsachenmaterial und Auskünfte von anderen zu beschaffen. Tun Sie dies aber unauffällig und ohne jemals Ihre Pläne und Absichten zu verraten.

Es ist charakteristisch für Menschen mit Halbbildung und nur oberflächlicher Sachkenntnis, daß sie »besonders viel wissen«. Solche Leute verraten sich dadurch, daß sie zuviel reden und zu wenig zuhören. Halten Sie Augen und Ohren weit geöffnet und den Mund fest geschlossen, wenn Sie lernen wollen, schnelle Entscheidungen zu treffen. Schwätzer hören gern sich selbst reden, aber niemand anderen. Wenn Sie mehr sprechen als zuhören, so lassen Sie sich nicht nur viele Gelegenheiten entgehen, nützliches Wissen zu erlangen, Sie gewähren möglicherweise auch solchen Menschen Einblick in Ihre Pläne, deren größtes Vergnügen darin besteht, Sie bei der Ausführung Ihrer Absichten zu stören.

Denken Sie daran, daß jede Ihrer Äußerungen dem wirklich erfahrenen Fachmann sofort verrät, wieviel — oder wie wenig — Sie wirklich wissen! Denn echte Weisheit zeichnet sich meist durch *Bescheidenheit und Zurückhaltung* aus.

Behalten Sie immer im Bewußtsein, daß Sie nicht der einzige sind, der nach einer Gelegenheit sucht, um zu Geld zu kommen. Wenn Sie also Ihre Pläne zu bereitwillig und offenherzig preisgeben, dürfen Sie sich nicht wundern, wenn Ihnen eines Tages einer Ihrer Konkurrenten zuvorgekommen ist.

Einer Ihrer wichtigsten Grundsätze sollte es darum sein, den Mund geschlossen und dafür Augen und Ohren immer offen zu halten.

Als Gedächtnisstütze sollten Sie an gut sichtbarer Stelle das Sprichwort anbringen: Nicht die Worte zählen, sondern die Taten.

Entscheidungen machen Geschichte

Der Wert von Entscheidungen hängt von dem Mut ab, den sie erforderten. Bei den größten Entscheidungen, welche zu den Fundamenten unserer Zivilisation geworden sind, ging es oftmals um Leben und Tod.

Als Lincoln den Entschluß faßte, seine berühmte Emanzipations-Proklamation, welche für die farbige Bevölkerung Amerikas Befreiung bedeutete, zu veröffentlichen, rechnete er damit, daß sich Tausende seiner Freunde und politischen Anhänger voller Unverständnis von ihm abwenden würden.

Sokrates' Entschluß, lieber den Giftbecher zu leeren, als mit einem Kompromiß seine tiefste Überzeugung zu verleugnen, war ein Beweis heroischer Selbstüberwindung. Seine Entscheidung drehte das Rad der Geschichte um tausend Jahre weiter und sicherte noch ungeborenen Generationen das moralische Recht, Gedanken- und Redefreiheit zu fordern.

Der Entschluß von General Robert E. Lee, sich von der Union amerikanischer Staaten loszusagen und die Interessen eines unabhängigen Südens zu vertreten, zeugte von ähnlichem Heroismus. Er wußte genau, daß seine Entscheidung das Leben vieler Menschen kosten würde — möglicherweise sogar sein eigenes.

Ein Zwischenfall in Boston

Die wichtigste Entscheidung aber, die alle amerikanischen Bürger anging, wurde am 4. Juli 1776 getroffen, als 56 Männer in Philadelphia ihre Namen unter ein Dokument setzten, von dem sie wußten, daß es entweder allen Amerikanern zur Freiheit verhelfen oder *sie alle an den Galgen bringen würde!*

Sie wissen sicher von diesem berühmten Dokument, der amerikanischen Unabhängigkeitserklärung. Möglicherweise haben jedoch nicht alle meiner Leser erfaßt, welches große Beispiel menschlicher Entschlossenheit und männlichen Bekennermutes sich darin äußerte.

Mit dem historischen Datum sind wir zwar vertraut, aber wer kann wirklich ermessen, welches Maß an Mut jener Schritt erforderte! Wir haben im Geschichtsunterricht davon gehört, wir kennen Daten und die Namen jener Vorkämpfer der Freiheit, wir verbinden feste Vorstellungen mit den Entscheidungsschlachten von Valley Forge und Yorktown, auch Männer wie George Washington und Lord Cornwallis sind uns wenigstens dem Namen nach bekannt. Aber wie steht es um unser Wissen von den Kräften, die hinter jenen Namen, Daten und Orten wirkten? Und am geringsten ist wohl die Zahl derer, die jene unsichtbare Macht kennen, der Amerikaner und viele andere Völker ihre Freiheit verdanken, *lange ehe Washingtons tapfere Scharen Yorktown erreichten.*

Der siebente Schritt zum Reichtum: Der Entschluß

Man muß es wirklich ein tragisches Versäumnis nennen, daß die Historiker uns in völliger Unkenntnis jener unwiderstehlichen Macht ließen, die Nationen ins Leben rief und sie frei machte; ja mehr noch, die völlig neue Maßstäbe setzte für das Recht auf Freiheit und Unabhängigkeit aller Menschen. Tragisch deshalb, weil hier die gleiche Macht wirksam wurde, mit deren Hilfe auch wir alle Schwierigkeiten überwinden und das Leben dazu zwingen können, uns den geforderten Preis zu bezahlen.

Deshalb wollen wir uns einmal kurz auf jene Ereignisse in der ehemals britischen Kolonie Massachusetts besinnen, die von jener unsichtbaren Macht ausgelöst worden sind. Unsere Geschichte beginnt mit jenem Zwischenfall in Boston am 5. März 1770. Britische Soldaten patrouillierten durch die Straßen, um der Bevölkerung drohend ihre Anwesenheit vor Augen zu führen. Voller Grimm beobachteten die Ansiedler diese Demonstration bewaffneter Macht. Es dauerte nicht lange, dann machten sie ihrem Groll Luft: Böse Worte und bald auch Steine flogen hinüber, bis schließlich der Patrouillenführer befahl: »Fällt die Bajonette... Laden!«

Der Kampf hatte begonnen. Er endete mit vielen Toten und Verwundeten. Zudem rief dieser Zwischenfall in der Öffentlichkeit so große Empörung hervor, daß die Provinzialversammlung (eine Körperschaft, der die maßgeblichen Siedler angehörten) zusammentrat und ein gemeinsames Vorgehen beschloß. Auch John Hancock und Samuel Adams gehörten dieser Versammlung an. Mutig forderten diese beiden Männer entscheidende Schritte, um die englischen Truppen aus Boston zu vertreiben.

Bedenken Sie, der Entschluß, den eine Minderheit von zwei Männern faßte, wurde zum Ausgangspunkt von Ereignissen, die letztlich jene Freiheit bewirkten, welche die Bürger der Vereinigten Staaten heute genießen. Vergessen Sie auch nicht, daß der Entschluß dieser beiden Männer viel Glauben und Mut verlangte, denn er war äußerst gefährlich.

Ehe die Versammlung auseinanderging, wurde vereinbart, Samuel Adams zu Hutchinson, dem britischen Gouverneur der Provinz, zu entsenden, um den Abzug der britischen Truppen zu fordern.

Diese Forderung wurde erfüllt und die Truppen verließen Boston. Damit aber war der Zwischenfall noch nicht bereinigt. Er hatte in die

Herzen aller Beteiligten den Samen eines Entschlusses gesenkt, der den Lauf der Welt verändern und den Kolonien die Unabhängigkeit bringen sollte.

Köpfe beginnen zusammenzuarbeiten

Richard H. Lee übernahm im weiteren Verlauf eine wichtige Rolle. Er und Samuel Adams standen in regelmäßigem Briefwechsel und teilten einander alle ihre Befürchtungen und Hoffnungen in bezug auf das Wohlergehen der Einwohner ihrer Provinzen mit. Diese Korrespondenz brachte Adams auf die Idee, durch einen regelmäßigen Gedankenaustausch zwischen allen 13 Kolonien eine Basis für gemeinsames Planen und Handeln zu schaffen, das zur Lösung der gemeinsamen Probleme dringend erforderlich war. Zwei Jahre nach dem Zusammenstoß in Boston, im März 1772, unterbreitete Adams der Provinzialversammlung den Vorschlag, ein Korrespondenzkomitee aus offiziellen Vertretern aller 13 Kolonien zu berufen mit dem Ziel, »die freundschaftliche Zusammenarbeit zum Wohle der Kolonien des britischen Amerika zu fördern«.

Damit war der erste Schritt getan, alle bisher noch verstreuten Kräfte zu sammeln. Adams, Lee und Hancock hatten sich zu einem »Bund kluger Köpfe« zusammengefunden.

Das Korrespondenzkomitee wurde gegründet. Die Kolonisten hatten bisher vereinzelte Scharmützel mit den britischen Soldaten ausgefochten — bewaffnete Zwischenfälle, die jenem in Boston entsprachen —, doch war mit dieser Art von Kleinkrieg nichts Wesentliches erreicht worden. Die Unzufriedenheit der einzelnen hatte sich eben noch nicht in einer Gruppe von »Köpfen« kristallisiert. Ehe sich Adams, Lee und Hancock zusammenfanden, hatte es noch keine Gruppe von Siedlern gegeben, die sich mit Herz und Verstand, Leib und Seele um eine gemeinsame Lösung bemüht und nach einem Weg gesucht hätte, um die Schwierigkeiten mit der britischen Besatzung ein für allemal aus dem Wege zu räumen.

Natürlich waren die Briten in der Zwischenzeit nicht müßig gewesen. Auch sie hatten geplant und sich zur Wahrung ihrer Interessen zusammengeschlossen — wobei sie für sich buchen konnten, genug Geld und Militär zu besitzen, um die notwendigen Schritte auch unternehmen zu können.

Ein schneller Entschluß ändert den Lauf der Geschichte

Der englische König entsandte General Gage, um Gouverneur Hutchinson abzulösen. Eine seiner ersten Amtshandlungen bestand in dem Versuch, Samuel Adams durch eine persönliche Botschaft zur Aufgabe seiner oppositionellen Haltung gegen die Krone zu veranlassen — durch Bedrohung.

Welche Folgen dieser Entschluß haben mußte, verstehen wir am besten, wenn wir das Gespräch zwischen Oberst Fenton (dem Kurier des Gouverneurs) und Samuel Adams wörtlich wiedergeben:

Oberst Fenton: »Gouverneur Gage hat mich beauftragt, Sie, Mr. Adams, zu versichern, daß der Gouverneur weitgehende Vollmachten besitzt, um Sie für Ihre Loyalität entsprechend zu belohnen, falls Sie Ihren Widerstand gegen die Maßnahmen der Regierung Seiner Majestät aufgeben. (Ein klarer Bestechungsversuch!) Darüber hinaus möchte Ihnen der Gouverneur dringend empfehlen, nicht länger das Mißfallen Seiner Majestät zu erregen. Es ist meine Pflicht, Sie darauf aufmerksam zu machen, daß Ihr bisheriges Verhalten gegen ein von König Heinrich VIII. erlassenes Gesetz verstößt und daß, nach freiem Ermessen des Gouverneurs, jeder des Verrats oder Hochverrats Verdächtige festgenommen, nach England überführt und dort abgeurteilt werden kann. Eine Änderung Ihrer bisherigen Politik würde Ihnen dagegen nicht nur sehr erhebliche persönliche Vorteile, sondern auch die Huld des Königs sichern.«

Samuel Adams hatte die Wahl zwischen zwei Entscheidungen. Er konnte auf seine Opposition verzichten, um sich persönlich zu bereichern, oder er konnte seine Opposition fortsetzen und sich damit der Gefahr aussetzen, als Hochverräter gehenkt zu werden.

In diesem Augenblick *mußte* Samuel Adams *sofort* eine Entscheidung über Leben und Tod treffen. Ohne eine Sekunde zu zögern ließ er sich Oberst Fentons Ehrenwort als Offizier geben, daß dieser dem Gouverneur seine, Adams, Erwiderung wortgetreu übermitteln werde.

Dann antwortete Adams: »Sagen Sie bitte Gouverneur Gage, daß ich zuversichtlich hoffe, schon lange meinen Frieden mit dem König der Könige gemacht zu haben. Keine persönlichen Motive oder Vorteile werden mich je davon abbringen, die gerechte Sache meines Landes zu vertreten. Raten Sie Gouverneur Gage auch in meinem Namen, er solle die Geduld eines zum äußersten gereizten Volkes nicht länger auf die Probe stellen!«

Gouverneur Gage reagierte auf Adams' scharfe Erwiderung mit einer wütenden Proklamation folgenden Inhalts: »Im Namen Seiner Majestät verspreche ich allen, die unverzüglich ihre Waffen niederlegen und sich wieder als friedliche Untertanen ihrer Pflichten gegenüber der Krone erinnern, Freiheit von jedem Verdacht und Straffreiheit. Ausgeschlossen von dieser Amnestie werden lediglich Samuel Adams und John Hancock, deren Vergehen zu schändlich sind, als daß sie der gerechten Strafe entgehen dürften.«

Adams und Hancock »saßen schön in der Tinte«, wie man heute sagen würde. Die Kampfansage des erzürnten Gouverneurs zwang die beiden Männer zu einer zweiten, nicht minder gefährlichen Entscheidung. In aller Eile beriefen sie eine geheime Versammlung aller Gesinnungsgenossen ein. Nachdem diese versammelt waren, verschloß Adams die Tür, steckte den Schlüssel in die Tasche und erklärte den Anwesenden, daß die Einberufung eines Kongresses aller in Amerika gelegenen Kolonien der Britischen Krone unaufschiebbares Gebot der Stunde sei. Ehe ein entsprechender Beschluß nicht gefaßt sei, dürfe niemand den Raum verlassen.

Diese Worte lösten große Erregung aus. Manche erschraken vor den möglichen Folgen eines so radikalen Vorgehens, andere äußerten ernsthafte Zweifel, ob es weise sei, eine so *endgültige Entscheidung* gegen die Krone zu treffen. Hinter den verschlossenen Türen des Raumes gab es nur zwei Männer, die keine Furcht kannten und keinen Gedanken an die Möglichkeit eines Fehlschlages verschwendeten: Adams und Hancock. Ihre Überzeugungskraft bestimmte schließlich die Versammlung, mit Hilfe des Korrespondenzkomitees den Ersten Kontinentalen Kongreß vorzubereiten, der ab 5. September 1774 in Philadelphia tagen sollte.

Prägen Sie sich dieses Datum ein. Es ist wichtiger als der 4. Juli 1776, denn ohne den Beschluß, den Kontinentalen Kongreß einzuberufen, wäre die Unabhängigkeitserklärung nie zustande gekommen.

Noch ehe der neue Kongreß zum erstenmal zusammengetreten war, hatte in einem anderen Teil des Landes ein weiterer Führer einen »Katalog der Rechte des britischen Amerika« verfaßt und veröffentlicht. Thomas Jefferson war es, ein Bürger der Provinz Virginia, dessen Verhältnis zu Lord Dunmor, dem dortigen Gouverneur der Krone, ebenso gespannt war wie jenes zwischen Hancock und Adams und dem Gouverneur von Massachusetts.

Bald nach der Veröffentlichung seiner politischen Streitschrift erfuhr Jefferson, daß er des Hochverrats gegen die Regierung Seiner Majestät angeklagt worden war. In heller Entrüstung über diese Drohung erklärte daraufhin Patrick Henry, einer von Jeffersons Kollegen, offen vor der Provinzialversammlung, daß er Jeffersons Ansichten uneingeschränkt teile. Er schloß mit den berühmt gewordenen Worten: »*Wenn das Verrat ist, dann macht das Äußerste daraus!*«

Es waren Männer ohne Macht und potilische Autorität, ohne militärische Stärke und ohne Geld, um damit ihre Forderungen durchzusetzen, die in voller Kenntnis ihrer Verantwortung und der Tragweite ihrer Entschlüsse zusammentraten, um das Schicksal der Kolonien in ihre Hände zu nehmen. Mit der Eröffnung des Ersten Kontinentalen Kongresses begannen ihre gemeinsamen Überlegungen, die sie mit nur kurzen Unterbrechungen fortsetzen, bis sich am 7. Juni 1776 Richard Henry Lee erhob, um das Wort bat und mit seinem Antrag die Versammlung aufschreckte:

»Gentlemen, ich stelle den Antrag, diese Versammlung möge beschließen, daß die Vereinigten Kolonien freie und unabhängige Staaten sind und rechtens sein sollen, daß sie von jeder Treuepflicht gegenüber der Britischen Krone freizusprechen sind und daß jede politische Bindung zwischen ihnen und dem Staat Großbritannien für jetzt und immer vollständig aufgelöst ist.«

Thomas Jefferson las mit lauter Stimme

Der sensationelle Antrag Lees wurde mit ebenso großer Leidenschaft wie Langatmigkeit diskutiert, bis endlich Lee die Geduld verlor. Als sich die Versammlung nach einigen Tagen noch immer nicht zu einem klaren Entschluß durchgerungen hatte, meldete er sich schließlich von neuem zu Wort und erklärte mit klarer, fester Stimme: »Herr Präsident, wir haben diesen Punkt seit Tagen diskutiert. Er ist der einzige Ausweg, den wir gehen können. Warum, Sir, schieben wir unsere Entscheidung dann noch länger hinaus? Warum noch länger überlegen? Lassen Sie uns diesen schönen Tag zum Geburtstag der amerikanischen Republik machen. Laßt sie entstehen, nicht um zu zerstören und zu besiegen, sondern um die Herrschaft des Friedens und des Rechts wiederherzustellen.«

Die Erkrankung eines Familienangehörigen zwang Lee zur Rückkehr nach Virginia, ehe noch endgültig über seinen Antrag abgestimmt worden war. Vor seiner Abreise betraute er jedoch seinen Freund Thomas Jefferson mit der Vertretung seiner Sache. Und dieser versprach, sich bis zum letzten für die Annahme des Antrags einzusetzen. Kurze Zeit darauf bestellte Hancock, der Präsident des Kongresses, Jefferson zum Vorsitzenden eines Komitees, das den Entwurf der Unabhängigkeitserklärung ausarbeiten sollte.

Lang, hart und schwerfällig feilte das Komitee an dem Dokument, dessen Verabschiedung durch den Kongreß praktisch eine Kriegserklärung an Großbritannien bedeuten mußte. Jeder, der seine Unterschrift daruntersetzte, unterzeichnete damit sein eigenes Todesurteil, falls die Kolonien in dem mit Sicherheit zu erwartenden Krieg gegen die Krone unterliegen würden.

Am 28. Juni wurde der Entwurf des Dokuments dem Kongreß vorgelegt. Wieder wurde er mehrere Tage hindurch diskutiert und abgeändert, bis er schließlich seine endgültige Form gefunden hatte. Am 4. Juli 1776 stand Jefferson vor der Versammlung und verlas ohne Furcht vor den Folgen eine der schwerwiegendsten Erklärungen, die je zu Papier gebracht worden ist:

»Wenn der Lauf der Dinge ein Volk dazu zwingt, seine politische Bindung an ein anderes Volk zu lösen und unter den Mächten dieser Erde eine selbständige und gleichberechtigte Stellung einzunehmen, zu der es die Gesetze Gottes und der Natur berechtigen, so verlangt die dem Urteil der Menschheit schuldige Achtung, daß es die Gründe, die es zu dieser Trennung zwingen, offen darlege ...«

Als Jefferson geendet hatte, wurde darüber abgestimmt, die Erklärung angenommen und von den anwesenden 56 Männern mit ihren Namen unterzeichnet in der klaren Erkenntnis, damit ihr Leben aufs Spiel zu setzen. Mit dieser Entscheidung begann eine Nation zu existieren, die bestimmt zu sein schien, der Menschheit das von nun an für alle Zeiten geltende Recht der Entscheidungsfreiheit anzuvertrauen.

Überschauen Sie nun noch einmal die Ereignisse, die zur Unabhängigkeit führten, so werden auch Sie zu der Überzeugung gelangen, daß die Vereinigten Staaten von Amerika, die unter den Nationen dieser Erde heute eine führende und geachtete Stellung einnehmen, ihre Entstehung der Entscheidung einer aus 56 Männern bestehenden Gruppe »führender Köpfe« verdanken. Ihr Entschluß war es, der letzten Endes auch den Sieg an Washingtons Fahnen heftete, denn der *Geist* der Unabhängigkeitserklärung hatte vom Herzen seiner Soldaten Besitz ergriffen, so daß kein Hindernis ihrem begeisterten Siegeswillen standzuhalten vermochte.

Wie ermutigend muß darum für Sie der Gedanke sein, daß die gleiche Kraft, welcher die Vereinigten Staaten Entstehen und Freiheit verdanken, nun zum Werkzeug Ihres eigenen Erfolgs werden wird. Denn diese unwiderstehliche Macht beruht auf den in diesem Buch dargestellten Grundsätzen. Es müßte Ihnen leichtfallen, sechs dieser Grundsätze in der Vorgeschichte der Unabhängigkeitserklärung zu entdecken. Sie finden dort *das brennende Begehren, Entschlossenheit, Selbstvertrauen, Ausdauer, die Gruppe »führender Köpfe« und planvolles Handeln*. Sie alle warten darauf, in Ihre Dienste zu treten, sobald Sie nach ihnen rufen.

Die Kraft des erfinderischen Geistes

Überall in dieser Philosophie werden Sie Anhaltspunkte dafür finden, daß Gedanken, angespornt von brennendem Verlangen, die Tendenz zeigen, sich in ihren realen Gegenwert umzuwandeln. Sowohl die Entstehungsgeschichte der Vereinigten Staaten, als auch jene der United Staates Steel Corporation können als Musterbeispiele für diese Methode gelten.

Wollen Sie das Geheimnis dieser Erfolgsmethode ergründen, so sollten Sie nicht nach Erklärungen für Wunder suchen. Sie können nur die hier wirksam gewordenen ewigen Gesetze der Natur finden. Diese Gesetze gelten für jeden, der Glauben und Mut besitzt, um sie anzuerkennen. Sie schenken in gleicher Weise einer Nation die Freiheit oder Ihnen — Reichtum.

Wer schnelle und endgültige Entscheidungen zu treffen vermag, weiß auch, was er will — und erhält es. In allen Lebenssituationen zeichnen sich Führernaturen durch schnelle Entschlüsse und Beständigkeit aus. Durch ihre Selbständigkeit und Einsicht werden sie Führer. Die Welt billigt jedem, der in Wort und Tat mit Energie ein bestimmtes Ziel verfolgt, auch den notwendigen schöpferischen Raum zu.

Entschlußschwäche zeichnet sich meist bereits in der Jugend ab. Befreit man sich nicht rechtzeitig von ihr, so wird sie zur Gewohnheit, die sich im Laufe der Jahre immer tiefer einwurzelt und den Betreffenden durch Schul- und Hochschulzeit begleitet.

Selbstverständlich gefährdet sie auch den beruflichen Erfolg — falls es einem solchen Menschen überhaupt gelingt, sich für einen bestimmten Beruf zu entscheiden. Gewöhnlich nimmt er die nächstbeste Beschäftigung an, die sich ihm bietet. 98% der Menschen, die heute in untergeordneten Stellen tätig sind, verdanken dies einzig und allein ihrer Unfähigkeit, nach einer bestimmten Stellung zu streben und sich einen geeigneten Arbeitgeber auszuwählen.

Eine klare Entscheidung zu treffen, erfordert immer Mut — manchmal sogar eine ganz gehörige Portion. Jene 56 Männer, welche die Unabhängigkeitserklärung unterzeichneten, setzten damit ihr Leben aufs Spiel. Der Entschluß, eine bestimmte Stellung anzustreben und einen bestimmten Preis vom Leben zu fordern, verlangt einen viel geringeren Einsatz. Es geht hier nicht um Leben und Tod, sondern lediglich um die wirtschaftliche Freiheit. Finanzielle Unabhängigkeit, Reichtum und eine steile geschäftliche oder akademische Karriere werden allen jenen für immer versagt bleiben, denen Mut und Entschlossenheit fehlen, um sich für die Verwirklichung eigener Ziele einzusetzen und ihren Anspruch auf Erfolg durchzusetzen. Wer aber ebenso nach Reichtum dürstet wie Samuel Adams nach der Freiheit Amerikas, der darf sicher sein, daß er auch mit Reichtum überhäuft wird.

LEITSÄTZE

Unentschlossenheit ist eine der Hauptursachen des Mißerfolgs. Jeder hat seine Meinung — für *Sie* aber ist einzig und allein Ihre *eigene Meinung* wichtig. Sie bauen *Ihre Welt* mit der Kraft *Ihres Entschlusses.*

Feste Entschlossenheit verleiht uns ungeheure zusätzliche Kräfte. Gewohnheitsmäßige Entschlußschwäche entsteht schon in der Jugend. Befreien Sie sich selbst davon und warnen Sie andere vor dieser Gefahr.

Durchdenken Sie noch einmal den Verlauf jener Ereignisse, aus denen entscheidende Entschlüsse geboren wurden. Sie können daraus lernen, wie man in jeder Situation schnell und entschlossen handelt. Das brennende Verlangen nach Freiheit wird zu guter Letzt mit Freiheit belohnt. Der brennende Wunsch nach Reichtum wird schließlich zu Reichtum führen.

Jeder Mächtige hat Macht über sich selbst.

Der achte Schritt zum Reichtum: Die Ausdauer

Sie erkennen Ihre Schwächen und beseitigen, was zwischen Ihnen und Ihren Zielen steht. Ihre Ausdauer entwickelt sich zur wachsenden, geachteten, bewährten Kraft.

Ausdauer ist eine entscheidende Eigenschaft im Prozeß der Umwandlung Ihres Traumes von Reichtum in bare Münze. Die Quelle der Ausdauer ist die Willenskraft.

Sobald sich zum brennenden Verlangen die Willenskraft gesellt, gibt es kein unüberwindliches Hindernis mehr. Menschen, die großen Reichtum angesammelt haben, werden oft als kalt, ja unbarmherzig geschildert. Hier handelt es sich häufig um ein Mißverständnis. Was sie eigentlich auszeichnet, sind Willenskraft und Ausdauer. Beide Eigenschaften sind die Werkzeuge, mit deren Hilfe sie ihre Ziele *mit Sicherheit* erreichen.

Die meisten von uns sind allzu schnell bereit, ihre Pläne und Hoffnungen bereits bei der ersten geringfügigen Niederlage über Bord zu werfen. Nur wenige halten allen natürlichen Widerständen zum Trotz an ihrem Vorhaben fest.

Das Wort »Ausdauer« bedeutet nicht Heroismus. Aber diese Eigenschaft hat für die Festigung des Charakters den gleichen Wert, wie die Kohle ihn für die Läuterung des Stahls besitzt.

Zur Bildung eines Vermögens ist meist die Anwendung aller dreizehn Grundsätze unserer Erfolgsphilosophie nötig. Es genügt aber nicht, diese Grundsätze nur zu verstehen, sie müssen auch *mit Ausdauer angewandt werden*.

Schwächliche Wünsche bringen schwache Erfolge

Wenn Sie diesem Buch mit der Absicht folgen, das hier vermittelte Wissen praktisch anzuwenden, werden Sie den ersten Beweis für Ihre

Ausdauer dann zu erbringen haben, wenn Sie die im zweiten Kapitel beschriebenen sechs Schritte auszuführen beginnen. Wenn Sie nicht zu jenen zwei Prozent gehören, die bereits ein festes Ziel im Auge und einen bestimmten Plan zu seiner Verwirklichung erdacht haben, kann es leicht geschehen, daß Sie die hier gegebenen Anweisungen lediglich überfliegen und dann wieder in Ihren gewohnten Trott verfallen, ohne unsere Anregungen je wirklich zu benutzen.

Fehlende Ausdauer ist eine der Hauptursachen des Mißerfolgs. Dies ist um so schlimmer, als erfahrungsgemäß alle Menschen diese Schwäche besitzen, obwohl sie sich mit geringer Mühe davon befreien könnten. Ein solcher Sieg würde um so leichter fallen, je brennender das Verlangen wäre, ein bestimmtes Ziel zu erreichen. Er wird erleichtert durch die Wahl des richtigen Zieles.

Jede menschliche Leistung entspringt aus einem ganz bestimmten Wunsch. Denken Sie immer daran: Nur ein stark ausgeprägtes Verlangen liefert einen wirksamen Ansporn. Wem es also an Ausdauer mangelt, der braucht sich nur durch einen besonders heißen Wunsch antreiben zu lassen.

Sobald Sie die Lektüre dieses Buches beendet haben, blättern Sie zu dem Kapitel über das »Begehren« zurück und beginnen Sie unverzüglich, die dort beschriebenen sechs Schritte auszuführen. Der Eifer, mit dem Sie sich dieser Aufgabe widmen, ist ein genauer Gradmesser für die Stärke Ihres Verlangens nach Reichtum. Bemerken Sie, daß Sie gleichgültig bleiben, können Sie sicher sein, daß Ihnen das zur Verwirklichung Ihres Traumes vom Reichtum unerläßliche »Geldbewußtsein« noch fehlt.

Reichtum wird nur von jenen Menschen angezogen, die bereits die richtige geistige Einstellung zu Geld und Vermögen gewonnen haben und sie zur Grundlage ihres Denkens gemacht haben.

Falls Sie dagegen zu jener Vielzahl der Menschen gehören, denen es an Ausdauer mangelt, so müssen Sie sich zunächst auf die im Kapitel »Die Macht der ›führenden Köpfe‹« enthaltenen Anleitungen konzentrieren. Als nächstes bauen Sie dann selbst Ihre Gruppe »führender Köpfe« auf und lassen sich durch die Zusammenarbeit mit Ihren Weggenossen zu immer größerer Leistung und Ausdauer anspornen. In den Kapiteln über Autosuggestion und Unterbewußtsein finden Sie dann weitere Hinweise, wie sich Ihre Schwäche schließlich überwinden läßt. Haben Sie nämlich Ihrem Unterbewußtsein erst einmal eine klare Vorstellung

von dem eigentlichen Ziel Ihrer Wünsche übermittelt, so wird dieses Sie mit unermüdlicher Tatkraft und Begeisterung erfüllen.
Ihr Unterbewußtsein arbeitet unaufhörlich, ob Sie nun wachen oder schlafen.

Die Magie des »Geldbewußtseins«

Wenn Sie sich sprunghaft oder nur gelegentlich um alle diese Regeln bemühen, werden Sie davon keinen Gewinn haben. Um Ergebnisse zu erhalten, müssen Sie alle Regeln gewohnheitsmäßig anwenden. Eine andere Methode, den »Sinn für Geld« zu wecken, gibt es nicht.
Die gleichen Gesetze, die dem einen Armut bringen, weil seine Gedanken sich stets mit der Armut beschäftigen, bewirken auch, daß jeder andere Reichtum an sich zieht, wenn sein Denken und Fühlen vom Gedanken an Reichtum erfüllt werden. Die Armut bewirkenden Denkgewohnheiten ergreifen nur allzu leicht Besitz vom Geist jener Menschen, die nicht vom Wunsch nach Vermögen beseelt sind. Dieses »Armutsbewußtsein« entwickelt sich ganz von selbst, das heißt ohne jede »bewußte« Anstrengung. Dagegen muß das »Geldbewußtsein« eigens wachgerufen werden, wenn man es nicht schon von Geburt an besitzt.
Haben Sie die Bedeutung der vorausgegangenen Erklärung vollständig erfaßt, so werden Sie auch die Notwendigkeit der Ausdauer für das Ansammeln Ihres Vermögens einsehen. Ohne Ausdauer sind Sie von vornherein zum Scheitern verurteilt. Mit Ausdauer werden Sie gewinnen.
Haben Sie schon einmal »Alpdrücken« gehabt? Dann wird Ihnen dieses **unangenehme** Erlebnis deutlich den Wert der Ausdauer vor Augen geführt haben. Sie liegen dabei wach im Bett und glauben ersticken zu müssen. Sie sind unfähig, auch nur einen Muskel zu bewegen, viel weniger noch sich umzudrehen. Sie sagen sich, daß Sie Ihre Muskeln wieder unter Ihre Kontrolle bringen müssen. Mit großer Willenskraft gelingt es Ihnen schließlich, wenigstens die Finger einer Hand zu bewegen. Lassen Sie nun Ihre Ausdauer nicht erlahmen, so gewinnen Sie allmählich auch wieder Gewalt über Ihre Armmuskulatur und können erst einen, dann beide anheben. Ebenso gelingt es Ihnen, unter stetiger Anspannung der ganzen Willenskraft nach und nach wieder die Kontrolle über das gesamte Muskelsystem zu gewinnen, bis Sie sich

schließlich ganz von dem schrecklichen Alpdruck befreit haben. Der Trick heißt hier »Schritt für Schritt«.

Sie besitzen einen unsichtbaren Kompaß

Möglicherweise müssen Sie die Lähmung Ihres Willens auf ähnliche Weise überwinden, indem Sie ihn schrittweise wachrütteln, bis er sich wieder völlig unter Ihrer Kontrolle befindet. Lassen Sie sich nicht entmutigen, auch wenn Sie anfangs nur langsam Fortschritte erzielen. Mit genügender Ausdauer stellt sich unfehlbar der Erfolg ein.

Bei sorgfältiger Auswahl Ihrer »Kluge-Köpfe-Gruppe« findet sich bestimmt wenigstens ein Partner, der Ihnen helfen kann, Ihre Ausdauer zu steigern. Manche, die große Vermögen angehäuft haben, wurden reich, weil sie gar nicht anders konnten. Die Umstände zwangen sie einfach unerbittlich *zu unermüdlicher Ausdauer.*

Wer ausdauernd ist, scheint gegen dauernden Mißerfolg gefeit zu sein. Mögen Sie auch Rückschläge erleiden, am Ende stehen Sie doch auf der obersten Sprosse der Erfolgsleiter. Manchmal mag es scheinen, als habe in uns ein unsichtbarer Kompaß die Aufgabe, uns einen schwierigeren Weg zu weisen, um unsere Ausdauer auf die Probe zu stellen. Wer genügend Kraft besitzt, um sich nach jeder Niederlage wieder »hochzurappeln« und weiter voranzustreben, der erreicht am Ende sein Ziel. Alle anderen rufen: Bravo! Wir wußten ja, daß du es schaffst! Hemmnisse und Entmutigungen sind die Feuerprobe, die jeder bestehen muß, ehe er Anspruch auf die Siegerkrone hat.

Wer durchhält, wird für seine Ausdauer auch fürstlich belohnt. Denn es gibt keinen Plan, den er nicht verwirklichen könnte, keinen Erfolg, der ihm vorenthalten bliebe. Aber damit nicht genug: Wer sich unermüdlich vorankämpft, gewinnt dabei jene Einsicht, die noch weit wertvoller ist als alle materiellen Schätze. Er gelangt nämlich zu der Erkenntnis, daß »jede Widrigkeit des Schicksals den Keim eines ebenso großen Vorteils in sich trägt«.

Fehlschlag: Ein vorübergehender Zustand

Wer den Wert der Ausdauer kennt, ist auch fähig, etwaige Rückschläge als vorübergehende Unterbrechungen auf dem Weg zum Erfolg zu betrachten. Solche Menschen sind von jenem brennenden Verlangen erfüllt, das schließlich jede Niederlage in Sieg verwandelt. Wer die Welt und das Leben betrachtet, muß oft erschüttert mit ansehen, wie sich die Mehrzahl der Menschen von einem Schicksalsschlag niemals wieder ganz erholt. Nur gering ist die Anzahl jener, für die jeder Rückschlag nur *Ansporn zu noch größerem Bemühen* ist. Was aber den Augen des Beobachters verborgen und meist unerkannt und unbekannt bleibt, das ist jene geheime, unwiderstehliche Macht, die allen jenen zu Hilfe kommt, die selbst in einer scheinbar hoffnungslosen Lage noch weiterkämpfen. Wir begnügen uns damit, einen tapferen Menschen als »ausdauernd« zu bezeichnen und benutzen ihn als weiteren Beweis dafür, daß ohne Beharrlichkeit in keinem Lebensbereich auf Erfolg zu hoffen ist.

Während ich hier sitze und schreibe, fällt mein Blick gelegentlich auf den nahen Broadway, den »Friedhof der gestorbenen Hoffnungen« und die »Vorhalle aller Möglichkeiten«. Aus allen Teilen der Welt strömten die Menschen zum Broadway auf der Suche nach Ruhm, Reichtum, Macht, Liebe oder was immer ihnen erstrebenswert erschien. Nur selten gelingt es einem von ihnen, sich aus der anonymen Masse herauszuheben, aber in staunender Bewunderung vernimmt dann die Welt, daß der Broadway wieder einmal einem Menschen zu Füßen liegt. Doch solche Höhe will erst mit Mühe erklommen sein. Denn erst *nachdem* man bewiesen hat, daß man sich durch nichts geschlagen gibt, erkennt die Welt des Broadway Begabung und Genie an und belohnt sie — maßlos, wie diese ebenso harte wie begeisterungsfähige, immer aber unermüdliche und rastlose Welt es zu allen Zeiten war — mit barem Geld.

Dann wissen alle, daß wieder ein Mensch das Geheimrezept des Erfolgs entdeckt und angewandt hat: *Unermüdliche Ausdauer!*

Fanny Hursts Kampf um den Erfolg bietet uns ein strahlendes Beispiel solcher Beharrlichkeit. 1915 kam sie nach New York, um dort als Schriftstellerin Ruhm und Reichtum zu erwerben. Doch ehe ihre »Straßen von New York« zu einem der größten Bucherfolge wurden, mußte sie selbst vier Jahre lang durch diese Straßen irren. Tagsüber arbeitete sie, nachts hing sie ihren Hoffnungen nach. Und als nach einer langen Reihe bitterer Enttäuschungen ihre Hoffnung zu schwinden begann, sagte sie nicht etwa: »Nun gut, der Broadway hat mich geschlagen«, sondern sie sagte: »Andere magst du niederzwingen, mich nicht! Ich bin stärker als du!«

Nicht weniger als *36 Einsendungen* ließ die Redaktion der Saturday Evening Post an sie zurückgehen, ehe ihre erste Geschichte veröffentlicht wurde. Ein Durchschnittsschriftsteller hätte — wie jeder andere Durchschnittsmensch auch — bereits nach den ersten Absagen den Kampf aufgegeben. Nicht Fanny Hurst: Vier Jahre lang verfolgte sie unbeirrbar ihren Weg, denn sie wußte, daß man sich den Erfolg erkämpfen muß.

Dann hatte sie endlich ihre Feuerprobe bestanden: Von nun an rissen sich Redaktionen und Verleger um ihre Mitarbeit. Das Geld floß ihr in solchen Mengen zu, daß sie mit dem Zählen nicht nachkam. Und als sie schließlich auch vom Film entdeckt wurde, floß das Geld nicht mehr, es strömte.

Trotz ihres außergewöhnlichen Erfolgs stellt Fanny Hurst keine Ausnahme dar. Denn immer, wann und wo auch Frauen und Männer es zu Reichtum gebracht haben, können Sie sicher sein, daß sie zuvor ihre Ausdauer beweisen mußten. Einen Schluck zum Trinken und einen Happen zu essen kann sich am Broadway jeder zusammenbetteln; doch wer mehr will, muß zuerst jenen Wert nachweisen, mit dem er die Bilanz des Broadway zu erhöhen vermag.

Wenn Kate Smith diese Zeilen liest, wird sie ihnen aus vollem Herzen beipflichten. Auch sie sang jahrelang, ohne je einen Pfennig dafür zu fordern oder zu erhalten. Auch sie hatte den Kampf mit dem Broadway aufgenommen. Und eines Tages gab sich der Broadway geschlagen und sprach zu ihr: »Gut, du läßt dich nicht unterkriegen. Fordere also deine Belohnung.« Was Kate Smith von nun an forderte, erhielt sie auch. Es war nicht wenig.

Jeder kann Beharrlichkeit erlernen

Beharrlichkeit ist eine Geisteshaltung, die jeder gewinnen oder erlernen muß. Wie alle anderen geistigen Tugenden wurzelt auch die Ausdauer in genau bestimmbaren Voraussetzungen:

1. *Zielstrebigkeit:* Genaue Kenntnis des Ziels ist eine der ersten und vielleicht wichtigsten Voraussetzungen für unerschütterliche Ausdauer. Mit genügend Ansporn nimmt man jede Hürde.

2. *Heißes Begehren:* Ausdauer stellt sich um so leichter ein, je mehr uns das Herz dazu drängt, ein bestimmtes Ziel zu erreichen.

3. *Selbstvertrauen:* Unerschütterliches Vertrauen in die eigene Kraft und Fähigkeit, den einmal gefaßten Plan auch ausführen zu können, stählt ebenfalls unseren Willen. (Das Kapitel über Autosuggestion gibt Aufschluß darüber, wie man Selbstvertrauen jederzeit wachzurufen vermag.)
4. *Klare Planung:* Sorgfältig ausgearbeitete Pläne vermehren unsere Ausdauer, selbst wenn der eine oder andere Fehlschlag eintritt.
5. *Exakte Kenntnisse:* Wer weiß, daß sich seine Pläne auf exakte Kenntnisse stützen, wird sich niemals entmutigen lassen. Wer nur unsicher herumtastet, wird kaum zu großer Ausdauer fähig sein.
6. *Zusammenarbeit:* Unterstützung und Verständnis anderer sowie die harmonische Zusammenarbeit mit Gleichgesinnten erweisen sich immer als mächtige Stützen der Ausdauer.
7. *Willenskraft:* Die ständige Konzentration auf ein bestimmtes Ziel stärkt den Willen und fördert ebenfalls die Beharrlichkeit.
8. *Gewohnheit:* Schließlich ist Ausdauer ganz einfach eine Sache der Gewohnheit. Die Geistesart eines Menschen wird bestimmt durch Gedanken und Gefühle, die der Betreffende gewohnheitsmäßig hegt. So wird zum Beispiel die Furcht, eines der ärgsten Übel des Menschen, durch nichts wirksamer bekämpft als durch *dauernde Mutproben.* Jeder kriegserfahrene Soldat wird das bestätigen.

Eine kleine Inventur: Voraussetzungen der Ausdauer

Ehe wir uns einem anderen Thema zuwenden, wollen wir in einer genauen Inventur feststellen, ob bzw. welche Voraussetzungen zur Ausdauer Ihnen fehlen. Seien Sie dabei sich selbst gegenüber ganz ehrlich, weil es Ihnen nur dann gelingen wird, Ihre Schwächen zu erkennen und auszumerzen.

Die folgende Zusammenstellung zeigt Ihnen die gefährlichsten Feinde des Erfolgs. Unter ihnen finden Sie nicht nur jene »Symptome«, die Mangel an Willensschwäche und Ausdauer verraten, sondern auch die tiefwurzelnden, unterbewußten Ursachen dieser Charakterschwächen. Wer also zu einer objektiven Einschätzung seiner selbst und seiner Fähigkeiten gelangen will, prüfe sich gewissenhaft anhand dieser »Inventur«, denn alle diese Schwächen müssen von jedem überwunden werden, der nach Reichtum strebt:

1. Das Unvermögen, sich ein klares Ziel zu setzen.

2. Die Neigung, notwendige Entscheidungen und Schritte mit allen möglichen Gründen (genauer: Ausflüchten) hinauszuschieben.

3. Mangelndes Interesse daran, sich die nötigen Fachkenntnisse anzueignen.

4. Wankelmut und die Gewohnheit, anderen den »Schwarzen Peter« zuzuschieben, statt selbst entschlossen an die Lösung der Schwierigkeit heranzugehen. (Auch diese Schwäche wird oft hinter einem Schleier von Vorwänden verborgen.)

5. Die Gewohnheit, lieber nach immer neuen Ausflüchten zu suchen, statt einen klaren Plan auszuarbeiten.

6. Selbstzufriedenheit: Wer mit dieser Art von Blindheit geschlagen ist, für den gibt es nur geringe Hoffnung.

7. Gleichgültigkeit, die sich zumeist dadurch verrät, daß man lieber auf alle möglichen Kompromisse eingeht, als sich für den Sieg der eigenen Überzeugung einzusetzen.

8. Die Gewohnheit, anderen die eigenen Fehler in die Schuhe zu schieben oder die Ungunst der Umstände als unüberwindlich hinzustellen.

9. Mangel an Begeisterung, der auf die Wahl eines zu schwachen Beweggrundes zurückzuführen ist.

10. Die Bereitschaft, bei der ersten Schwierigkeit »die Flinte ins Korn zu werfen«. (Dies ist meist einer oder mehreren der sechs Hauptängste zuzuschreiben.)

11. Das Versäumnis, seine Pläne schriftlich festzulegen. Nur schriftlich läßt sich die Planung immer weiter vervollkommnen.

12. Mangelnde Aufgeschlossenheit gegenüber neuen Ideen oder sich plötzlich bietenden Gelegenheiten.

13. Bloßes Träumen anstelle von aktivierter Willenskraft.

14. Die Gewohnheit, sich mit Armut abzufinden, statt nach Reichtum zu streben. Sie entspringt einem grundlegenden Mangel an Ehrgeiz, jemand *zu sein*, etwas *zu tun* und etwas *zu besitzen*.

15. Der Versuch, schnell und mühelos reich zu werden. Das heißt, viel zu fordern, ohne zu einer Gegenleistung bereit zu sein. Beispiele

sind jene Menschen, die ihr Glück im Spiel oder mit »nicht ganz sauberen Geschäften« zu machen versuchen.
16. Furcht vor Kritik, Meinung und Reaktion »lieber« Mitmenschen. Diese geistige Unselbständigkeit verhindert jede zielstrebige und erfolgreiche Planung. Sie gehört zu unseren gefährlichsten Feinden, da sie sich meist im Unterbewußtsein verbirgt. (Mehr darüber finden Sie in dem Kapitel über die sechs Grundformen der Angst.)

Kritisieren kann jeder

Untersuchen wir nun, durch welche Symptome sich die Furcht von der Kritik anderer verrät. Die meisten Menschen lassen sich durch ihre Angst vor der Meinung von Verwandten und Freunden — übrigens auch vor der öffentlichen Meinung — so sehr beeinflussen, daß sie nicht mehr imstande sind, ihr eigenes Leben zu leben oder das der anderen zu tolerieren.

Eine Unzahl von Menschen zieht es vor, ein unglückliches Leben an der Seite eines ungeeigneten Ehepartners zu verbringen, anstatt ohne Rücksicht auf die Meinung ihrer Umwelt einen Schlußstrich zu ziehen. (Wer selbst eine solche unglückliche Ehe kennengelernt hat, weiß, welcher kaum wieder gutzumachende Schaden hier angerichtet, wieviel Ehrgeiz erstickt und Willenskraft gelähmt wird.)

Millionen von Menschen holen nur deshalb nicht die früher versäumte Schulbildung nach, weil sie Spott oder Kritik ihrer gegenwärtigen Arbeitskollegen und ihrer privaten Umwelt fürchten.

Unzählige Menschen — Männer und Frauen, jung und alt — sehen untätig zu, wie sich ihre Verwandten aus einem mißverstandenen Pflichtgefühl heraus zugrunderichten. (Von keinem Menschen kann man verlangen, daß er seinen persönlichen Ehrgeiz begräbt oder auf das Recht verzichtet, sein eigenes Leben nach eigenem Gutdünken zu gestalten.)

Viele gehen einem geschäftlichen Risiko nur deshalb aus dem Wege, weil sie im Fall eines Mißerfolgs die Kritik der anderen fürchten. *Die Furcht vor der Meinung anderer ist bei diesen Menschen stärker ausgeprägt, als ihr Verlangen nach Erfolg.*

Zu viele Menschen gibt es auch, die kein hohes Ziel und keine steile Karriere anzustreben wagen, weil ihre Verwandten und »Freunde«

sagen könnten: »Schuster, bleib bei deinen Leisten! Du willst zu hoch hinaus und machst dich nur lächerlich!«

Als Andrew Carnegie mich aufforderte, zwanzig Jahre meines Lebens der Ausarbeitung einer Philosophie des persönlichen Erfolgs zu widmen, war auch meine erste Reaktion Furcht vor der Meinung meiner Umwelt. Und das, obwohl Carnegie mir ein Lebensziel bot, das meine kühnsten Erwartungen und Hoffnungen übertraf. Blitzschnell schossen mir Ausflüchte und Entschuldigungen durch den Kopf, die alle einer inneren Furcht vor Kritik entsprangen. Eine innere Stimme wollte mir einflüstern: ›Unmöglich, das schaffst du nie! Diese Aufgabe übersteigt deine Kräfte und fordert mehr Zeit als du hast. Was wird deine Familie dazu sagen? Wovon willst du leben? Noch niemandem ist es gelungen, eine wirksame Erfolgsphilosophie zu entwickeln — mit welchem Recht hältst gerade du dich zur Lösung dieser Aufgabe für befähigt? Wer bist du überhaupt, daß du wagst, dir ein so hohes Ziel zu setzen? Du bist in bescheidenen Verhältnissen aufgewachsen, was weißt du schon von Philosophie? Die Leute werden dich für verrückt halten (und das taten sie auch). Wenn diese Aufgabe überhaupt lösbar ist, warum hat sie nicht ein anderer schon vor dir gelöst?‹

Diese und viele andere Gedanken und Befürchtungen wirbelten mir im Kopfe herum und mahnten zur Vorsicht. Es war mir, als wollte mich plötzlich die ganze Welt mit Spott überschütten, nur um mich davon abzubringen, auf Mr. Carnegies Vorschlag einzugehen.

Mit einem Wort: Die Versuchung, meinen ganzen Ehrgeiz zu begraben, war kaum jemals so stark gewesen wie in jenem Augenblick. Meine spätere Analyse der Lebensgeschichten Tausender von Menschen bewies mir, daß die meisten Ideen schon kurz nach ihrer Geburt wieder sterben, falls man ihnen nicht durch feste und klare Pläne unverzüglich echte Lebenskraft verleiht. Mit einer Idee ist es wie mit einem Säugling — jede Minute, jeder weitere Tag erhöht die Überlebenschancen. Fast alle Ideen aber, die niemals zum Stadium der Planung und Verwirklichung heranreifen, verkümmern aus Furcht vor Kritik.

Sie schufen ihre »Chancen« selbst

Viele Menschen glauben, materieller Erfolg sei eine Sache des Glücks. Nun läßt sich in dieser Ansicht durchaus ein Körnchen Wahrheit finden. Wer aber *nur* auf eine gute Chance wartet, erlebt *fast immer* eine Enttäuschung. Er vergißt dabei nämlich die zweite unerläßliche Voraussetzung für den Erfolg: Das Wissen und die Fähigkeit, wie man sich selbst diese »glücklichen Umstände« schafft.

Während der Wirtschaftskrise verlor der berühmte Komiker W. C. Fields sein gesamtes Vermögen. Plötzlich stand er ohne Geld und Arbeit da. Die Variétés, in denen er bisher seinen Lebensunterhalt verdient hatte, waren alle geschlossen worden. Außerdem war er bereits über sechzig, in einem Alter also, in dem sich viele schon selbst für »zu alt« halten. Doch sein Verlangen, sich wieder emporzuarbeiten, war so groß, daß er sich bereit erklärte, ohne Bezahlung in einer völlig neuen Branche der Vergnügungsindustrie zu arbeiten — beim Film. Um das Maß seiner Sorgen vollzumachen, stürzte er gerade zu jenem entscheidenden Zeitpunkt und verletzte seine Wirbelsäule. Viele hätten nun aufgegeben, sie hätten die Flinte ins Korn geworfen. Fields aber blieb beharrlich, denn er wußte: Mit Ausdauer würde sich ihm früher oder später wieder eine Chance bieten. Und das Blatt wendete sich — aber nicht durch Zufall!

Auch Marie Dressler war »am Ende«; sie hatte weder Geld noch Arbeit und war ebenfalls schon 60 Jahre alt. Trotzdem ließ sie sich nicht entmutigen, sondern begann ihr Glück selbst zu schmieden. Ihrer unerschütterlichen Ausdauer verdankte sie erstaunliche Triumphe noch in einem Alter, in dem bei den meisten Menschen der Ehrgeiz und die Lust am Erfolg längst abgestorben sind.

Eddie Cantor verlor bei dem Börsenkrach des Jahres 1929 ebenfalls sein ganzes Geld — aber seine Ausdauer und seinen Mut büßte er nicht ein. Mit ihrer Hilfe und dank seines Scharfblicks brachte er es noch einmal zu einem wöchentlichen Einkommen von 10 000 Dollar! Wer könnte da noch zweifeln, daß Ausdauer zu den wichtigsten Voraussetzungen des Erfolgs zählt und viele andere Eigenschaften und Bedingungen zu ersetzen vermag?

Die einzige »Chance«, auf die man sich wirklich verlassen kann, ist jene, die man sich selbst schafft. Dazu aber gehört vor allem Beharrlichkeit!

Sie wollten nur zueinander

Es war einmal ein Mann, der war König über ein großes Empire. In seinem Herzen jedoch war er kein König, sondern ein einsamer Mensch.

Als Prinz von Wales wurde er mehr als 40 Jahre lang umworben; Prinzessinnen aus dem ganzen Europa »lagen ihm zu Füßen«. Aber er kannte kein Privatleben und bei seiner Krönung als Edward VIII. von England fand der Jubel seiner Untertanen in seinem Herzen kein Echo, weil dessen Leere zuvor von Liebe hätte ausgefüllt werden müssen.

Und Wallis Simpson? Zweimal hatte sie vergeblich die Liebe gesucht und trotz ihrer Enttäuschungen nicht den Glauben daran verloren. In der Liebe sah sie ihr vornehmstes Lebensziel. Gibt es etwas größeres auf der Erde? Auch Christus nannte es Liebe — nicht menschliche Konventionen, nicht Kritik, Bitterkeit oder Verleumdung, nicht politische Heirat, sondern Liebe.

Wenn Sie an Wallis Simpson denken, dann denken Sie an eine Frau, die wußte, was sie wollte, die ein Weltreich erschütterte, um der Stimme ihres Herzens folgen zu können. Frauen, die sich darüber beklagen, daß sie in einer Welt leben müssen, die von Männern für Männer geschaffen worden ist, die sich über die geringen Chancen ihres Geschlechts beschweren, sind es sich selbst schuldig, das Leben dieser ungewöhnlichen Geschlechtsgenossin zu achten. Sie schloß in einem Alter, in dem viele Frauen sich bereits für »zu alt« halten, mit dem begehrtesten Junggesellen der Welt den Bund fürs Leben.

Und König Edward? War der Preis zu hoch, den er für die Liebe einer Frau bezahlte?

Wir können nur Vermutungen anstellen. Aber wir können die *Entscheidung* sehen; wir können sehen, daß diese Entscheidung ihren Preis forderte und daß dieser Preis ehrlich bezahlt wurde.

Das britische Empire ist heute weithin von einer neuen Weltordnung abgelöst worden. Der Herzog von Windsor und seine Frau söhnten sich schließlich mit der königlichen Familie aus. Die Geschichte ihrer Liebe, ihrer *Beharrlichkeit* und des Opfers, das sie ihrer Liebe brachten, hört sich an wie ein Märchen aus alter Zeit. Trotzdem aber ist sie Wirklichkeit und als solche zeigt sie uns, wie zwei Menschen den größten Schatz der Welt forderten und erhielten.

Nehmen Sie irgendeine Gruppe von 100 Menschen und stellen sie ihnen die Frage, was sie vom Leben am heißesten ersehnen. 98 von ihnen werden darauf keine Antwort wissen. Dringt man weiter in sie, so sagen vielleicht die einen »Sicherheit«, viele andere werden glauben, es sei »Geld«, wenige werden von »Glück« sprechen, andere erwähnen »Ruhm und Macht« und wieder andere »gesellschaftliche Anerkennung«, »ein leichtes Leben« oder »singen, tanzen oder schreiben« zu können. Kaum einer unter allen diesen Menschen aber wird mit den oben erwähnten Begriffen irgendwelche feste Vorstellungen verbinden oder einen festen Plan ausgearbeitet haben, der zur Verwirklichung des verschwommenen Sehnens verhelfen könnte. Es genügt aber nicht, sich Reichtum nur zu wünschen. Dieser stellt sich nur dann ein, wenn er der Gegenstand eines heiß empfundenen Wunsches ist, der — als klar umrissener Plan eingegeben — mit unermüdlicher Ausdauer in die Tat umgesetzt wird.

Die vier Schritte zur Ausdauer

Es sind vier einfache Schritte, die zur Beharrlichkeit anleiten. Sie erfordern keine überdurchschnittliche Begabung und keine besondere Ausbildung, sondern nur ein wenig Zeit und Mühe. Diese vier Schritte sind:

1. Ein festes Ziel, das sich mit dem brennenden Wunsch nach seiner tatsächlichen Verwirklichung verbindet.
2. Ein fester Plan, der in unermüdlicher Aktivität verfolgt wird.
3. Ein Geist, der sich allen negativen und entmutigenden Einflüssen und Einflüsterungen — auch von Verwandten, Freunden und Bekannten — verschließt.
4. Ein Freundschaftsbund mit einer oder mehreren Personen, die tatkräftige Unterstützung und moralischen Rückhalt bieten.

Diese vier Schritte entscheiden über Erfolg oder Mißerfolg in allen Lebensbereichen. Die 13 Grundsätze unserer Erfolgsphilosophie bezwecken nichts anderes, als Ihnen die Befolgung dieser vier Schritte zur Gewohnheit werden zu lassen.

Diese Schritte gestatten uns, unsere materielle Zukunft selbst zu gestalten.

Diese Schritte führen zu geistiger Freiheit und Unabhängigkeit.

Diese Schritte verschaffen uns Reichtum.

Diese Schritte führen uns vorwärts auf dem Weg zu Macht, Ruhm und Anerkennung.

Diese vier Schritte verschaffen uns mit Sicherheit die ersehnten »Chancen«.
Diese Schritte verwandeln Träume in Wirklichkeit.
Diese Schritte vertreiben Furcht, Entmutigung und Gleichgültigkeit.
Reiche Belohnung wartet auf alle, welche lernen, diese vier Schritte zurückzulegen. Sie machen jeden von uns zu seines Glückes Schmied und begründen unser Anrecht auf jeden Preis, den wir vom Leben fordern.

Können Sie von der Allumfassenden Vernunft Hilfe erwarten?

Welche geheimnisvolle Macht verleiht ausdauernden Menschen die Fähigkeit, alle Schwierigkeiten zu überwinden? Bewirkt die Tugend der Beharrlichkeit gar eine Art seelischen, geistigen oder etwa chemischen Geschehens, das uns Zutritt zu übernatürlichen Kräften gewährt? Stellt sich die Allumfassende Vernunft auf die Seite dessen, der weiterkämpft, auch wenn die Schlacht schon verloren ist und vielleicht die ganze Welt gegen ihn steht?
Diese und viele ähnliche Fragen stellte ich mir, als ich Männer wie Henry Ford beobachtete, die ohne einen Pfennig angefangen und es fast ausschließlich ihrer Ausdauer zu verdanken hatten, daß sie wahre Mammutindustrien zu schaffen vermochten. Ähnliches ging mir durch den Kopf, als ich an Thomas A. Edison dachte, der nicht einmal ganze drei Monate zur Schule gegangen war und doch zu einem der berühmtesten Erfinder der Welt wurde. Wiederum war es unerschütterliche Ausdauer, die ihm zur Erfindung des Grammophons, des Filmprojektors, der Glühlampe und eines guten halben Hunderts weiterer nützlicher Dinge verhalf.
Es war mir vergönnt, sowohl Mr. Ford als auch Mr. Edison lange Zeit hindurch aus nächster Nähe zu beobachten und zu analysieren. Deshalb kann ich auch mit Sicherheit behaupten, daß alle ihre erstaunlichen Leistungen und ihre außergewöhnlichen Erfolge fast ausschließlich auf ihre Beharrlichkeit zurückzuführen sind. Keine andere Eigenschaft und kein anderer Umstand spielten dabei eine auch nur annähernd vergleichbare Rolle.
Bei der Betrachtung der Biographien von Propheten, Philosophen, Wundertätern und Religionsgründern der Vergangenheit drängt sich

mir unabweislich der Schluß auf, daß auch hier Ausdauer, Konzentration aller Kräfte und unbeirrbare Zielsetzung die Hauptgründe ihrer weltbewegenden Wirkungen waren.

Betrachten wir zum Beispiel die außergewöhnliche Lebensgeschichte Mohammeds. Analysieren wir sein Leben, vergleichen wir ihn mit jenen, die heute das Schicksal der Industrie- und Finanzwelt bestimmen. Sie alle besitzen die gleiche hervorstechende Charaktereigenschaft: Ausdauer!

Wollen Sie die unvergleichliche Macht, die Beharrlichkeit den Menschen verleiht, kennenlernen? Dann lesen Sie eine Biographie Mohammeds, am besten die von Essed Bey. Wer die folgende, in der »Herold Tribune« erschienene Buchbesprechung von Thomas Sugrue liest, wird verstehen, warum ich gerade dieses Werk besonders empfehle. Es gibt nämlich besser als jedes andere Auskunft über das erstaunlichste Beispiel von Beharrungsvermögen, das unserer Welt je geboten wurde.

DER LETZTE GROSSE PROPHET
Rezension von Thomas Sugrue

Mohammed war ein Prophet, aber er bewirkte niemals ein Wunder. Er war kein Mystiker; er besaß keine geregelte Schulbildung; er begann seine Sendung nicht vor dem 40. Lebensjahr. Als er verkündete, er sei der Prophet Gottes und bringe das Wort der wahren Religion, wurde er verspottet und als Irrsinniger bezeichnet. Die Kinder ließen ihn über ihre Beine stolpern und Frauen bewarfen ihn mit Unrat. Er wurde aus seiner Heimatstadt Mekka vertrieben, seine Anhänger beraubte man ihrer weltlichen Güter und schickte sie zu ihm in die Wüste. Nach zehnjährigem Predigen hatte er immer noch nichts vorzuweisen, außer Verbannung, Armut und Spott. Dennoch, ehe ein weiteres Jahrzehnt vergangen war, war er Gebieter aller Araber, Herrscher von Mekka und Haupt einer neuen Weltreligion geworden, die sich bis zur Donau und zu den Pyrenäen ausbreitete, ehe ihre Kraft erschöpft war. Die Triebkraft war dreifach: Die Macht der Rede, die Wirkung des Gebets und der Menschen Verwandtschaft mit Gott. Seine Karriere hatte keinen Sinn. Mohammed entstammte dem verarmten Zweig einer vornehmen Familie in Mekka. Weil diese

Stadt, die »Straßenkreuzung der Welt«, Heimat des magischen
Steins der Kaaba, führende Handelsstadt und Knotenpunkt der
wichtigsten Handelsrouten, unhygienisch war, wurden die Kinder
in die Wüste geschickt und von Beduinen aufgezogen. So empfing
auch Mohammed Erziehung, Gesundheit und Stärke aus den Brüsten nomadischer Ammen. Er hütete Schafe und trat, dessen
bald überdrüssig, als Karawanenführer in die Dienste einer reichen
Witwe. Er bereiste alle Teile der östlichen Welt, sprach mit Männern unterschiedlichen Glaubens und nahm den Zerfall des Christentums in einander bekämpfende Sekten wahr. Als er 28 war,
schaute ihn Khadija, die Witwe, verliebt an und heiratete ihn.
Weil ihr Vater gegen eine solche Ehe Einwendungen hatte, machte
sie ihn betrunken und stützte ihn, bis er seinen väterlichen Segen
gegeben hatte. Die nächsten zwölf Jahre lebte Mohammed als
reicher, geachteter und sehr kluger Kaufmann. Dann begann er
in die Wüste hinauszuwandern. Eines Tages kehrte er mit dem
ersten Vers des Koran zurück und erzählte Khadija, der Erzengel
Gabriel sei ihm erschienen und habe gesagt, daß er, Mohammed,
der Prophet Gottes wäre.

Der Koran, das offenbarte Wort Gottes, ist das einzige Faktum,
das in Mohammeds Leben an ein Wunder denken läßt. Er war
kein Dichter, er hat nicht mit Worten gespielt. Dennoch waren
die ihm eingegebenen Verse des Koran, die er den Gläubigen vortrug, besser als irgendwelche Verse, welche die Berufspoeten der
Stämme zu schaffen vermochten. Das war für die Araber das
Wunder. Ihnen galt die Gabe des Wortes als größtes Geschenk,
der Dichter als allmächtig. Außerdem sagte der Koran, daß vor
Gott alle Menschen gleich seien und daß die Welt ein demokratischer Staat sein solle — der Islam. Das war politische Ketzerei;
auch Mohammeds Wunsch, die 360 Götterbilder im Hof der
Kaaba zu zertrümmern, war es — alles das führte zu seiner Verbannung. Lockten diese Idole doch die Wüstenstämme nach Mekka
— zum Nutzen der Kaufleute. So fielen die Geschäftsleute, die
Kapitalisten, von Mekka über Mohammed her, der doch einer
von ihnen war. Damals entwich er in die Wüste und forderte von
nun an die Weltherrschaft.

Die Erhebung des Islam hatte begonnen. Aus der Wüste brach

sich eine lodernde Flamme Bahn und war nicht mehr auszulöschen — ein Heer gleichberechtigter Krieger, die, streitlustig und voller Begeisterung, ohne mit den Wimpern zu zucken ihr Leben einsetzten. Mohammed hatte Juden und Christen aufgefordert, sich mit ihm zu vereinigen; er wollte keine neue Religion begründen. Er rief alle auf, die an Gott glaubten, sich zu einem einzigen Bekenntnis zu vereinigen. Hätten Juden und Christen seinen Vorschlag angenommen, hätte der Islam die ganze Welt erobert. Sie taten es nicht. Sie wollten nicht einmal Mohammeds Neuerung, eine humanere Kriegführung, annehmen. Als die Scharen des Propheten Jerusalem einnahmen, wurde kein einziger Mensch seines Glaubens wegen getötet. Als Jahrhunderte später die Kreuzfahrer die Stadt eroberten, wurde kein Moslem, ob Mann, Frau oder Kind, geschont. Nur eine Idee der Moslems wurde von den Christen übernommen — die Universität.

LEITSÄTZE

Beharrlichkeit stärkt den menschlichen Charakter ebenso wie die Kohle brüchiges Eisen zu hartem Stahl veredelt. Mit Ausdauer entwickeln Sie ein magisches «Geldbewußtsein» und Ihr Unterbewußtsein arbeitet unermüdlich, um Ihre Verlangen nach Wohlstand in bare Münze zu verwandeln.

Das «Inventar» dieses Kapitels bildet die Grundlage für eine objektive Selbstanalyse und zeigt Ihnen den besten Weg zur Entwicklung Ihrer Ausdauer. Von nun an können Sie acht genau umrissene Ziele der Selbstvervollkommnung verfolgen.

Menschen wie Fanny Hurst, Kate Smith oder W. C. Fields lehren uns den Wert der Beharrlichkeit. Mohammed und viele andere beweisen uns, daß diese Tugend den Lauf der Geschichte verändern kann.

Vier einfache Schritte verhelfen Ihnen dazu, *die Ausdauer zu Ihrer Gewohnheit zu machen* und sich gegen alle negativen und entmutigenden Einflüsse, denen Sie bisher unterlegen waren, abzuschirmen.

Wo es hart wird durchzuhalten, halten die Harten durch.

Der neunte Schritt zum Reichtum: Die Macht der »führenden Köpfe«

Ein wirtschaftliches und ein psychisches Gesetz werden zu ungewöhnlich hilfsbereiten Verbündeten. Die Macht der Persönlichkeit hilft Ihnen, Reichtum zu erwerben und Ihr Vermögen zu mehren.

MACHT IST DIE HAUPTSACHE, UM MIT ERFOLG VERMÖGEN ZU BILDEN.

Pläne sind wirkungslos und überflüssig, wenn die Macht fehlt, sie zu verwirklichen. Das folgende Kapitel beschreibt die Methode, die jeder anzuwenden vermag, um Macht zu gewinnen und zu gebrauchen.

Macht kann erklärt werden als »organisiertes und gezielt eingesetztes Wissen«. Macht in der hier gebrauchten Bedeutung ist also jene planmäßige Anstrengung, die den einzelnen dazu befähigt, seinen Wunsch nach Wohlstand in reale Wirklichkeit umzuwandeln. Planmäßige Bemühung bedarf der Zusammenarbeit von zwei oder mehr Menschen, die in harmonischem Geist ein klares Ziel verfolgen.

Macht ist Bedingung für jede Begründung von Vermögen. Macht ist notwendig für die Erhaltung einmal erworbenen Vermögens.

Wir wissen, daß planvoll gesammeltes und angewandtes Wissen die Grundlage der Macht bildet. Wir wollen darum die Quellen der erforderlichen Kenntnisse betrachten:

1. *Die Allumfassende Vernunft:* Wie diese Erkenntnisquelle sich mit Hilfe der schöpferischen Phantasie erschließen läßt, wird in einem anderen Kapitel dargestellt.

2. *Der Schatz unserer Erfahrungen:* Alles Wissen und alle Erfahrungen der Menschheit (oder den uns überlieferten Teil) findet man in jeder guten öffentlichen Bibliothek. Ein großer Teil dieses Wissens wird in Schulen und Hochschulen systematisch gelehrt.

3. *Experiment und Forschung:* In der Wissenschaft wie in der Praxis des Alltags werden immer neue Erkenntnisse gesammelt, geordnet und sinnvoll miteinander verknüpft. Diese Erkenntnisquelle gilt es zu erschließen — und zwar ebenfalls mit Hilfe der schöpferischen Phantasie —, sobald das schriftliche fixierte Wissen keine Lösung anbietet.

Haben wir auf die eine oder andere Weise die erforderlichen Einsichten gewonnen, so verwandeln wir diese mittels klarer Planung in organisierte Macht, die ihrerseits den Schlüssel zum erwünschten Erfolg bietet.

Bei genauer Untersuchung aller dieser Wissensquellen zeigen sich sofort die Schwierigkeiten, die dem Versuch eines einzelnen entgegenstehen, der aus eigener Kraft alle zur Verwirklichung seiner Absichten nötigen Kenntnisse sammeln, in hieb- und stichfeste Pläne fassen und diese erfolgreich durchführen will. Je größer ein Ziel, je umfangreicher die Planung und je schwieriger deren Ausführung, um so dringender bedarf der einzelne der willigen und kraftvollen Unterstützung durch andere.

Andrew Carnegies Erfolgsgeheimnis

Wenn wir in diesem Buch von der Gruppe »führender Köpfe« sprechen, so verstehen wir darunter die Zusammenfassung aller Kenntnisse und Kräfte zweier oder mehrerer Menschen, die harmonisch zusammenarbeiten, um gemeinsam ein klar umrissenes Ziel zu erreichen.

Kein einzelner Mensch besitzt je soviel Macht, wie sie sich in einem solchen Bündnis verkörpert. In einem früheren Kapitel beschrieben wir die Planungsmethode, mit deren Hilfe sich jedes brennende Verlangen nach Reichtum realisieren läßt. Wenn Sie diese Anweisungen mit Ausdauer und Klugheit verfolgen und die richtigen Verbündeten für Ihre Gruppe »führender Köpfe« auswählen, so haben Sie Ihr Ziel schon halb erreicht, ehe Sie es ganz erkennen.

Zum klareren Verständnis des Machtpotentials, über das Sie mit Hilfe eines solchen »Bundes kluger Köpfe« oder »Gehirntrusts« verfügen, erläutern wir Ihnen hier das wirtschaftliche und das physische Gesetz, die beide die Wirksamkeit dieses Instruments begründen. Der wirtschaftliche Aspekt bedarf dabei keiner langen Erklärung. Wer sich des Rates, der Erfahrungen und der Mitarbeit einer solchen Gruppe befähigter Menschen bedient, die im Geiste vollkommener Harmonie ihre Kräfte bereitwillig zur Lösung einer gemeinsamen Aufgabe einsetzen, kann großen wirtschaftlichen und materiellen Erfolgs sicher sein. Nahezu alle großen Vermögen, die je geschaffen worden sind, entstanden aus einer solchen gemeinsamen Anstrengung. Ihr Verständnis für diese bedeutsame Wahrheit entscheidet über Ihre zukünftige Vermögenslage.

Viel schwieriger ist das psychische Gesetz zu erfassen, das den Gehirntrust zu einem so wirkungsvollen Instrument macht. Der folgende Ausspruch dürfte die tieferen Zusammenhänge etwas erhellen: »Es sind nicht zwei Köpfe ständig beieinander, ohne daß eine unsichtbare Kraft entsteht, die — wie ein dritter Geist — nun bei der Lösung der gestellten Aufgabe mitwirkt.«

Der menschliche Geist ist eine Form der Energie, die zu einem Teil die Natur beseelt. Sobald sich die geistigen Energien zweier Menschen in harmonischer Vereinigung einem Gegenstand zuwenden, schaffen die seelischen Bestandteile dieser Energien auf Grund ihrer Wesensverwandtschaft ein zusätzliches Potential — eben jenes psychische Gesetz des Gehirntrusts.

Andrew Carnegie war es, der vor mehr als 50 Jahren meine Aufmerksamkeit besonders auf die wirtschaftliche Seite dieses Phänomens lenkte. Dieser Entdeckung verdanke ich meine Lebensaufgabe.

Mr. Carnegies Gruppe »führender Köpfe« bestand aus einem Stab von etwa 50 Menschen, mit denen er sich umgeben hatte und mit deren Hilfe er sein Lebensziel verfolgte: Stahl herzustellen und zu verkaufen. Er selbst schrieb seinen Reichtum allein der Macht zu, die ihm durch dieses Instrument der geistigen Potentialisierung in die Hand gegeben war.

Analysieren Sie die Vergangenheit von Menschen, die ein großes oder auch nur ein bescheidenes Vermögen angesammelt haben — immer werden Sie erkennen, daß entweder bewußt oder unbewußt das Prinzip des »Gehirntrusts« angewandt worden ist.

Durch kein anderes Prinzip kann größere Macht entstehen.

Sie können mehr Verstand einsetzen, als Sie besitzen

Das menschliche Gehirn mag hier mit einer elekrischen Batterie verglichen werden. Bekanntlich liefert eine größere Anzahl von Batterien nicht nur mehr Kraft als eine einzige, es wächst auch die Leistung einer einzigen Batterie mit der Anzahl ihrer Zellen.

Das menschliche Gehirn arbeitet in ähnlicher Weise. Nur so läßt sich die Tatsache erklären, daß manche Gehirne leistungsfähiger sind als andere. Nur so gelangen wir auch zu der bedeutsamen Feststellung, daß mehrere Köpfe, zu einer harmonischen Gruppe vereinigt (oder verbunden), mehr vollbringen als ein einziger Kopf. Vergessen wir nie: Eine Gruppe von Batterien kann mehr Leistung abgeben, als eine einzige es vermag.

Dieses Bild ist um so einleuchtender, als es erklärt, warum die potenzierte Kraft mehrerer Gehirne nicht nur dem Begründer und Führer eines solchen Bündnisses kluger Köpfe zugutekommt, sondern auch jedem einzelnen seiner Mitglieder, das von der gesamten Kapazität profitiert.

Es ist bekannt, daß Henry Ford zu Beginn seiner Erfolgskarriere erst einmal die Hürden der Armut, des Analphabetentums und der allgemeinen Unwissenheit überwinden mußte. Wir wissen aber auch, daß Mr. Ford innerhalb des unglaublich kurzen Zeitraums von zehn Jahren seine Wissenslücken völlig zu beseitigen vermochte und nach 25 Jahren einer der reichsten Männer Amerikas war. Wenn man darüber hinaus bedenkt, daß der Beginn seines steilen Aufstiegs zeitlich zusammenfiel mit seiner engen freundschaftlichen Bindung an Thomas A. Edison, so ergibt sich daraus ein weiteres überzeugendes Beispiel für den befruchtenden Einfluß eines anderen Geistes auf die Entwicklung des eigenen. Die machtsteigernde Wirkung eines Zusammenschlusses mit anderen läßt sich auch daraus ableiten, daß Fords überragende Leistungen eine weitere Verbindung zeigen zu Harvey Firestone, John Burroughs und Luther Burbank, von denen sich jeder durch bedeutende geistige Fähigkeiten auszeichnete.

Es entspricht der menschlichen Natur, daß wir uns die Art, die Gewohnheiten und die Fähigkeiten jener zu eigen machen, mit denen wir verständnisvoll und harmonisch zusammenarbeiten. Dank seiner Freundschaft mit Edison, Burbank, Burroughs und Firestone erweiterten sich auch Fords Verstandeskräfte um die Intelligenz, die Erfahrungen, das Wissen und die seelischen Kräfte dieser Verbündeten. Auf diese Weise machte er sich das hier beschriebene Prinzip des »Bundes kluger Köpfe« zunutze.

Das gleiche Prinzip nützt auch Ihnen!

In einem anderen Zusammenhang erwähnten wir bereits den Mahatma Gandhi.

Untersuchen wir auch die Methode, durch die er seinen ungeheuren Einfluß erlangte. Sie läßt sich in einem knappen Satz erklären. Seine einmalige Macht rührte daher, daß er 200 Millionen Menschen dafür zu gewinnen vermochte, im Geiste der Harmonie alle Kräfte für ein gemeinsames klares Ziel einzusetzen. Für die hier als Beispiel herangezogene Tatsache ist die spätere Entwicklung belanglos.

Damit vollbrachte Gandhi ein Wunder, denn wie anders kann man es nennen, wenn ein einzelner so viele Millionen Menschen ohne Anwendung von Gewalt zum gemeinsamen Handeln anspornt? Falls Ihnen aber das Wort »Wunder« übertrieben erscheint, so versuchen Sie doch einmal, *für längere* Zeit nur zwei Menschen zu harmonischer Zusammenarbeit zu veranlassen.

Jeder Vorgesetzte oder Unternehmer weiß, wie schwierig es ist, viele Mitarbeiter unter einen Hut zu bringen und zu reibungsloser Zusammenarbeit zu bewegen.

Wie Sie sich erinnern, nannten wir die Allumfassende Vernunft als erste Erkenntnisquelle. Sobald nun zwei oder mehr Menschen im Geiste der Harmonie an der Verwirklichung eines gemeinsamen Zieles arbeiten, öffnet ein so geartetes Bündnis ihnen den unmittelbaren Zugang zu den kosmischen Kraftquellen der Allumfassenden Vernunft. Es gibt keine größere Macht als diese; sie ist es auch, die das Genie und jeder wirklich bedeutende Führer bewußt oder unbewußt zu Hilfe rufen.

Die beiden anderen Hauptquellen des jeder Macht zugrunde liegenden Wissens sind dagegen nicht mehr und nicht weniger zuverlässig als unsere fünf Sinne. Und wer könnte sich auf diese schon zu jeder Zeit und unbedingt verlassen?

Genaue Anleitungen, wie die Verbindung zur Allumfassenden Vernunft am besten aufgenommen werden kann, sind späteren Kapiteln vorbehalten.

Dieses Buch ist keine Abhandlung über Religion. Keiner der hier dargelegten Grundsätze steht in Widerspruch zu irgendwelchen religiösen Überzeugungen. Das Buch dient lediglich dem Zweck, jeden Leser darin zu unterweisen, wie er seinen Traum von Reichtum praktisch verwirklichen kann.

Lesen Sie, *durchdenken* Sie und *meditieren* Sie das Gelesene! Dann wird der Inhalt dieses Buches sich Ihnen vollständig öffnen und Sie werden den richtigen Blickwinkel finden. Denn dann erkennen Sie die vielfältigen Verästelungen des in allen Kapiteln enthaltenen Wissens.

Armut braucht keinen Plan

Geld ist zurückhaltend und schwer zu fassen. Es will umworben und gewonnen werden wie eine spröde Geliebte. Dazu bedarf es aber nicht nur einer ähnlichen Methode, sondern auch festen Vertrauens. Und weiter sind notwendig brennendes Begehren und Ausdauer. Alles das muß Gestalt annehmen in einem überlegten Plan, den es schließlich in die Tat umzusetzen gilt.

Jedem, der diese Voraussetzungen erfüllt, strömt das Geld zu, er braucht nur noch die Hände geöffnet zu halten. Es gibt da einen großen, unsichtbaren Kraftstrom, einem Fluß vergleichbar, führte er nicht zwei entgegegesetzte Strömungen, deren eine den Menschen zu Ruhm, Wohlstand und Reichtum führt, deren andere aber alle, die sich nicht rechtzeitig retten, mit Not und Elend überflutet.

Wer bereits ein großes Vermögen erworben hat, weiß von der Existenz dieses Kraftstroms. Er weiß, daß dieser nichts anderes ist als der Strom unserer Gedanken. Wer positiv denkt, den trägt die Strömung zu Glück und Reichtum. Jeden aber, der sich negativen Gedanken hingibt, zieht sie hinab in Armut und Not.

Diese Einsicht ist von entscheidender Bedeutung für jeden Menschen, der nach Reichtum strebt.

Wenn Sie sich auf der falschen Seite des Kraftstroms befinden, kann diese Wahrheit zu einem Leitstern werden, der Sie aus Ihrer gefährlichen Lage führt. Die Richtung zu wissen, genügt aber nicht — Sie müssen diese auch wirklich einschlagen, der Einsicht muß auch die Tat folgen.

Armut und Reichtum wechseln oft die Plätze. Wenn Reichtum an die Stelle von Armut tritt, vollzieht sich dieser Wechsel gewöhnlich mit Hilfe eines sorgfältig durchdachten und genau ausgeführten Plans. Wer aber »von Daunen auf Stroh« fallen will, der bedarf dazu keines Planes. Denn die Armut ist keck und holt sich ihre Opfer selbst, ohne dazu erst lange ermutigt zu werden. Nur der Wohlstand ist schüchtern und zurückhaltend. Sie müssen ihn »anziehen«.

LEITSÄTZE

Andrew Carnegies größter Beitrag zum persönlichen und geschäftlichen Erfolg — der Bund »kluger Köpfe« — steht Ihnen zur Verfügung. Er stellt den besten Weg dar, um systematisch erlangte Kenntnisse gezielt einzusetzen und in lebenslangen Erfolg und Macht zu verwandeln.

Der menschliche Geist ist eine Form der Energie. Vereinigt sich der Geist zweier oder mehrerer Menschen in harmonischer Zusammenarbeit, so entsteht nicht nur zusammengefaßte, potenzierte Energie, sondern auch eine dritte, unsichtbare Kraft, der wir besonders tiefe Einsichten zu verdanken haben.

Reichtum verlangt Planung und Organisation. Wer arm bleiben oder werden will, braucht dagegen nur die Hände in den Schoß zu legen.

Drei Hauptquellen konzentrierter Geisteskraft stehen Ihnen zur Verfügung. Sie sind allen zugänglich, die sie zu nützen wissen — ab sofort auch Ihnen.

Glück ist im Tun zu erfahren, nicht nur im Besitzen.

Der zehnte Schritt zum Reichtum: Das Geheimnis von der Umwandlung der Geschlechtskraft

Sie erfahren, wie die in jedem Menschen vorhandenen großen Reserven der Geschlechtskraft helfen, Wohlstand zu erlangen. Sie werden verstehen lernen, wie Frauen ihren Männern zum Erfolg verhelfen können, wenn sie diese alte Wahrheit anwenden.

Der Begriff »Transmutation« läßt sich am leichtesten verstehen als »Umwandlung oder Übertragung einer Grundsubstanz oder einer Energieform in eine andere«.

Sobald sich geschlechtliche Energien in Form eines Gefühls äußern, schaffen sie eine bestimmte Geisteshaltung.

Diese geistige Einstellung wird von Unwissenden häufig mit dem eigentlichen Geschlechtsakt in Verbindung gebracht. Weil unglücklicherweise die meisten Menschen auf ebenso ungeschickte wie falsche Art in geschlechtliche Probleme eingeführt werden, haftet in ihrer Vorstellung der körperlichen Liebe immer etwas Unreines an, ohne daß sie sich von dieser Voreingenommenheit je ganz befreien können.

In Wirklichkeit erfüllt der Geschlechtstrieb drei positive Aufgaben:

1. Den Fortbestand der Menschheit zu sichern.
2. Die Erhaltung der Gesundheit (als therapeutisches Mittel hat er nicht seinesgleichen).
3. Die Verwandlung des Durchschnittsmenschen in ein Genie durch Transmutation.

Diese Umwandlung der Geschlechtsenergie ist leicht und mühelos zu erklären. Sie beabsichtigt das Umschalten nur körpergerichteter Antriebe auf Gedankeninhalte und -funktionen einer anderen Ebene.

Geschlechtliche Lust ist die am stärksten ausgeprägte menschliche Begierde. Wer durch diesen Trieb angespornt wird, vervielfacht nicht nur die Produktivität seiner Phantasie, seinen Mut, seine Willenskraft und seine Ausdauer, er entwickelt auch schöpferische Fähigkeiten, die ihm sonst unbekannt sind. So stark und zwingend kann das Verlangen nach geschlechtlicher Vereinigung sein, daß manche Menschen ihm ungehemmt und offen nachgeben und dafür ihr Leben wie ihren Ruf aufs Spiel setzen. Wird diese mächtige Energie aber in andere Kanäle umgeleitet und anderen Zwecken dienstbar gemacht, so kommen alle ihre positiven und beflügelnden Begleiterscheinungen der jeweils gewählten Ersatzbetätigung zugute, gleichgültig ob man sich nun entscheidet Bücher zu schreiben, Bilder zu malen, Skulpturen zu schaffen oder seine berufliche Karriere zu fördern. Ebenso fruchtbar ist die umgeleitete Geschlechtskraft für die Befriedigung unseres Verlangens nach Reichtum.

Die Umwandlung der Geschlechtskraft erfordert zwar eine beträchtliche Willensanstrengung, aber die Belohnung macht dies der Mühe wert. Das Verlangen nach sexueller Betätigung ist angeboren und natürlich. Es kann und soll nicht unterdrückt oder ausgetilgt werden. Aber durch zu findende neue Formen seines überhöhten Ausdrucks können Leib, Seele und Geist veredelt werden. Wird der Weg zu solcher Erneuerung der Ausdrucksform nicht gefunden, so bricht der Geschlechtstrieb sich weiterhin durch bloße physische Kanäle Bahn und geht der menschlichen Entwicklung verloren.

Ein Fluß kann zurückgestaut und sein Pegel für einige Zeit kontrolliert werden, aber schließlich wird er doch einen Durchlaß erzwingen. Dasselbe gilt für die Leidenschaft des Geschlechtstriebs: Er läßt sich für einige Zeit unterdrücken und beherrschen, aber als natürliche Veranlagung wird er immer wieder danach drängen, sich zu äußern. Wird er nicht irgendeiner schöpferischen Anspannung zugeleitet, so wird er immer auch ein weniger würdiges Ventil finden.

Die treibende Kraft des Geschlechts

Wirklich glücklich wird der Mensch erst, wenn es ihm gelingt, den Geschlechtstrieb zu sublimieren und in schöpferische Kraft zu verwandeln. Die wissenschaftliche Forschung hat die beiden hier folgenden bedeutsamen Tatsachen entdeckt:

1. Die bedeutendsten Leistungen werden von Menschen mit höchstentwickelter geschlechtlicher Potenz vollbracht, welche die Kunstfertigkeit erworben haben, ihren Geschlechtstrieb umzuleiten.
2. Die reichsten Männer dieser Erde und die berühmtesten Vertreter der Literatur, Kunst, Architektur, der Industrie und Geschäftswelt sowie der akademischen Berufe verdanken ihre außergewöhnlichen Erfolge dem positiven Einfluß einer Frau.

Diese Einsicht verdanken wir dem sorgfältigen Studium von Biographien und historischen Quellen, die nicht selten weiter als 2000 Jahre zurückreichen. In allen Fällen gelang der Nachweis, daß außerordentliche Leistungsfähigkeit Hand in Hand geht mit überdurchschnittlicher sexueller Potenz.

Der richtig eingesetzten Geschlechtskraft kann kein Hindernis standhalten. Unter dem Einfluß dieser Triebkraft entfaltet der Mensch nahezu übermenschliche Energien. Die Transmutation stellt also das eigentliche Geheimnis aller schöpferischen Fähigkeiten dar.

Wer die Geschlechtsdrüsen eines Menschen oder eines Tieres ausschaltet, beraubt ein Lebewesen der eigentlichen Hauptquelle seiner Energie. Denken Sie in diesem Zusammenhang nur an den sichtbaren Unterschied zwischen einem Stier im Vollbesitz seiner Kraft und einem willenlos gewordenen zahmen Ochsen.

Reize für den Geist: gut und böse

Der menschliche Geist antwortet auf Reize, durch die er »hochgespannt« wird zu höheren Schwingungsgeschwindigkeiten, mit Enthusiasmus, schöpferischer Phantasie, stärkerem Verlangen usw. Durch bewußt ausgewählte und gezielt eingesetzte Anreize läßt sich also die Intensität geistiger Vorgänge wesentlich steigern. Zu den wirksamsten geistigen Reizen zählen:

1. Die Sehnsucht nach sexueller Erfüllung
2. Die Liebe
3. Das Verlangen nach Ruhm, Macht, Gewinn oder Geld
4. Die Musik
5. Ein Freundschaftsbund zwischen Menschen gleichen oder verschiedenen Geschlechts

6. Eine Vereinigung »kluger Köpfe«, erfüllt von der Harmonie zweier oder mehrerer Menschen, die sich zum gemeinsamen seelischen, geistigen oder materiellen Vorteil verbinden
7. Von Schicksalsgenossen gemeinsam ertragenes Leid
8. Die Autosuggestion
9. Die Furcht
10. Rauschgifte und Alkohol

Die Sehnsucht nach sexueller Befriedigung übt den stärksten Anreiz auf unseren Denkprozeß wie auf unseren Betätigungsdrang aus. Acht der oben angeführten Anregungen sind positiv und natürlich. Nur zwei wirken zerstörerisch.

Irgendein Neunmalkluger sagte einmal, das Genie sei »ein Mensch, der lange Haare hat, komisches Zeug ißt, allein lebt und den Witzblättern als Zielscheibe dient«. In Wirklichkeit darf sich aber nur jener als Genie bezeichnen, der »entdeckt hat, wie sich die geistige Leistungsfähigkeit so weit steigern läßt, daß sie uns Wissensquellen öffnet, die dem Durchschnittsmenschen verschlossen bleiben«.

Der kritische Leser wird sich auch mit der zweiten Definition noch nicht zufrieden geben. Seine erste Frage wird lauten: »Wie ist die Verbindung herzustellen zu solchen Wissensquellen, die dem üblichen Denken unerreichbar sind?«

Und die nächste Frage ist: »Wer kennt diese nur dem Genie zugänglichen Wissensquellen, welche sind es und wie kann *ich* sie *mir* erschließen?«

Statt diese beiden Fragen nur theoretisch zu erörtern, bieten wir im folgenden Beweisgründe an, von deren Richtigkeit sich jeder Leser durch eigenes Experimentieren überzeugen kann.

Ihr sechster Sinn: Die schöpferische Phantasie

Die Realität des sogenannten »sechsten Sinnes« gilt als hinreichend gesichert. Der sechste Sinn ist die schöpferische Phantasie. Von den Fähigkeiten dieser schöpferischen Vorstellungskraft machen die meisten Menschen ihr ganzes Leben hindurch keinen Gebrauch, und benutzen sie sie wirklich einmal, dann nur zufällig und ebenso absichts- wie planlos. Nur eine geringe Anzahl von Menschen setzt die Gabe der schöpferischen Phantasie überlegt und gezielt ein. Wer das tut, bewußt und in voller Kenntnis der eigentlichen Natur wie der Funktionsweise dieser Geistesgabe, ist ein Genie.

Die Begabung zur schöpferischen Phantasie bildet das Bindeglied zwischen dem begrenzten Verstand des Menschen und der Allumfassenden Vernunft. Alle aus der Religionsgeschichte bekannten »Offenbarungen«, alle Entdeckungen natürlicher Kräfte und Gesetze und deren Anwendung mit Hilfe praktischer Erfindungen sind Werke dieser schöpferischen Phantasie.

Eine höhere Ebene des Denkens

Ideen, Gedankenblitze oder — wie der Volksmund sie nennt — »Vorahnungen«, die im menschlichen Bewußtsein aufleuchten, entstammen immer einer oder mehrerer der hier zu nennenden Quellen:

1. Der Allumfassenden Vernunft.

2. Dem Unterbewußtsein, das jede Wahrnehmung und jeden Gedanken, der jemals unser Gehirn durch Vermittlung eines der fünf Sinne erreichte, gespeichert hat.

3. Dem Kopf irgendeines anderen Menschen, der gerade eben diesen Gedanken oder das Bild dieser Idee oder des Gedankenblitzes durch bewußtes Denken ausgelöst hat.

4. Der unerschöpflichen Schatzkammer unterbewußten Wissens anderer Menschen.

Weitere Quellen der Inspiration wurden bisher nicht nachgewiesen.

Sobald die geistige Tätigkeit durch eine oder mehrere der weiter oben genannten zehn Anregungen belebt wird, erweitert sich der geistige Horizont in ungeahntem Umfange. Das gesamte Denken wird auf eine wesentlich höhere Ebene verlagert, als jene es ist, die wir bei der nur intellektuellen Beschäftigung mit den gewohnten geschäftlichen oder beruflichen Problemen erreichen.

Wer zu dieser höheren Gedankenebene aufzusteigen vermag, befindet sich etwa in der gleichen Situation wie der Pilot eines Flugzeugs, der in großer Höhe ja auch einen viel weiteren Gesichtskreis beherrscht als am Boden. Ein solcher geistiger Höhenflug befreit uns von allen störenden Einflüssen, die sich aus der Beschäftigung mit alltäglichen Problemen immer ergeben. Unser Blick schweift — wie der des Piloten

— frei in die Weite, ohne durch Berge und andere natürliche Begrenzungen behindert zu werden.

Auf dieser überhöhten Ebene des Denkens kann sich die schöpferische Fähigkeit unseres Geistes frei entfalten. Nichts hindert mehr unseren sechsten Sinn daran, seine Aufgabe zu erfüllen. Jetzt entdeckt unser geistiges Auge Möglichkeiten, die ihm zuvor entgangen waren. Der sechste Sinn ist tatsächlich die unersetzliche Gabe, durch die das Genie sich vom gewöhnlichen Sterblichen unterscheidet.

Die innere Stimme

Durch ständiges Üben wird die schöpferische Phantasie immer aufnahmefähiger für Faktoren und Anregungen, deren Ursprünge außerhalb des eigenen Unterbewußtseins liegen.

Auch das sogenannte »Gewissen« ist im Grunde nichts anderes als eine Wirkungsweise dieses sechsten Sinnes.

Die großen Künstler, Schriftsteller, Dichter und Musiker verdanken ihre Bedeutung vor allem der Gewohnheit, ihre schöpferische »Einbildungs«-Kraft für jene »leise Stimme« zu schärfen, die in uns spricht. Gerade sie, die am reichsten mit Phantasie gesegnet sind, wissen sehr genau, daß ihre besten Ideen »Eingebungen« entstammen.

Ich kenne einen bedeutenden Redner, dessen volle Wortgewalt sich erst dann entfaltet, wenn er seine Augen schließt und nur noch der Stimme seiner schöpferischen Phantasie lauscht. Als man ihn einmal fragte, warum er immer unmittelbar vor den Höhepunkten seiner Rede die Augen schließe, antwortete er: »Weil mir dann meine Worte von einer inneren Stimme eingegeben werden.«

Eine der erfolgreichsten und bekanntesten Finanzgrößen Amerikas saß grundsätzlich zwei bis drei Minuten lang schweigend und mit geschlossenen Augen da, ehe er eine wichtige Entscheidung fällte. Wurde er nach dem Grund gefragt, so erklärte er: »Mit meinen geschlossenen Augen bin ich fähig, eine Quelle überragender Weisheit zu öffnen.«

»Ansitzen« auf Ideen

Der spätere Dr. Elmar R. Gates (von Chevy Chase, Maryland) entwickelte mehr als 200 nützliche Patente, darunter viele von grundlegender Bedeutung, mit Hilfe seiner hochentwickelten schöpferischen

Phantasie. Seine Methode war ebenso bezeichnend wie faszinierend für einen die Legitimation des Genies empfindenden Beobachter — einer Kategorie, zu der Dr. Gates fraglos zu zählen ist, war er doch, obgleich der Öffentlichkeit kaum bekannt, einer der wirklich großen Wissenschaftler der Welt.

In seinem Laboratorium besaß er ein kleines Zimmer, das er als »privaten Kommunikationsraum« bezeichnete. Dieser war praktisch schalldicht und ließ sich durch Betätigung eines Schalters vollständig verdunkeln. Darin stand ein kleiner Tisch, darauf lag ein Schreibblock, davor stand ein einfacher Stuhl. Wenn Dr. Gates der ihm jederzeit zugänglichen Quellen seiner schöpferischen Vorstellungskraft bedurfte, zog er sich in diesen Raum zurück, setzte sich an den Tisch, schaltete das Licht aus und *konzentrierte* sich auf die bereits *bekannten* Faktoren der ihn gerade beschäftigenden Neuentwicklung. In diesem Zustand äußerster Konzentration verharrte er, bis sich in einer plötzlichen Erleuchtung die gesuchte Lösung darbot.

Bei einer dieser Gelegenheiten strömten ihm Ideen in solcher Fülle zu, daß er gezwungen war, sie drei Stunden lang niederzuschreiben. Als dann der Gedankenfluß endete und er seine Notizen überprüfte, fand er darin zu seiner Überraschung nicht nur die ideale Lösung seines augenblicklichen Problems, sondern darüber hinaus eine Reihe bis ins kleinste ausgearbeiteter Erkenntnisse, die für die wissenschaftliche Welt jener Tage eine sensationelle Neuheit darstellten.

Dr. Gates verdiente sich seinen Lebensunterhalt durch »Ansitzen auf Ideen«. Einige der großen Unternehmen Amerikas zahlten ihm außergewöhnliche Honorare für die Stunde »Ansitzen«.

Unser Urteilsvermögen irrt häufig, weil es nur von unseren persönlichen Erfahrungen und Einsichten gelenkt wird. Nicht alles Wissen, das wir durch praktische Erfahrungen gewonnen haben, ist zutreffend. Ideen, vermittelt durch die schöpferische Phantasie, sind oft weit zuverlässiger, denn sie entstammen einer glaubwürdigeren Quelle, als Erinnerungen und Urteilsvermögen unseres Verstandes es sind.

Auch Sie können ein Genie werden

Der Hauptunterschied zwischen dem Genie und dem »Pumpenschwengelerfinder« besteht in der Tatsache, daß das Genie mit der ihm eigenen Fähigkeit der schöpferischen Phantasie arbeitet, während der

»Pumpenschwengel« von dieser Fähigkeit noch nie etwas gehört hat. Der wissenschaftliche Erfinder bedient sich sowohl der synthetischen Phantasie als auch der schöpferischen Fähigkeiten seiner Vorstellungskraft.

Der systematische Erfinder zum Beispiel beginnt an einer Erfindung zu arbeiten, indem er bekannte Ideen oder Prinzipien sammelt, gliedert und mit Hilfe seiner synthetischen Fähigkeit (der Urteilskraft) mit eigenen oder fremden Erfahrungen vergleicht und verbindet. Findet er, das zur Verfügung stehende Material sei unzureichend für die Vollendung seiner Arbeit, so wendet er sich jenen Wissensquellen zu, die ihm dank seiner schöpferischen Phantasie zur Verfügung stehen. Die Methode, deren er sich hierbei bedient, mag sich zwar individuell unterscheiden, im wesentlichen aber nimmt sie diesen Verlauf:

1. Er stimmt seinen Geist so, daß dieser mit höchster Intensität zu arbeiten beginnt, sobald einer oder mehrere der zur Wahl stehenden geistigen Reize ihn ansprechen.

2. Er konzentriert sich auf die bereits bekannten Faktoren (den bereits abgeschlossenen oder aus anderen Entwicklungen zugrunde gelegten Teil) seiner Erfindung und läßt dann vor seinem geistigen Auge das klare Bild der noch unbekannten Faktoren (des unvollendeten Teiles) seiner Erfindung entstehen. Dieses Vorstellungsbild hält er fest, bis es sich seinem Unterbewußtsein eingeprägt hat. Dann erwartete er in völliger körperlicher und geistiger Entspannung die Antwort, die in seinem Geist aufleuchten wird.

Manchmal stellt sich diese Antwort sofort und in Gestalt einer ganz klaren Lösung ein. Es geschieht jedoch auch, daß sich ein erwartetes Bild nur zögernd, verschwommen oder gar nicht einfindet. Der Erfolg solcher Bemühungen hängt in jedem Fall ab vom Entwicklungsgrad der schöpferischen Phantasie und von der augenblicklich vorhandenen geistigen Aufnahmebereitschaft.

Thomas A. Edison ordnete mit Hilfe seines rationalen Verstandes die ihm bekannten Daten zu mehr als zehntausend verschiedenen Kombinationen an, ehe ihm seine schöpferische Phantasie endlich das letzte Detail lieferte, dessen er zur Vervollkommnung der Glühbirne noch bedurfte. Einen ähnlichen Verlauf nahm seine Erfindung des Grammophons.

Für die tatsächliche Existenz der schöpferischen Phantasie gibt es viele zuverlässige Beweise. Ihr allein sind die Erfolge aller jener Menschen zuzuschreiben, die trotz mangelhafter Ausbildung Spitzenpositionen auf ihrem jeweiligen Tätigkeitsgebiet erreichten. Lincoln ist ein glänzendes Beispiel für den Typ des Führungsmenschen, der seine Größe der Entdeckung und Anwendung seiner schöpferischen Phantasie verdankte. Hier war es die Liebe zu Ann Rutledge, die den ersten Anstoß zum Erfolg gab, indem sie seine geistigen und schöpferischen Fähigkeiten beflügelte, ein Beispiel für die Rolle, welche die Liebe einer Frau im Leben eines Genies zu spielen vermag.

Die Transmutation der Geschlechtskraft

Die Blätter der Geschichte berichten von einer großen Anzahl bedeutender Männer, deren außerordentliche Leistungen unmittelbar auf Beeinflussung durch Frauen zurückzuführen sind. Diese regten die sexuellen Energien ihrer Partner an und belebten so gleichzeitig auch deren schöpferische Fähigkeiten. Auch Napoleon Bonaparte zählte zu jenen Männern. Solange ihn seine erste Frau Josephine inspirierte, war er unwiderstehlich und unbesiegbar. Als er sich aber, der Stimme der »Vernunft« folgend, von Josephine trennte, begann sein Abstieg. Die endgültige Niederlage und die Verbannung nach St. Helena ließen nicht mehr lange auf sich warten.

Wäre es nicht taktlos, so könnten wir hier eine ganze Reihe sehr bekannter Amerikaner — und Europäer — aufführen, die ihre außerordentlichen Leistungen dem anregenden Einfluß ihrer Frauen verdankten, die jedoch in Not gerieten, als Geld und Macht ihnen zu Kopfe stiegen und sie ihre »alten« Frauen gegen »neue« umtauschten. Napoleon war nicht der einzige, der schließlich erkennen mußte, daß der »richtige« weibliche Einfluß durch keinerlei »vernünftige« Maßnahmen zu ersetzen ist.

Der menschliche Geist beantwortet Anregungen!

Der bedeutendste und wirkungsvollste aller Reize geht vom Geschlechtstrieb aus. In die richtigen Bahnen gelenkt, tragen seine Energien die Menschen in jene höhere Sphäre des Denkens empor, in der unsere geistig-seelischen Fähigkeiten nicht mehr von alltäglichen Problemen und Sorgen beeinträchtigt sondern aufgeschlossen werden für den eigentlichen Schöpfungsvorgang.

In der Absicht, Ihr Gedächtnis aufzufrischen, nennen wir hier in Übereinstimmung mit biographisch belegten Tatsachen die Namen einiger weniger bedeutender Männer, deren außergewöhnliche Erfolge ihrem überdurchschnittlichen sexuellen Potential entsprachen. Ihre geniale Veranlagung gelangte erst als Folge der Umwandlung ihrer Geschlechtsenergie zur vollen Entfaltung: George Washington, Thomas Jefferson, Napoleon Bonaparte, Elbert Hubbard, William Shakespeare, Elbert H. Gary, Abraham Lincoln, Woodrow Wilson, Ralph Waldo Emerson, John H. Patterson, Robert Burns, Andrew Jackson, Enrico Caruso. Zweifellos sind Ihnen selbst weitere Persönlichkeiten bekannt, die es ebenfalls verdienen würden, zu diesen Beispielen gezählt zu werden. Niemandem aber wird es gelingen, auch nur einen einzigen Menschen zu entdecken, dessen außergewöhnliche Leistungsfähigkeit, auf welchem Gebiet auch immer, nicht durch besonders hochentwickelte und sublimierte Sexualkraft gesteigert worden wäre.

Falls Ihnen die Biographien verstorbener Persönlichkeiten als Quellen nicht zuverlässig genug erscheinen, sehen Sie sich doch einmal unter den erfolgreichen Männern Ihres eigenen Bekanntenkreises um und versuchen Sie darunter nur einen zu entdecken, der nicht auch über beträchtliche geschlechtliche Energie verfügt.

Die Geschlechtskraft ist die schöpferische Kraft aller Genies. *Niemand war oder wird je ein großer Führer, Baumeister oder Künstler, wenn es ihm an dieser treibenden Kraft des Geschlechts mangelt oder wenn er diese Kraft nicht umzuwandeln und für sein Ziel einzusetzen vermag.*

Gewiß wird niemand diese Feststellungen in dem Sinne mißverstehen, daß ich jeden als Genie bezeichne, der über einen hochentwickelten Geschlechtstrieb verfügt. Zum Range eines Genies erhebt sich nur, wer seinen Geist so anzuregen vermag, daß dieser mit allen verfügbaren Kräften seiner schöpferischen Phantasie die Imagination herbeiführen kann. Die sexuelle Energie dient dabei nur als besonders wirkungsvolle Kraftquelle, deren bloßer *Besitz* noch kein Genie schafft. Die Kraft muß zuvor aus dem Bedürfnis nach körperlicher Befriedigung in eine *andere Form des Verlangens und der Haltung umgewandelt werden,* ehe sie einen Menschen in den Rang eines Genies erhebt.

Die meisten Menschen mißverstehen und mißbrauchen diese Kräfte und lassen sich von ihnen auf die Stufe animalischer Freuden hinunterziehen, statt zur geistigen Höhe des Genies emporzustreben.

Oft wird die Geschlechtskraft verschwendet

Im Verlaufe meiner Analysen von mehr als 25 000 Menschen entdeckte ich, daß hervorragende Leistungen nur in seltenen Ausnahmefällen vor dem 40. Lebensjahr erzielt werden. Die meisten Männer sind auf dem Scheitelpunkt ihres Erfolgs bereits über 50 Jahre alt. Ich fand diesen Umstand so erstaunlich, daß ich seinen Gründen mit besonderer Sorgfalt nachspürte.

Dabei ergab sich, daß die meisten Männer außergewöhnliche Leistungen nur deshalb erst im vorgerückten Alter vollbringen, weil sie zuvor den Großteil ihrer sexuellen Energien zum Zwecke physischer Befriedigung verbrauchen. Die meisten Männer lernen *nie*, daß es für sexuelle Energie wesentlich nützlichere Verwendungsmöglichkeiten gibt, als der nur physische Gebrauch es ist. Und jene, die schließlich doch zu dieser Erkenntnis gelangen, haben bis zu diesem Alter *bereits die Jahre verloren*, in denen diese Triebkraft ihren Höhepunkt erreicht. Erst wenn mit wachsender Einsicht die geschlechtlichen Energien sublimiert werden, stellen sich die großen Erfolge ein.

Charakteristisch für das Leben vieler Männer um vierzig und darüber ist das Ergebnis eines Rückblicks auf die vorausgegangene Zersplitterung ihrer Kräfte, die — in bessere Kanäle gelenkt — auch größere Erfolge bewirkt hätten. Ihre wertvollen und starken Empfindungen haben sie in alle vier Winde ausgestreut — eine der für besonders mannhaft erachteten Gewohnheiten, die den Anstoß zur Prägung des Wortes »säend seinen wilden Hafer« gegeben haben mag und »sich austoben« meint.

Das Verlangen, sich sexuell auszuleben, ist die weitaus stärkste gefühlsgebundene Regung im Menschen. Aber es ist sehr vernünftig, dieses Bedürfnis *gezügelt und umgewandelt* über den nur physischen Vorgang zu erheben und die freiwerdenden Kräfte für ein höheres Ziel einzusetzen.

Die Natur schenkt wirksame Stimulanzien

Die Geschichte ist nicht arm an Männern, die sich mit Alkohol, Narkotika oder irgendwelchen anderen Reizstoffen zu genialen Leistungen ansportnten. Edgar Allan Poe[1] schrieb sein berühmtes Gedicht »Der Rabe« im Alkoholrausch, »... Träume träumend, die Sterbliche nie

---

[1] Amerikanischer Dichter, 1809—1849.

vorher zu träumen wagten«. James Whitcomb Riley[2] schrieb seine besten Werke ebenfalls unter der Einwirkung von Alkohol. So lassen sich wohl auch seine visionären Erlebnisse erklären, in denen »Wirklichkeit und Traum in Harmonie verschmelzen«. Robert Burns[3], einer der berühmtesten Vertreter der romantischen Dichtung Schottlands, sprach gleichfalls gern der Flasche zu.

Aber halten wir ruhig fest, daß der Mißbrauch von Alkohol das Genie nicht nur niemals wachruft, sondern daß er es schließlich auch völlig zerstört. Die Natur hat ihre eigenen Tränke vorbereitet, um ohne Gefahr unseren Geist anzuregen und »göttliche Funken« in uns zu entzünden. Und bis heute hat noch niemand einen befriedigenden Ersatz für diese natürlichen Anregungsmittel gefunden.

Den Psychologen ist die enge Beziehung zwischen der sexuellen Triebkraft und dem Drang zu mystischem Erleben bekannt. Die Religionsgeschichte der Antike ist besonders reich an Beispielen für rituelle Orgien, wie sie in manchen Teilen der Welt auch heute noch eine gewisse Rolle spielen.

Aber Welt und Leben sind seither genau geregelt und das Geschick der Zivilisation wird von den menschlichen Gefühlen bestimmt. Die Menschen sind in ihrem Handeln abhängig, und dies nicht so sehr von Einsicht wie von ihren Stimmungen. Die schöpferischen Fähigkeiten aber haben ihren Ursprung einzig und allein im Bereich der Gefühle und *nicht etwa in dem der kalten Vernunft.* Zwar sind neben der mächtigsten menschlichen Gefühlsregung, dem Geschlechtstrieb, noch die anderen bereits beschriebenen natürlichen Anregungen vorhanden, doch läßt sich weder der Wirkungsgrad einer einzelnen noch die zusammengeballte Wirksamkeit aller mit der ungeheuren Triebkraft der sexuellen Potenz vergleichen.

Unter einem geistigen Stimulans verstehen wir jeden Einfluß, der die Intensität des Denkens vorübergehend oder dauernd steigert. Die früher schon erwähnten zehn Hauptanregungen stellen nicht nur die wirksamsten sondern auch die am häufigsten benutzten geistigen Stimulanzien dar. Sie stellen die Verbindung her zur Allumfassenden Vernunft und zu dem Schatz an Wissen, der im eigenen Unterbewußtsein oder in dem eines anderen darauf wartet, gehoben zu werden. *Wer diese Kunst meistert, ist ein Genie.*

[2] Amerikanischer Schriftsteller, 1849—1916.
[3] 1759—1796.

Sexuelle Potenz und Verkaufserfolg

Ein Spezialist, der mehr als 30000 Verkäufer und Vertreter ausgebildet hat, entdeckte dabei zu seinem Erstaunen, daß die geschlechtlich aktivsten Männer meist vorzügliche Verkäufer sind. Die Erklärung dafür ist, daß die sogenannte »persönliche Ausstrahlung« oder »Anziehungskraft« als eine ihrer Erscheinungsformen mit sexueller Energie identisch ist. Geschlechtlich aktive Menschen besitzen immer einen Überfluß an »Magnetismus«. Wer diese Zusammenhänge erkennt und seine vitale Kraft zu nutzen weiß, wird leicht andere für sich einnehmen und in seinem Sinne beeinflussen. Diese Energie teilt sich unseren Mitmenschen mit durch

1. *Händedruck:* Die Berührung der Hände verrät, ob magnetische Kraft vorhanden ist oder nicht.
2. *Stimme:* Magnetismus oder sexuelle Kraft verleihen der Stimme Schönheit und Vollklang.
3. *Körperhaltung, Auftreten:* Menschen mit großen sexuellen Energiereserven zeigen in Haltung und Bewegung vollendete Körperbeherrschung und Grazie.
4. *Gedankliche Schwingungen:* Sehr vitale Menschen verstehen es, in allen Äußerungen ihren animalischen Magnetismus mitschwingen zu lassen und ihre Umwelt auf diese subtile Weise zu beeinflussen.
5. *Äußere Erscheinung:* Mit starken sexuellen Energien ausgestattete Menschen legen meist besonderen Wert auf ihre äußere Erscheinung. Sie wirken immer gepflegt und wissen sich vorteilhaft zu kleiden.

Jeder erfahrene Personalchef wird einen Verkäufer bevorzugen, der diese Anziehungskraft ausstrahlt. Ohne sexuelle Energie kann man weder sich selbst noch andere begeistern — und Begeisterungsfähigkeit ist die wichtigste Voraussetzung für jeden Verkaufserfolg.

Ohne diesen Magnetismus kann kein Redner, Prediger, Rechtsanwalt oder Vertreter hoffen, andere in seinem Sinne und zu seinem Vorteil zu beeinflussen. Die Tatsache, daß sich Menschen durch nichts leichter beeinflussen lassen, als durch einen Appell an ihre Gefühle, bestimmt die Bedeutung dieses animalischen Magnetismus. Die größten »Verkaufskanonen« erzielen ihre außergewöhnlichen Erfolge ganz einfach durch die mitreißende Begeisterung und Überzeugungskraft, in die sie ihre sexuellen Energien umzuwandeln verstehen.

Wer seine sexuellen Energien nicht nur einem höheren Zwecke dienstbar zu machen, sondern diesen selbst mit einer Begeisterung zu verfolgen imstande ist, als handle es sich dabei ebenfalls um die Befriedigung seines Naturtriebs, der beherrscht die Kunst der Transmutation, selbst wenn er diesen Begriff noch nie gehört hat. In der Tat ist den meisten erfolgreichen Vertretern und Verkäufern gänzlich unbekannt, wie und warum sie ihre hohen Verkaufsziffern erzielen. Die Transmutation der Geschlechtsenergie verlangt mehr Willenskraft, als der Durchschnittsmensch auf einmal für diesen Zweck aufzubringen gewillt ist. Doch läßt diese Kunst sich mit der nötigen Geduld auch schrittweise erlernen. Immer jedenfalls werden Willenskraft und Geduld überreich belohnt.

Zuviel Aberglaube rund um den Sex

Die Unwissenheit der meisten Menschen in geschlechtlichen Fragen ist unverzeihlich groß. Dummheit und eine fehlgeleitete Phantasie sind die Hauptgründe, warum der Geschlechtstrieb so weitgehend mißverstanden, verächtlich gemacht und verspottet, andererseits aber mißbraucht und verschwendet wird.
Männer und Frauen, von denen man weiß, daß sie mit hoher sexueller Potenz gesegnet — ja, gesegnet! — sind, werden für gewöhnlich mit Mißtrauen betrachtet. So überrascht es nicht, wenn der Segen großer sexueller Kraft vielen als Fluch erscheint.
Selbst in unserer aufgeklärten Zeit leiden Millionen von Menschen nur deshalb an Minderwertigkeitskomplexen, weil ihr ausgeprägter Geschlechtstrieb ihnen als etwas Böses erscheint. Ich will damit keineswegs einem zügellosen Geschlechtsleben das Wort reden, denn der natürliche Geschlechtstrieb ist nur dann ein Segen, wenn er mit Verstand und Geschmack befriedigt wird. Statt dessen aber werden diese schöpferischen Energien häufig so mißbraucht, daß beide, Körper und Geist, sich entwerten, statt sich zu höherer Vollkommenheit zu entwickeln.
Zu den wichtigsten Entdeckungen, die der Autor seinen tausendfachen Lebensanalysen verdankt, zählt die Tatsache, daß jeder bedeutende Mann seine Erfolge dem Einfluß einer Frau verdankte. Meist handelte es sich dabei um eine bescheidene, selbstlose Gattin, deren Person und Wirken der Öffentlichkeit nahezu verborgen blieben. Nur in wenigen Fällen ging die Inspiration von »der anderen Frau« aus.

Jeder vernünftige Mensch weiß, daß der Mißbrauch von Alkohol oder Narkotika zum Zweck der geistigen Anregung die geistige und körperliche Gesundheit zerstört. Weniger bekannt ist jedoch, daß durch ein unbeherrschtes sexuelles Triebleben die schöpferischen Fähigkeiten genauso beeinträchtigt werden, wie durch Alkohol oder Drogen.
Der Lüstling unterscheidet sich im Grunde nicht vom Rauschgiftsüchtigen! Beide haben ihre Urteils- und Willenskraft eingebüßt. Viele Hypochonder (eingebildete Kranke) leiden an den seelischen Auswirkungen ihrer Unkenntnis der eigentlichen Funktion des Geschlechtstriebs.
Fest steht, daß die Unkenntnis der Transmutationsmöglichkeit sexueller Energie ungeheuren Schaden stiften kann, die Beherrschung dieser Kunst dagegen außerordentlichen Gewinn einbringt.
Der Grund für die weitverbreitete Unwissenheit auf sexuellem Gebiet ist darin zu erblicken, daß dieser Gegenstand seit jeher als ein dunkles Geheimnis behandelt wurde. Diese Geheimniskrämerei hat die gleiche psychologische Wirkung auf junge Menschen wie die Prohibition, das offizielle Alkoholverbot in den Vereinigten Staaten, sie besaß. Nur die Neugier wurde dadurch angestachelt und der Wunsch geweckt, mehr über dieses »verbotene« Thema zu erfahren.

Die Lehre von den fruchtbaren Jahren

Nur bei seltenen Ausnahmen liegt der Beginn echter, schöpferischer Tätigkeit vor dem 40. Lebensjahr. Die meisten Menschen erreichen ihre Periode größter Schaffenskraft erst zwischen dem 40. und dem 60. Jahre. Diese Feststellung ergab sich ebenfalls aus den sorgfältigen Analysen der Lebensgeschichten vieler Tausende von Männern und Frauen. Ich hebe diesen Punkt besonders zur Ermutigung jener hervor, die es bis zu ihrem 40. Lebensjahre noch nicht besonders weit gebracht haben oder die in diesen Jahren bereits beginnen, sich vor dem »Alter« zu fürchten. Da aber gerade die Zeit zwischen 40 und 50 Jahren die fruchtbarste ist, sollten wir ihr nicht mit Furcht und Zittern entgegensehen, sondern voller Hoffnung und ungeduldiger Erwartung.
Die Lebensdaten der erfolgreichsten Männer Amerikas liefern den Beweis für die Richtigkeit dieser Behauptung. Henry Ford hatte die 40 bereits überschritten, als sein steiler Aufstieg begann. Andrew Carnegie war sogar noch älter, als endlich die Früchte seiner Mühen heran-

reiften. Diesen beiden Beispielen ließen sich aus den Biographien amerikanischer Wirtschaftskapitäne und Finanzmagnaten ungezählte andere hinzufügen.

Zwischen dem 30. und dem 40. Lebensjahr erlernt ein Mann allmählich (wenn überhaupt) die Kunst der Transmutation sexueller Energie. Meist stößt er durch Zufall darauf und ohne zu verstehen, um welches Phänomen es sich dabei handelt. Zwar stellt er dann eine Zunahme seiner Leistungsfähigkeit fest, aber er bemerkt meist nicht, daß er diese dem allmählichen Ausgleich zwischen Erotik und Sexualität zu verdanken hat, der jetzt einen Großteil sexueller Energie für andere Zwecke freisetzt.

Nur Sie selbst können sich zum Genie machen

Der Geschlechtstrieb allein ist ein mächtiger Anreiz zur Tat, aber allzu oft entfesselt er einen unkontrollierbaren Sturm der Gefühle. Vermischt sich jedoch das Gefühl der Liebe mit dem Geschlechtstrieb, so führen beide einen Zustand der Ausgeglichenheit, Urteilsschärfe und klaren Zielstrebigkeit herbei. Welcher 40jährige wäre je vom Schicksal so benachteiligt worden, daß er dies nicht aus eigener Erfahrung bestätigen könnte?

Der innige, sexuell motivierte Wunsch, einer Frau zu gefallen, spornt den Mann meist zu außergewöhnlicher Aktivität an. Nicht selten jedoch stürzt er im Taumel der Sinne sich und andere ins Verderben. Einer Frau zuliebe ist ein Mann fähig zu stehlen, zu lügen und sogar zu töten. Verbindet sich aber der sexuelle Drang mit dem Gefühl der Liebe, dann halten sich Begeisterung und Vernunft die Waage.

Romantische Liebe und sexueller Instinkt sind Triebkräfte, die Männer zu Höchstleistungen anspornen können. Der Liebe kommt dabei die Funktion eines Sicherheitsventils zu, das seelisches Gleichgewicht und konstruktives Handeln garantiert. Vereinigt können diese Gefühle einen Menschen zu genialen Leistungen befähigen.

Allen Gefühlen entspricht eine ganz bestimmte Geisteshaltung. Die Natur regelt unsere »geistige Chemie« nach ganz ähnlichen Gesetzen wie die stoffliche Chemie. Bekanntlich lassen sich aus verschiedenen Bestandteilen, deren jeder für sich allein völlig harmlos ist, durch Veränderung der Quantitäten tödliche Gifte mischen. Eine ähnlich verderbliche Wirkung stellt sich ein, wenn der Mensch vom Übermaß eines

Gefühls hingerissen wird. So kann zum Beispiel der Geschlechtstrieb in Verbindung mit der Eifersucht einen Menschen in eine wütende Bestie verwandeln.

Der Weg zum Genie führt von der Entwicklung über maßvolle Beherrschung zur richtigen Anwendung der sexuellen und romantischen Liebesgefühle. Dabei ist folgendermaßen vorzugehen:

Versetzen Sie sich zunächst in eine positive Geistesverfassung, die negative Gedanken und Gefühle ganz ausschließt. Die geistigen Vorgänge im Menschen werden weitgehend durch die gewohnheitsmäßig vorherrschenden Gedanken und Gefühle bestimmt. Bei entsprechendem Einsatz der Willenskraft gelingt es, negative geistige Inhalte durch positive zu verdrängen. Diese Art von Selbstdisziplin fällt um so leichter, je länger wir sie üben. Auch in diesem Bereich wird das Gesetz der Transmutation wirksam. Sobald wir uns nämlich irgendeines negativen Gedankens oder Gefühls bewußt werden, lassen sich diese ganz einfach in ihr Gegenteil verwandeln, indem wir unsere Aufmerksamkeit auf positive Dinge lenken.

Für den, der ein Genie aus sich machen will, gibt es nur ein Mittel: Gezielte, eigene Anstrengung! Zwar kann man sich auch allein von der Triebkraft sexueller Energie zu außerordentlichen finanziellen und geschäftlichen Erfolgen vorwärtstreiben lassen, doch gibt es genug Beispiele dafür, daß ein solcher Mensch gewöhnlich Charakterzüge aufweist, die es ihm unmöglich machen, die Früchte seines Erfolgs zu genießen oder zu erhalten. Dieser Umstand sollte jedem Leser zu denken geben. Denn dies allein ist der Grund dafür, daß es vielen Reichen versagt bleibt, sich ihres Glücks von Herzen zu freuen.

Die große Erfahrung der Liebe

Erinnerungen an eine große Liebe haften. Sie begleiten, folgen und beeinflussen uns noch, nachdem der erste Anreiz zu jenem Gefühl längst entschwunden ist. Daran ist nichts Neues; wer einmal selbst eine echte Liebe erlebte, weiß auch, welche unauslöschlichen Spuren sie im menschlichen Herzen hinterläßt. Die Wirkung der Liebe hält an, weil dieses Gefühl rein geistiger Natur ist. Wer von der Liebe nicht zu höchsten Leistungen angespornt wird, ist ein hoffnungsloser Fall, denn einer seiner wertvollsten Bestandteile ist abgestorben und der Rest führt nur noch ein Scheinleben.

Rufen Sie sich zuweilen ruhig vergangene Zeiten ins Gedächtnis zurück und freuen Sie sich Ihrer Erinnerung an Liebe und Glück. Ein solcher Ausflug in die Vergangenheit wird Sie in eine Stimmung versetzen, in der Ihre augenblicklichen Sorgen und Mühen zurücktreten und in der — wer weiß? — Ideen und Pläne vor Ihrem geistigen Auge Gestalt annehmen, die Ihr weiteres Leben auf eine völlig neue finanzielle und materielle Basis stellen könnten.

Beklagen Sie Ihr Schicksal, weil der Mensch, den Sie einmal liebten, aus Ihrem Leben gegangen ist? Weisen Sie solche Gedanken von sich! Wer je wirklich geliebt hat, wird durch diese Liebe für den Rest seines Lebens reich genug sein. Liebe kommt und geht wie sie will, ohne Ankündigung und ohne Abschied. Erfreuen Sie sich des Gefühls, solange es Ihnen vergönnt ist, trauern Sie ihm aber nicht nach, wenn es entschwindet. Auch der größte Kummer kann Liebe nicht von neuem erwecken.

Hüten Sie sich auch vor der irrigen Auffassung, die Liebe trete nur ein einziges Mal in unser Leben. Sie kommt und geht unzählige Male hindurch, nur berührt sie uns nicht immer in der gleichen Weise. Das eine oder das andere Liebeserlebnis mag uns zwar tiefer berühren, doch wir ziehen aus jeder Begegnung mit der Liebe Gewinn. Schaden erleidet durch eine solche Begegnung nur, wer der scheidenden Liebe mit Groll und Verbitterung nachblickt.

Niemals enttäuscht die Liebe den, der zu unterscheiden lernte zwischen emotioneller und sexueller Liebe, zwischen dem rein geistigen und dem rein biologischen Gefühl. Nur bei unwissenden und eifersüchtigen Menschen kann das Herz durch die Einwirkung einer seelischen Kraft Schaden erleiden.

Die Liebe ist zweifellos das entscheidende Erlebnis innerhalb der menschlichen Existenz. Verbindet sie sich gar noch mit Romantik und geschlechtlicher Anziehungskraft, so regt sie die schöpferischen Energien stärker an als irgendeine andere irdische Kraft.

Die Liebe äußert sich in vielen Formen, Farben und Nuancen. Ihre stärkste Wirkung aber entfaltet sie, wenn Gefühl und sexueller Instinkt sich vereinigen. Ehen, die nicht von einer harmonischen Mischung dieser beiden Kräfte gespeist werden, sind niemals völlig glücklich und selten von Dauer. Weder die emotionelle noch die sexuelle Liebe stellen für sich allein eine Garantie dar für ein wirklich vollkommenes Eheleben. Nur aus ihrer Verschmelzung entsteht jene geistige Harmonie, die auf dieser Erde allein das Erlebnis metaphysischer Seligkeit vermittelt.

Fügt sich zu dieser noch die romantische Begeisterung, so fallen alle Schranken zwischen dem begrenzten Verstand des Sterblichen und der Allumfassenden Vernunft. Aus der Vereinigung dieser drei Faktoren wird das Genie geboren!

Nebensächlichkeiten können eine Ehe zerstören

Richtig verstanden könnten die folgenden Einsichten das Chaos vieler Ehe beseitigen und an seiner Stelle Harmonie entstehen lassen. Alle jene Unstimmigkeiten, die sich in Nörgeleien Luft machen, lassen sich gewöhnlich auf *mangelndes Wissen* in geschlechtlichen Fragen zurückführen. Wo Liebe, Romantik und das rechte Verständnis für die Funktion des sexuellen Instinkts zusammentreffen, gibt es kaum einen Ehezwist.

Der Ehemann, dessen Frau die eigentlichen Wechselbeziehungen zwischen diesen drei Faktoren versteht, kann sich glücklich preisen. Denn wer von der Harmonie dieses Dreiklangs beflügelt wird, dem wird keine Arbeit zur Last, denn selbst die niedrigste Tätigkeit erscheint ihm als ein Werk der Liebe, an deren Übung er sich durch keinerlei Schwierigkeiten hindern läßt.

Ein altes Sprichwort sagt, daß »die Frau den Mann entweder zu etwas macht oder ihn zerbricht«. Das »Machen« und das »Zerbrechen« sind die möglichen Früchte der Ehe und zeigen, daß Erfolg oder Mißerfolg eines Mannes davon abhängen, ob seine Frau Liebe, Romantik und Sexualität im richtigen Maße in sich vereinigt.

Eine Frau, die es zuläßt, daß sich das Interesse ihres Mannes anderen Frauen zuwendet, beweist damit ihre Unkenntnis dieser drei entscheidenden Faktoren. Das gleiche gilt natürlich auch für Männer, die es geschehen lassen, daß die Gefühle ihrer Frauen allmählich erkalten. Voraussetzung ist in beiden Fällen, daß die Partner einmal durch wahre Liebe miteinander verbunden waren.

Zwischen Eheleuten gibt es viele Reibungsflächen, aus denen Zank und Unfrieden entstehen können. Bei genauerem Hinsehen erweist sich aber das mangelnde Verständnis für die drei Hauptelemente der glücklichen Ehe als der wahre Grund aller Zwistigkeiten.

Wie Frauen ihre Macht erhalten

Der größte Ansporn jedes Mannes ist sein Wunsch, einer Frau zu gefallen! Schon in grauer Vorzeit versuchte der Jäger die anderen Männer zu übertreffen, um in den Augen einer Frau Gefallen zu finden. In dieser Hinsicht hat sich die menschliche Natur nicht im geringsten geändert. Zwar bringt der heutige »Jäger« als Beweis seiner Tüchtigkeit nicht mehr das Fell wilder Tiere nach Hause, sondern schöne Kleider, Autos und Geld. Der Wunsch zu gefallen aber ist derselbe geblieben. Selbst nach großen Vermögen, nach Machtpositionen und Ruhm strebt der Mann hauptsächlich, *um den Frauen zu gefallen.* Ohne Frauen würden die meisten Männer sehr schnell vergessen, was sie mit ihrem Reichtum anfangen sollen. *Der im Mann veranlagte Wunsch, den Frauen zu gefallen, ist es, der dem weiblichen Geschlecht die Macht verleiht, einen Mann zum Erfolg zu führen oder ihn zu vernichten.*

Die Frau, die das Wesen des Mannes versteht und mit sicherem Gefühl ihr Verständnis beweist, braucht niemals die Konkurrenz irgendeiner Rivalin zu fürchten. Im Verkehr mit seinen Geschlechtsgenossen kann ein Mann zum unbezähmbaren »Riesen« werden. Von der Frau seiner Wahl jedoch läßt er sich mit sanfter Hand leiten.

Die meisten Männer würden niemals zugeben, daß sie sich von ihrer Erwählten gern leiten lassen, denn es ist nun einmal der natürliche Wunsch des Mannes, als der Stärkere anerkannt zu werden. Die kluge Frau weiß um diese männliche Eigenschaft und versteht es, sie für ihre Zwecke zu nutzen.

Andererseits gibt es aber auch viele Männer, die sich der Macht weiblichen Einflusses durchaus bewußt sind — gleichgültig, ob dieser nun von einer Frau, Geliebten, Mutter oder Schwester ausgeübt wird. Aus Taktgefühl und Klugheit lassen sie ihre Frauen gewähren, zumal sie wissen, daß dies zu ihrem eigenen Besten geschieht. Wer seine Augen vor dieser großen Wahrheit verschließt, beraubt sich selbst einer segensreichen Macht, der mehr und größere Erfolge zuzuschreiben sind, als allen anderen Einflüssen zusammengenommen.

LEITSÄTZE

Zwei erstaunliche Tatsachen lassen Sie nun die wahre Bedeutung sexueller Energien als einer unerschöpflichen Quelle persönlicher Macht erkennen. Ihre vitalen Kräfte können Sie zu einem ebenso großen Genie machen, wie es

Thomas Edison oder Andrew Jackson waren. Ihre Begeisterungsfähigkeit, Ihre schöpferische Phantasie, Ihre Ausdauer, Ihr brennendes Verlangen und alle anderen Eigenschaften, die Sie zu einem reichen und glücklichen Menschen machen können, werden von der geschlechtlichen Energie gespeist.

Von dieser Kraft können Sie sich zu einer höheren Gedankenebene emportragen lassen, von der aus Sie intuitive Einblicke gewinnen, die wir als Erleuchtung oder schließlich als Inspiration bezeichnen.

Sie kennen nun die beiden einfachen, jedoch erstaunlich wirksamen Schritte, die das große Geheimnis jedes genialen Erfinders ausmachen. Sie konnten sich davon überzeugen, daß nicht einmal die »Vernunft« Sie so weit und so hoch emporführen kann, wie die sexuelle Energie es vermag. Voraussetzung dafür ist allerdings, daß der sexuelle Instinkt einerseits niemals unterdrückt, andererseits aber auch auf eine Art und Weise genützt werden muß, die viele Männer erst in vorgerücktem Alter entdecken.

Die Quelle der Lebenskraft ist zugleich die Quelle unendlichen Reichtums.

Der elfte Schritt zum Reichtum:
Das Unterbewußtsein

> *Sie sehen Ihr Unterbewußtsein, einem schlafenden Riesen gleich, bereit, jeden Plan und jedes Ziel zu unterstützen. Sie können Ihr Unterbewußtsein mit positiven Gedanken erfüllen, bis es Ihnen bringt, was Sie vom Leben fordern. Es kann Ihnen nur das bringen, was Sie fordern.*

Das Unterbewußtsein ist jene Bewußtseinsschicht, die jeden von einem der fünf Sinne dem Gehirn zugeleiteten Gedankenimpuls einordnet und speichert, um ihn wieder zurückrufen oder hervorziehen zu können wie Karten aus einem gefüllten Karteikasten.

Es empfängt und bewahrt Sinneswahrnehmungen, Empfindungen oder Gedanken ohne Rücksicht auf ihre Beschaffenheit. Sie können ihm willkürlich jeden Plan, jeden Gedanken und jedes Ziel einpflanzen, wenn Sie dessen Umwandlung in seine reale Entsprechung wünschen. Dabei reagiert das Unterbewußtsein zuerst auf Wunschvorstellungen, die an Gefühle gebunden sind und von unbeirrbarer Zuversicht getragen werden.

Die volle Tragweite dieser Tatsache wird Ihnen bewußt werden, sobald Sie das hier Gesagte mit den im Kapitel über das Begehren dargestellten sechs Schritten zur Entwicklung und Durchführung von Plänen vergleichen.

Das Unterbewußtsein arbeitet Tag und Nacht. Auf geheimnisvolle Weise setzt es sich mit der Allumfassenden Vernunft in Verbindung und empfängt von dieser alle nötigen Eingebungen und Kräfte, um unsere Wünsche auf die schnellste und wirkungsvollste Weise zu verwirklichen.

Das Unterbewußtsein entzieht sich zwar Ihrer *völligen* Kontrolle, aber Sie können ihm jeden Platz, jeden Wunsch und jedes Ziel eingeben, die Sie verwirklicht sehen wollen. Lesen Sie bitte in diesem Zusammenhang noch einmal die im Kapitel über die Autosuggestion enthaltenen Anleitungen über den richtigen Einsatz des Unterbewußtseins nach.

Vieles deutet darauf hin, daß das Unterbewußtsein das Verbindungsglied ist zwischen dem begrenzten menschlichen Verstand und den unendlichen Kräften der Allumfassenden Vernunft. Die tiefen Schichten des menschlichen Geistes sind im ausschließlichen Besitz des Geheimnisses der Umwandlung geistiger Impulse in seelische Kräfte. Einzig und allein das Unterbewußtsein vermag unsere Gebete an jene Macht weiterzuleiten, die sie erhören kann.

Jede Schöpfung beginnt als Gedanke

Wird eine schöpferische Bemühung mit den Kräften des Unterbewußtseins verknüpft, so ergeben sich ungeahnte Möglichkeiten und atemberaubende Erfolge. Sie sollten uns mit Ehrfurcht erfüllen.

Ich beginne niemals eine Diskussion über das Unterbewußtsein, ohne daß mich ein Gefühl persönlicher Unzulänglichkeit ergreift, weil unsere Kenntnisse auf diesem Gebiet noch so außerordentlich gering sind.

Nachdem Sie aber die Existenz des Unterbewußtseins als Realität anerkannt haben und seine Möglichkeiten als Mittel zur Verwirklichung Ihres Wunsches begreifen, öffnen sich Ihnen auch die im Kapitel über das Begehren enthaltenen Hinweise. Jetzt werden Sie die häufig wiederholte Aufforderung verstehen, Ihre Wünsche ganz klar formuliert niederzuschreiben. Und ebenso werden Sie jetzt die Notwendigkeit unermüdlicher Ausdauer begreifen.

Unsere 13 Prinzipien sind die Anregungen, welche es Ihrem Bewußtsein ermöglichen, die unterbewußten Schichten Ihres Geistes zu erreichen und zu beeinflussen. Lassen Sie sich nicht entmutigen, wenn dies nicht bereits beim ersten Versuch gelingt. Vergessen Sie nicht, daß die willentliche Beeinflussung des Unterbewußtseins *eine Frage dauernder Übung, fester Gewohnheit* und genauester Befolgung der im Kapitel über den Glauben gegebenen Anleitungen ist. Sie hatten noch keine Zeit, glauben zu lernen. Seien Sie geduldig. Fahren Sie unbeirrt fort.

Um Ihnen zu helfen, sich des Zusammenhangs zwischen Glauben und Unterbewußtsein leichter zu erinnern, werden hier eine Reihe wesentlicher Punkte aus den Kapiteln über den Glauben und die Autosuggestion wiederholt. Beachten Sie besonders, daß Ihr Unterbewußtsein ununterbrochen tätig ist, *ob Sie es nun wissentlich beeinflussen oder nicht*. Das bedeutet, daß die tiefen Schichten Ihres Geistes auch auf negative Gedanken und Gefühle reagieren, falls Sie diese nicht verbannen und durch positive ersetzen.

Das Unterbewußtsein ist nie untätig! Falls Sie ihm keine positiven Vorstellungen und Wünsche zu verarbeiten gaben, wird es sich geistiger Inhalte bemächtigen, die Sie ihm aus Nachlässigkeit zukommen lassen. Wie bereits im Kapitel über die Umwandlung der Geschlechtsenergie erwähnt, erreichen aus vier Quellen negative und positive Gedankenimpulse ununterbrochen das menschliche Unterbewußtsein und regen es zur Tätigkeit an.

Für den Augenblick genügt es, wenn Sie daran denken, daß Sie täglich, ohne es zu wissen, die verschiedenartigsten Gedankeninhalte an Ihr Unterbewußtsein weitergeben. Einige davon sind negativ, andere positiv. Es gilt nun den negativen Gedankenfluß einzudämmen und Ihr Unterbewußtsein durch positive Wünsche und Vorstellungen bewußt zu beeinflussen.

Gelingt Ihnen dies, so besitzen Sie den Schlüssel zu Ihrem Unterbewußtsein. Es liegt dann in Ihrer Macht, unerwünschten Gedanken und Gefühlen das Vordringen in Ihr Unterbewußtsein zu verwehren.

Jede schöpferische Handlung des Menschen beginnt mit der Entstehung eines Gedankenimpulses. Der Mensch vermag nichts zu schaffen, was er nicht zuvor geistig konzipierte. Mit Hilfe der schöpferischen Phantasie werden die einzelnen Gedanken zu einem Plan zusammengefügt. Und wer seine schöpferische Phantasie beherrscht, wird auch erfolgversprechende Pläne entwickeln und ausführen.

Alle Gedankenimpulse, die zum Zwecke ihrer Umwandlung in reale Wirklichkeit absichtlich dem Unterbewußtsein zugeleitet werden, müssen von schöpferischer Phantasie und festem Glauben getragen sein. Das Unterbewußtsein verarbeitet nur jene Pläne, die mit schöpferischer Phantasie und festem Glauben zu einer untrennbaren Einheit verschmolzen worden sind.

Daraus ergibt sich, daß der gezielte Einsatz Ihres Unterbewußtseins der Koordinierung aller drei Elemente bedarf.

Wie Sie sich Ihrer positiven Gefühle bedienen

Das Unterbewußtsein ist empfänglicher für die Beeinflussung durch gefühlsbestimmte Gedankenimpulse, als für solche, die ausschließlich dem rationalen Denken entspringen. In der Tat spricht vieles dafür, daß nur unsere an Gefühl reichen Gedanken das Unterbewußtsein zum Handeln anspornen. Wir müssen uns darum nun mit den wichtigsten Gefühlsregungen beschäftigen. Dabei finden wir je sieben positive und negative Emotionen einander gegenübergestellt. Die negativen Emotionen durchsetzen *von selbst* alle Gedankenimpulse und werden von diesen dann dem Unterbewußtsein zugeleitet. Im Gegensatz dazu müssen die positiven Gefühlsregungen mit Hilfe der Autosuggestion und durch bewußte Willensanstrengung auf die unterbewußten Schichten übertragen werden. (Genaue Anleitungen dazu wurden im Kapitel über die Autosuggestion gegeben.)

Alle diese Gefühlsregungen verrichten die Arbeit eines »Transformators«, der passive geistige Inhalte in aktive Impulse umwandelt. Aus diesem Grunde bearbeitet das Unterbewußtsein auch gefühlsgebundene Anregungen weitaus schneller als manche nur dem »kalten Verstand« entstammenden Gedankenimpulse.

Sie sind nun darauf vorbereitet, sich selbst zu beeinflussen, das »innere Gehör« Ihres Unterbewußtseins aufzuwecken und so zu entwickeln, daß Sie es anweisen können, Ihren Wunsch nach Reichtum in bare Münze zu verwandeln. Dazu ist allerdings noch wichtig, daß Sie auch das »Ritual« einer solchen »inneren Audienz« beherrschen. Sie müssen die Sprache des Unterbewußtseins sprechen, oder es wird Sie nicht verstehen. Es versteht am besten die Sprache des Gefühls. Wir wollen deshalb als nächstes die zweimal sieben hauptsächlichen positiven und negativen Gefühlsregungen beschreiben. Auf diese Weise fällt es Ihnen leichter, Ihrem Unterbewußtsein Anweisungen zu geben.

Die sieben wichtigsten positiven Emotionen sind

> Begehren
> Glaube
> Liebe
> Geschlechtstrieb
> Begeisterungsfähigkeit
> Romantik
> Hoffnung.

Zwar gibt es noch andere positive Gefühlsregungen, diese sieben sind aber die stärksten und wirken meist gemeinsam bei schöpferischen Anstrengungen mit. Beherrschen Sie diese sieben Emotionen (das wird Ihnen allein durch anhaltende Übung gelingen), so werden alle übrigen positiven Gefühle zur Hand sein, wenn Sie ihrer bedürfen. Erinnern Sie sich, daß es der Zweck dieses Buches ist, Ihnen zum richtigen »Geldbewußtsein« zu verhelfen, indem Sie lernen, Ihren Geist mit positiven Vorstellungen zu erfüllen.

Die sieben wichtigsten negativen Emotionen — wir warnen nachdrücklich davor, sie bewußt oder unbewußt wirksam werden zu lassen — sind

> Furcht
> Eifersucht
> Haß
> Rache
> Habsucht
> Aberglaube
> Ärger.

Positive und negative Gefühle haben nicht gleichzeitig Raum im menschlichen Geist. Immer müssen die einen oder die anderen herrschen. Es ist in Ihre Verantwortung gegeben, für den beherrschenden Einfluß Ihrer positiven Gefühle zu sorgen. Die größte Hilfe leistet dabei die Macht der Gewohnheit. *Machen Sie sich eine positive Denk- und Gefühlsweise zur Gewohnheit!* Dann werden Sie langsam, aber zuverlässig *eine positive Grundeinstellung gewinnen* und allem Negativen den Zugang zu Ihrem Unterbewußtsein verwehren.

Nur wer diese Anweisungen wortgetreu und unaufhörlich befolgt, wird Macht über sein Unterbewußtsein gewinnen. Schon eine einzige negative Vorstellung genügt, um jede konstruktive Hilfe seitens des Unterbewußtseins *auszuschließen*.

Gebet und Unterbewußtsein

Als aufmerksamer Beobachter müssen Sie wahrgenommen haben, daß die meisten Menschen erst zu beten beginnen, wenn alle anderen Mittel versagt haben! Oder daß sie leere Worte eines sinnlosen Rituals herunterleiern. Wer aber nur in letzter Not betet, der tut es mit einem Herzen voller Angst und Zweifel. Und gerade *diese* negativen Vorstellungen übertragen sie in ihr Unterbewußtsein, das sie an die Allumfassende Vernunft weiterleitet. Es kann nicht ausbleiben, daß dieses entsprechend *darauf* reagiert.

Wenn Sie um etwas beten, gleichzeitig aber fürchten, Ihr Gebet werde nicht erhört, *so haben Sie Ihr Gebet umsonst gesprochen.*

Manchmal aber werden Gebete erhört. Wenn Sie das schon einmal selbst erlebten, dann werden Sie aus eigener Erfahrung bestätigen, daß Sie damals voller Vertrauen und Zuversicht gebetet hatten. Dann aber wissen Sie, daß die hier beschriebene Theorie mehr ist als nur eine Theorie.

Die Schwingungen, durch die Sie Verbindung zur Allumfassenden Vernunft aufnehmen, sind den Radiowellen sehr ähnlich. Wer mit dem Funktionsprinzip des drahtlosen Funks vertraut ist, der weiß, daß Töne erst übertragen werden können, nachdem sie in eine für das menschliche Ohr nicht mehr wahrnehmbare Schwingungsgeschwindigkeit (Frequenz) versetzt worden sind. Im Rundfunksender werden zu diesem Zweck die Schwingungen der menschlichen Stimme millionenfach beschleunigt. Auf diese Weise läßt sich akustische Energie drahtlos an jeden beliebigen Ort übertragen. Im Empfangsgerät wird dann diese Energie, die ja ursprünglich aus Tonschwingungen bestand, wieder in hörbare Töne zurückverwandelt.

Das Unterbewußtsein ist die »Vermittlung«, die unsere Gebete in eine für die Allumfassende Vernunft vernehmbare Sprache übersetzt, die Botschaft dann übermittelt und die Antwort in Gestalt einer Idee oder eines Plans empfängt, mit deren Hilfe sich unser Wunsch verwirklichen läßt. Wer dieses Prinzip erst einmal ganz erfaßt hat, wird auch verstehen, warum bloße Worte aus irgendeinem Gebetbuch niemals die Verbindung zwischen menschlichem Verstand und göttlicher Weisheit herstellen und die Erhörung bewirken können.

LEITSÄTZE

Ihr Unterbewußtsein kann wahllos alle Gedanken aufnehmen — alle negativen Gedanken, alle Gedanken an Glück und Reichtum. Die Auswahl treffen Sie; das Ergebnis kann Sie groß machen oder zerbrechen.

Sie kennen die sieben gefährlichsten negativen Gefühlsregungen und werden sie von jetzt an aus Ihrem Denken und Fühlen verbannen. Sie kennen jetzt aber auch die ebenso mächtigen sieben positiven Emotionen und werden diese für Ihre Zwecke nutzen.

Ihre eigenen Verstandeskräfte werden in unvorstellbarem Ausmaß übertroffen von der Einsicht und vom Wissen der Allumfassenden Vernunft. Ihr Geist besitzt die Fähigkeit, sich als Sender und Empfänger auf die Schwingungen dieser unendlichen Macht einzustellen. Wer ihre Unterstützung für die Verwirklichung seiner Absichten gewinnt, dem eilen die Kräfte des Universums zu Hilfe.

Tag für Tag gilt es, die Herrschaft über das Unterbewußtsein zu erweitern. Bald werden Sie Ihre wichtigsten Impulse zu steuern wissen, die hinter jedem Plan und hinter jedem Abschnitt Ihrer Arbeit stehen.

Ein Mensch ist so groß wie das Ausmaß seines Denkens.

Der zwölfte Schritt zum Reichtum: Der Verstand

Sie werden in jedem Bereich Ihres Geistes neue, erstaunliche Kräfte entdecken. Sie sehen, wie sich Schnelligkeit, Klarheit und Schärfe Ihres Denkens steigern lassen.

Vor mehr als 40 Jahren entdeckte der Autor als Leiter eines Forscherteams, dem Dr. Alexander Graham Bell und Dr. Elmer R. Gates angehörten, daß das menschliche Gehirn zugleich Sender und Empfänger von Gedankenschwingungen ist.

Ähnlich einem Rundfunkübertragungssystem vermag jedes menschliche Gehirn Gedankenschwingungen selbst zu senden, wie auch solche aufzunehmen, die von einem anderen Gehirn ausgestrahlt werden.

Im Kapitel über die schöpferische Phantasie wurde ausführlich dargestellt, daß diese schöpferische Vorstellungskraft der »Empfänger« des Gehirns ist, der die Gedankenschwingungen unserer Mitmenschen auffängt. Wie wir außerdem wissen, ist die schöpferische Phantasie das Verbindungsglied zwischen dem eigenen bewußten Verstand und den ebenfalls erwähnten vier Quellen, aus denen wir Anregungen erhalten können.

Je stärker unser Geist stimuliert wird, desto höher steigert sich die Schwingungszahl unserer Gedanken und desto empfänglich werden wir für fremdes Gedankengut. Dieser Beschleunigungsprozeß setzt ja bekanntlich als Folge positiver oder negativer Gefühlsregungen ein.

Der sexuelle Instinkt steht mit Intensität und Triebkraft an der Spitze aller menschlichen Gefühlsregungen. Er beschleunigt die Funktion des Gehirns in einem Maße, wie es kein anderes Gefühl bewirkt.

Darüber hinaus steigert die Transmutation der Geschlechtsenergie noch die Aufnahmefähigkeit der schöpferischen Phantasie für neue Ideen. Arbeitet aber das menschliche Gehirn mit großer Beschleunigung, so zieht es nicht nur die Gedanken und Vorstellungen anderer Menschen an, sondern es verleiht auch dem eigenen Denken jenen gefühlsbetonten Charakter, ohne den seine Ergebnisse vom Unterbewußtsein weder empfangen noch verarbeitet werden können.

Das Unterbewußtsein ist das »Sendegerät« des Gehirns, das unsere gedanklichen Schwingungen ausstrahlt. Es ergänzt damit die Wirkungsweise der schöpferischen Phantasie, die als »Empfänger« die aus anderen Quellen stammenden Gedankenenergien auffängt und nun mit der gestellten Frage verknüpft.

Als drittes Funkionselement gebrauchen wir nun die Autosuggestion, welche die Energie für unseren geistigen Sender liefert. Im Kapitel über die Autosuggestion wurden Sie mit der Methode vertraut gemacht, die zur Umwandlung Ihres Traumes von Reichtum in seine reale Entsprechung nötig ist.

Ihr geistiger Sender ist verhältnismäßig leicht in Betrieb zu setzen. Sie müssen dabei nur die folgenden drei Prinzipien anwenden — das Unterbewußtsein, die schöpferische Phantasie und die Autosuggestion. Wie diese drei Kräfte einzusetzen sind, wurde bereits beschrieben. Am Anfang steht, wie immer, Ihr brennendes Verlangen.

Wir werden von unsichtbaren Kräften gelenkt

Während der langen Zeiträume seiner bisherigen Entwicklung ließ sich der Mensch viel zu sehr nur von seinen körperlichen Sinnen leiten. Sein Wissen beschränkte sich vorwiegend auf den Bereich des Stofflichen, also auf alle jene Dinge, die er sehen, berühren, wiegen und messen konnte.

Heute stehen wir an der Schwelle des wundervollsten aller Zeitalter. Endlich können wir daran denken, auch in die Geheimnisse der uns umgebenden unsichtbaren Welt einzudringen. Möglicherweise werden wir dabei die Erfahrung machen, daß unser »anderes Ich« bei weitem wichtiger ist, als das physische Ich, das uns aus dem Spiegel entgegenblickt.

Manche Menschen neigen dazu, diese unsichtbare Welt, die sie mit ihren fünf Sinnen nicht wahrnehmen können, mit einem leichtfertigen Schulterzucken abzutun. In ihrer geistigen Blindheit übersehen sie dabei, *daß wir alle von Kräften gelenkt werden, die wir weder sehen noch berühren können.*

Selbst die gesamte Menschheit hätte nicht Kräfte genug, um die unsichtbare Energie unter ihre Kontrolle zu bringen, welche die Wogen des Meeres in Bewegung hält. Bisher ist es dem Menschen nicht gelungen, die eigentliche Natur jener unsichtbaren Schwerkraft zu ergründen, die unseren kleinen Planeten auf seiner Kreisbahn hält und dabei verhindert, daß die menschliche Kreatur hinaus in den Weltraum geschleudert wird. Wir Menschen sind der Wirkung dieser Kraft ebenso hilflos ausgesetzt wie der elektrischen Energie eines Blitzes, deren Wesen wir gleichfalls nicht zu erklären vermögen.

Damit ist nur ein winziger Bruchteil jener Vielzahl von unsichtbaren Kräften angedeutet, vor deren Wesen und Wirken das menschliche Wissen versagt. Keiner von uns hat bisher Einblick gewonnen in jene unsichtbare Kraft (und Weisheit), welche die Ackerkrume unserer Erde erfüllt — *der wir jedes Gramm unserer Nahrung, jeden Teil unserer Kleidung und jeden Pfennig unseres Vermögens verdanken.*

Verkehr von Gehirn zu Gehirn

Bei allem Stolz auf sein Wissen und seine Kultur weiß der Mensch bis heute nahezu nichts von der größten aller unsichtbaren Kräfte, der Macht des *Gedankens*. Auch seine Kenntnis des physischen Gehirns mit seinem ungeheuren Netzwerk von Zellen und Nerven, das auf geheimnisvolle Weise die Energie des Gedankens in materielle Wirklichkeit verwandelt, ist noch recht begrenzt. In den kommenden Jahren wird sich jedoch auch dieses größte aller Geheimnisse um den Menschen immer mehr enthüllen. Die Männer der Wissenschaft haben begonnen, die Wunder des menschlichen Gehirns zu erforschen. Obwohl diese Wissenschaft noch in den Kinderschuhen steckt, hat sie unter anderem bereits festgestellt, daß sich die Zahl der einzelnen Verbindungen, die das zentrale Schaltwerk des menschlichen Gehirns zwischen den Zellen herzustellen vermag, nur durch eine mathematische Ziffer ausdrücken läßt, die aus einer Eins und 15 Millionen Nullen besteht.

»Diese Zahl ist so ungeheuerlich groß«, sagte Dr. C. Judson Herrick von der Universität Chicago, »daß selbst astronomische Werte, die Hunderte von Millionen Lichtjahre umfassen, im Vergleich damit verschwindend klein sind. Es wurde berechnet, daß die menschliche Gehirnrinde zwischen 10 bis 14 Milliarden Nervenzellen enthält, die nach einem ganz bestimmten System angeordnet sind. Mit Hilfe der neuentwickelten Elektrophysiologie gelang es, Mikroelektroden an bestimmte Gehirnzellen und Fasern anzuschließen und deren Ströme mit Hilfe von Radioröhren zu verstärken. Auf diese Weise konnte man Spannungsunterschiede bis zu einem millionstel Volt registrieren«.»

Es wäre abwegig zu glauben, daß die Steuerung der dem Wachstum und der Erhaltung des Körpers dienenden Funktionen eines so ungeheuer verzweigten und komplizierten Mechanismus' bedürfe. Ist hier nicht viel eher anzunehmen, daß ein System, das Milliarden von Gehirnzellen untereinander verbindet, auch die Möglichkeiten in sich birgt, Verbindung zu anderen unsichtbaren Kräften aufzunehmen? Ja, daß es hierzu lediglich des »Einschaltens« bedarf?

Die »New York Times« veröffentlichte in einem Leitartikel die Auffassung, daß die methodische Forschungsarbeit zumindest eines bekannten Spezialisten auf dem Gebiet der geistigen Phänomenologie an wenigstens einer bedeutenden Universität Ergebnisse geliefert habe, welche die Richtigkeit unserer eigenen Feststellungen in diesem und den folgenden Kapiteln beweisen. Der hier wiedergegebene Leitartikel berichtet in gedrängter Form über die Tätigkeit Dr. Rhines und seiner Mitarbeiter an der Duke-Universität:

WAS IST »TELEPATHIE«?

Vor einem Monat veröffentlichten wir auf dieser Seite einige der bemerkenswerten Ergebnisse, durch die Professor Rhine und seine Mitarbeiter an der Duke-Universität nach mehr als 100 000 Experimenten einen Nachweis für »Telepathie« und »Hellsehen« erbrachten. »Harper's Magazine« widmete der Zusammenfassung dieser Forschungsergebnisse zwei Artikel. Im zweiten, eben erst erschienenen Bericht stellt der Autor E. H. Wright in gedrängter Form die bisherigen Forschungsergebnisse und die gesicherten Schlußfolgerungen dar, die jetzt über beide »übersinnlichen" und „außersinnlichen" Wahrnehmungsweisen vorliegen.

Die von Dr. Rhine ausgeführten Experimente haben eine Reihe von Wissenschaftlern von der tatsächlichen Existenz der Telepathie und des Hellsehens überzeugt. Verschiedene Versuchspersonen wurden z. B. aufgefordert, eine möglichst große Anzahl eines anderswo aufbewahrten Pakets Spielkarten zu benennen, wobei sie diese weder sehen noch anders sinnlichen« und »außersinnlichen« Wahrnehmungsweisen vorliegen.

Männer und Frauen, die regelmäßig eine so große Anzahl von Karten erkannten, daß die Möglichkeit eines bloßen Zufallstreffers ausgeschaltet werden konnte.

Wie läßt sich das alles erklären? Die Kräfte, deren sich diese Personen bedienten, können — vorausgesetzt, daß sie überhaupt existieren — nicht sinnlicher Art sein. Wir kennen kein menschliches Organ, das sie hervorzubringen vermöchte. Auch nahmen die Experimente immer einen positiven Verlauf, gleichgültig, ob sich die betreffenden Personen im gleichen Raum aufhielten oder Hunderte von Kilometern voneinander getrennt waren. Diese Tatsache schaltet nach Mr. Wrights Auffassung auch jede Möglichkeit aus, Telepathie und Hellsehen durch eine physikalische Strahlungstheorie zu erklären. Jede uns bekannte Strahlungsenergie nimmt nämlich mit dem Quadrat der Entfernung ab, während telepathische Kräfte und hellseherische Fähigkeiten davon unbeeinflußt bleiben. Wohl aber reagieren sie, wie alle anderen geistigen Kräfte auch, auf physische Ursachen. Im Gegensatz zu einer weitverbreiteten Auffassung verstärken sich diese beiden Wahrnehmungsfähigkeiten jedoch nicht, während sich die Versuchsperson im Schlaf oder Halbschlaf befindet. Ganz im Gegenteil — sie können erst dann voll entfaltet werden, wenn der Betreffende hellwach und aufs äußerste konzentriert ist. Auch entdeckte Dr. Rhine, daß die Schärfe der außersinnlichen Wahrnehmung durch betäubende Drogen beeinträchtigt, durch anregende Mittel dagegen gesteigert wurden. Offensichtlich erreicht auch die begabteste Versuchsperson nur bei äußerster Anstrengung gute Ergebnisse.

Mit größter Wahrscheinlichkeit glaubt Dr. Rhine sagen zu dürfen, daß Telepathie und Hellsehen im Grunde eine und dieselbe natürliche Begabung darstellen. Wer also die Fähigkeit besitzt, eine mit dem Bild nach unten liegende Spielkarte zu »sehen«, der vermag auch die verborgenen Gedanken eines anderen zu »lesen«. Diese Theorie wird durch eine Reihe von Beobachtungen gestützt. So besaßen z. B. alle Versuchspersonen entweder beide Fähigkeiten in nahezu gleichem Maße oder keine davon. Weder Abschirmungen, noch Trennwände, noch Entfernungen beeinflußten die Qualität der Wahrnehmung. Nach Dr. Rhine scheint dies daraufhinzudeuten, daß andere übersinnliche Erlebnisse wie Wahrträume, Visionen, Vorahnungen und ähnliches ebenfalls Erscheinungsformen dieser angeborenen Begabung sind. Natürlich verlangen wir von keinem unserer Leser, daß er sich diesen Schlußfolgerungen anschließen müsse. Immerhin verfehlen aber Dr. Rhines Forschungsergebnisse und Argumente nicht ihre Wirkung.

Geistig aufeinander »einstellen«

Zu Dr. Rhines Feststellungen in bezug auf die Umstände, unter denen der menschliche Geist am besten auf die von ihm als »extrasensorisch«

bezeichneten Wahrnehmungen reagiert, möchte ich eine eigene Entdeckung anführen. Meine Mitarbeiter und ich glauben nämlich die idealen Voraussetzungen aufgespürt zu haben, die eine praktische Verwertung des im nächsten Kapitel beschriebenen »sechsten Sinnes« ermöglichen.

Diese Bedingungen ergaben sich aus der engen Zusammenarbeit zwischen mir und zweien meiner Mitarbeiter. Wir bemerkten nach einer Reihe von Experimenten und nach langer Übung, daß wir mit Hilfe der im nächsten Kapitel beschriebenen »unsichtbaren Ratgeber« unsere geistige Leistungsfähigkeit deutlich zu steigern vermochten. Unsere Gedanken verschmolzen dabei zu einem einzigen Denkprozeß, der bei einer Vielzahl unterschiedlicher Probleme meiner Klienten noch immer die bestmöglichen Lösungen ergeben hat.

Der Vorgang ist sehr einfach. Wir setzen uns gemeinsam an den Konferenztisch, umreißen das zur Frage stehende Problem und beginnen dann, es von allen Seiten zu untersuchen. Jeder steuert seine eigenen Gedanken und Vorschläge bei. Das eigenartige an dieser Methode wechselseitiger geistiger Anregung ist, daß sich dabei jedem Teilnehmer Wissensgebiete erschließen, die zuvor nachweislich außerhalb seines Erfahrungsbereichs lagen.

Wenn Sie die Darstellungen im Kapitel über die Macht der »führenden Köpfe« verstanden haben, erkennen Sie, daß es sich hier um die praktische und einfachste Anwendung des Gehirntrust-Prinzips handelt.

Mit Hilfe der gleichen oder einer ähnlichen Methode vermag jeder diese Erfolgsphilosophie Studierende Carnegies berühmte Erfolgsformel anzuwenden, die bereits in der Einführung kurz beschrieben wurde. Falls Ihnen die Zusammenhänge noch nicht ganz klar geworden sind, sollten Sie diese Seiten nach der Lektüre des letzten Kapitels wiederholen.

LEITSÄTZE

Drei einfache Prinzipien koordinieren jetzt Ihre Geisteskraft und Ihre Leistungsfähigkeit. Ihr neuer Griff nach dem äußerst wichtigen *Unsichtbaren* kann Ihnen helfen, viele Menschen zu beeinflussen.

Entdeckungen im «Grenzgebiet» des menschlichen Geistes werden zu praktischen Werkzeugen Ihrer eigenen Selbstvervollkommnung. Sie besitzen jetzt den geheimen Schlüssel des Konferenztisches.

Zehn Quadrillionen winzigster Diener — das sind etwa alle Zellen Ihres Gehirns — bilden zusammen die Grundlage Ihres Denkens, Ihres Vorstellungsvermögens und Ihres Willens. Ihr Geist kann sich jederzeit in den Besitz aller zum Geldverdienen nötigen Kenntnisse setzen.

Die meisten Menschen wünschen reich zu sein, aber nur wenige besitzen den klaren Plan und das brennende Verlangen, die allein den Weg zu Reichtum öffnen.

Der dreizehnte Schritt zum Reichtum:
Der sechste Sinn

Sie öffnen das Tor zum Tempel der Weisheit. Ruhmreiche schöpferische Abenteuer winken auf der Straße zum Reichtum.

Das 13. Prinzip besteht in der Kenntnis des »sechsten Sinnes«, durch den die Allumfassende Vernunft sich von selbst mit dem Einzelnen in Verbindung setzt, ohne daß es besonderer Bitten oder persönlicher Anstrengungen bedarf.
Dieses Prinzip ist die Krönung unserer Erfolgsphilosophie. Es kann jedoch nur von jenen angeeignet, verstanden und praktisch angewandt werden, die bereits die vorausgegangenen zwölf Schritte beherrschen.
Der sechste Sinn ist jener Teil des Unterbewußtseins, den wir als schöpferische Phantasie bezeichneten. Wir haben ihn auch mit einem Empfangsgerät verglichen, das uns in Form von »Gedankenblitzen« oder Inspirationen die gesuchten Gedanken und Pläne eingibt.
Dieser sechste Sinn trotzt jeder Beschreibung! Seine Art und Wirkungsweise werden notgedrungen allen jenen unverständlich bleiben, die noch nicht alle anderen Prinzipien unserer Erfolgsphilosophie beherrschen, da es solchen Personen an Wissen und Erfahrungen mangelt, die zumindest eine vergleichsweise Definition des sechsten Sinnes ermöglichen würden. Das Verstehen des sechsten Sinnes gelingt nur in der Meditation durch Öffnen des inneren geistigen Auges.
Ist es Ihnen aber gelungen, sich das bis jetzt dargebotene Wissen anzueignen, so verfügen Sie auch über die innere Bereitschaft, eine Behauptung als wahr anzuerkennen, die Ihnen sonst als unglaubhaft erscheinen müßte. Diese lautet:
Der sechste Sinn vermag Sie vor drohenden Gefahren so rechtzeitig zu warnen, daß Sie sie abzuwenden vermögen; er kündigt günstige Gelegenheiten so frühzeitig an, daß Sie sie nützen können.

Sobald sich Ihr sechster Sinn voll entwickelt hat, werden Sie einen Schutzengel zur Seite haben, der Ihnen jederzeit das Tor zum Tempel der Weisheit öffnet.

Die große erste Ursache

Der Autor glaubt weder an »Wunder«, noch mutet er dies anderen zu. Er ist ausreichend vertraut mit der Natur, um zu wissen, *daß diese niemals von ihren eigenen ewigen Gesetzen abweicht*. Zugegebenermaßen übersteigen die Wirkungen einiger dieser Gesetze unser Vorstellungsvermögen so sehr, daß sie uns als »wunderbar« erscheinen. Wollte man aber hier von einem Wunder sprechen, so wäre diese Bezeichnung eher auf das Erlebnis des sechsten Sinnes anzuwenden, als auf irgendeine andere Erfahrung meines Lebens.

Eines nämlich weiß der Autor mit absoluter Gewißheit: Es gibt eine Macht oder eine erste Ursache, oder eine Intelligenz, die jedes Atom der Materie durchdringt und sich in allen uns bekannten Formen der Energie offenbart, eine Macht, die das Samenkorn in einen Baum verwandelt, die das Wasser nach dem Gesetz der Schwerkraft bergab fließen und den Tag auf die Nacht, den Winter auf den Sommer folgen läßt, die dafür sorgt, daß in der Ordnung der Dinge alles seinen festen Platz einnimmt und im richtigen Verhältnis zu den anderen Elementen steht. Diese Intelligenz läßt sich mit Hilfe unserer Erfolgsphilosophie dazu bewegen, uns bei der Umwandlung unserer Wünsche in konkrete Wirklichkeit behilflich zu sein. Die feste Überzeugung des Verfassers gründet sich auf eigene Versuche — und auf eigene Erfahrungen.

Schritt um Schritt führten Sie die vorausgegangenen Kapitel diesem Höhepunkt zu. Wenn Sie die bisher zurückgelegten Schritte beherrschen, so wird es auch Ihnen nicht schwerfallen, die nun folgenden und nahezu ungeheuerlichen Behauptungen *ohne Skepsis* als wahr hinzunehmen. Lassen Sie mich noch einmal betonen, daß die Beherrschung aller auf den vorausgegangenen Seiten dieses Buches dargestellten Prinzipien unerläßlich ist, wenn Sie sich persönlich von der Wahrheit der nun folgenden Behauptungen überzeugen wollen.

Als ich mich im jugendlichen Entwicklungsstadium der »Heldenverehrung« befand, strebte ich danach, meinen Vorbildern nachzueifern. Dabei entdeckte ich, daß mir das gläubige Vertrauen, das mein Streben erfüllte, oftmals die Kraft gab, *es meinen Vorbildern gleichzutun*.

Bedienen Sie sich »unsichtbarer Ratgeber«

Ich habe meinen Hang zur Heldenverehrung niemals ganz verloren. Meine Erfahrungen lehrten mich, daß man den Großen dieser Welt durch nichts ähnlicher wird, als daß man ihnen in Gedanken, Worten und Taten nacheifert.

Lange ehe ich meine erste Zeile veröffentlicht und meinen ersten Vortrag gehalten hatte, war es meine Gewohnheit geworden, meinen Charakter immer von neuem am Vorbild jener neun Männer zu formen, deren Leben und Werk mich am tiefsten beeindruckt hatte. Diese neun Persönlichkeiten waren Emerson, Paine, Edison, Darwin, Lincoln, Burbank, Napoleon, Ford und Carnegie. Jahrelang berief ich jede Nacht eine imaginäre Ratsversammlung ein, der diese Männer als meine »unsichtbaren Ratgeber« angehörten.

Ich ging dabei folgendermaßen vor: Allabendlich, ehe ich einschlief, stellte ich mir mit geschlossenen Augen vor, ich sitze zusammen mit jenen Persönlichkeiten um einen Konferenztisch. Dies gab mir nicht nur Gelegenheit, an der Seite meiner großen Vorbilder zu sitzen, als Veranstalter konnte ich auch den Vorsitz übernehmen.

Mit diesen nächtlichen Versammlungen verfolgte ich einen ganz bestimmten Zweck. Ich wünschte nämlich, mein ganzes Wesen so umzuformen, daß es alle positiven Charakterzüge meiner unsichtbaren Ratgeber in sich vereinigte. Immerhin war mir schon frühzeitig bewußt geworden, daß es alle die Hindernisse zu überwinden galt, die mir eine unwissende und mit Vorurteilen behaftete Umwelt in den Weg legen würde. Mein Ziel war es also, einen völlig neuen Menschen aus mir zu machen.

Eine Zeit der Autosuggestion

Ich wußte, daß die Entwicklung eines jeden Menschen seine vorherrschenden Gedanken und Wünsche widerspiegelt. Ich wußte auch, daß jedes tiefwurzelnde Verlangen machtvoll nach Verwirklichung drängt. Und schließlich hatte ich erkannt, daß Autosuggestion nicht nur der wichtigste, sondern sogar der allein wirksame Faktor zur Charakterbildung ist.

Wohlgerüstet mit diesem Wissen um die Funktionsgesetze des Geistes machte ich mich an die Umformung meines Charakters. Mit lauter

Stimme sprach ich jeden meiner unsichtbaren Ratgeber persönlich an und bat ihn, einen ganz bestimmten eigenen Beitrag zu meinen Kenntnissen und Bemühungen zu leisten. Ich sagte also etwa:

»Mr. Emerson, ich wünsche mir Ihr wunderbares Verständnis der Natur anzueignen, das Ihren Namen so berühmt gemacht hat. Ich möchte, daß Sie meinem Unterbewußtsein alle jene Eigenschaften einprägen, mit deren Hilfe Sie eine so innige Beziehung zu den Gesetzen der Natur fanden.«

»Mr. Burbank, ich ersuche Sie, mir alle Ihre Kenntnisse zu vermitteln, mit deren Hilfe es Ihnen gelang, aus dem dornigen Kaktus eine eßbare Frucht zu züchten. Lassen Sie mich an dem Wissen teilhaben, das es Ihnen ermöglichte, zwei Grashalme wachsen zu lassen, wo vor dem nur einer stand.«

»Mr. Napoleon, ich möchte von Ihnen die wunderbare Fähigkeit erlernen, Gefolgsleute zu entschlossenem, vorbehaltlosem Einsatz zu begeistern. Auch Ihre unerschütterliche Zuversicht soll auf mich übergehen, mit der Sie Niederlagen in Siege verwandelten und selbst schwindelerregende Hindernisse überwanden.«

»Mr. Paine, ich möchte die Freiheit Ihres Denkens besitzen, aber auch den Mut und die Klarheit, mit denen Sie Ihre Überzeugungen zu vertreten wußten.«

»Mr. Darwin, ich strebe nach Ihrer wunderbaren Geduld und nach Ihrer Fähigkeit, Ursache und Wirkung so vorurteilslos zu untersuchen, wie Sie es auf dem Gebiet der Naturwissenschaften vermochten.«

»Mr. Lincoln, ich möchte meinem Charakter Ihren ausgeprägten Sinn für Gerechtigkeit, Ihre unermüdliche Geduld, Ihren Humor, Ihr menschliches Verständnis und die Toleranz einverleiben, die zu Ihren hervorstechendsten Wesensmerkmale zählten.«

»Mr. Carnegie, von Ihnen wünsche ich mir jenes tiefgreifende Verständnis der Grundsätze *organisierten Kräfteeinsatzes*, mit deren Hilfe Sie Ihr riesiges Industriereich aufbauten.«

»Mr. Ford, von Ihnen möchte ich mir den Geist der Ausdauer, die Entschlossenheit, die Selbstsicherheit und das Selbstvertrauen aneignen, die Sie in die Lage versetzten, die Armut zu besiegen und die menschlichen Kräfte zu organisieren, zu vereinen und auf einen gemeinsamen Nenner zu bringen, so daß ich anderen helfen kann, Ihrem Vorbild zu folgen.«

»Mr. Edison, von Ihnen erbitte ich mir jenes gläubige Vertrauen, mit dem Sie so viele Geheimnisse der Natur enthüllten, und Ihren unermüdlichen Arbeitsgeist, der so oft Rückschläge in Erfolge verwandelte.«

Die imaginäre »Ratsversammlung«

Der Wortlaut, mit dem ich mich an die Mitglieder meiner imaginären Ratsversammlung wandte, hing ganz von den Wesenseigenschaften ab, die mir im jeweiligen Stadium meiner Entwicklung als die wichtigsten erschienen. Mit äußerster Genauigkeit studierte ich die Biographien meiner Vorbilder. Nachdem ich diese Sitzungen monatelang jeden Abend abgehalten hatte, stellte ich zu meinem eigenen Erstaunen fest, daß meine unsichtbaren Partner immer lebendiger wurden.
Jeder dieser neun Männer entwickelte persönliche Eigentümlichkeiten, die mich in Erstaunen setzten. Lincoln, zum Beispiel, erschien immer als einer der letzten und begab sich dann in feierlich gemessenem Schritt zu seinem Platz am Konferenztisch. Seine Miene war immer ernst, nur selten sah ich ihn lächeln.
Ganz anders verhalten sich die übrigen. Burbank und Paine lieferten sich mitunter witzige Rededuelle, welche die anderen Mitglieder der Runde des öfteren zu schockieren schienen. Bei einer Gelegenheit verspätete sich Burbank. Voller Aufregung und Begeisterung erklärte er, endlich habe er nun eine Methode gefunden, um an allen Bäumen Äpfel wachsen zu lassen. Paine gab ihm darauf zu bedenken, daß ausgerechnet diese Frucht den ewigen Streit zwischen Mann und Frau ausgelöst habe. Darwin schüttelte sich indes vor Lachen, während er Paine riet, er solle sich beim Äpfelsammeln im Wald vor kleinen Schlangen hüten, da diese zu Riesenschlangen heranwachsen würden. Worauf Emerson erwiderte: »Keine Schlangen, keine Äpfel«, und Napoleon bemerkte: »Keine Äpfel, kein Staat!«
Mit der Zeit wurden diese Zusammenkünfte so lebenswahr, daß ich es mit der Angst zu tun bekam und einige Monate aussetzte. Was ich nämlich dabei erlebte, ergriff dermaßen Besitz von mir, daß ich eine immer stärkere Verwischung der Grenzen zwischen Traum und Wirklichkeit befürchten mußte.
Bis jetzt habe ich über diese Erfahrungen geschwiegen, denn ich mußte mir sagen, daß meine Schilderungen mißverstanden würden. Heute bin

ich vom Urteil meiner Umwelt nicht mehr so abhängig und habe deshalb meine Bedenken über Bord geworfen.

Um jedoch jedes Mißverständnis auszuschließen, möchte ich betonen, daß ich meine Ratsversammlungen nach wie vor als reine Produkte meiner Phantasie betrachte. Andererseits aber öffneten mir diese Erlebnisse die Augen für echte Größe, spornten mich zum schöpferischen Einsatz meiner Kräfte an und ermutigten mich, meine ehrlichen Überzeugungen auszusprechen.

Wie der sechste Sinn angeregt wird

Irgendwo innerhalb der Zellstrukturen unseres Gehirns befindet sich ein Organ, das jene Gedankenschwingungen aufnimmt, die man für gewöhnlich als »Eingebungen« bezeichnet. Bis zur Stunde hat die Wissenschaft den Sitz dieses geheimnisvollen Organs noch nicht entdeckt. Aber dieser Umstand ist völlig unwichtig, vergleichen wir ihn mit der Tatsache, daß wir menschlichen Wesen nicht ausschließlich auf unsere fünf körperlichen Sinne angewiesen sind, um zuverlässige Auskünfte zu erhalten. Diese zusätzlichen Wissensquellen erschließen sich besonders dann, wenn der menschliche Geist zu Höchstleistungen angeregt wird. Jede außergewöhnliche Situation, die unsere Gefühle wachruft und das Herz schneller schlagen läßt, weckt meist auch unseren sechsten Sinn. Wer selbst schon einmal am Steuer seines Wagens in letzter Sekunde einem Unfall entging, weiß, daß uns in dieser Situation der sechste Sinn im Bruchteil einer Sekunde die rettende Reaktion einzugeben vermag.

In meinem Leben gab es unzählige Gefahrenmomente; darunter solche, in denen meine »unsichtbaren Ratgeber« mich wie durch ein Wunder sogar aus Todesnot erretteten.

Ursprünglich hatte ich mit meinen Ratsversammlungen imaginärer Personen nichts anderes bezweckt, als meinem Unterbewußtsein mit Hilfe der Autosuggestion bestimmte wünschenswerte Eigenschaften einzupflanzen. In späteren Jahren unternahm ich solche Versuche mit völlig anderer Zielsetzung. Nun trage ich nämlich meinen unsichtbaren Ratgebern alle jene Probleme vor, die mich oder meine Klienten bewegen. Zwar richte ich mein Handeln nicht ausschließlich nach den auf solche Weise empfangenen Ratschlägen, doch habe ich mit dieser Methode bereits eine beträchtliche Reihe außergewöhnlicher Erfolge erzielt.

Sie werden eine neue große Kraft erwerben

Der sechste Sinn läßt sich nicht wie irgendein elektrisches Gerät ein- und ausschalten. Die Fähigkeit, diese große Kraft zu nutzen, muß zuvor durch die systematische Anwendung der anderen hier beschriebenen zwölf Schritte erworben werden.

Wer Sie auch sind, zu welchem Zweck Sie dieses Buch auch in die Hand genommen haben mögen, Sie können nur dann hoffen, aus dem Gelesenen Gewinn zu ziehen, wenn Sie das in diesem Kapitel beschriebene Prinzip verstanden haben. Dies gilt besonders, wenn Sie nach materiellem Besitz streben.

Damit ist der Schlußstein zu einer Erfolgsphilosophie gesetzt, die aus heißem Verlangen geboren wurde und die jeden Menschen geradewegs zu dem von ihm erstrebten Ziel zu führen vermag. Die höchste Stufe dieser Philosophie ist mit jener Einsicht erreicht, die zu Ihrem Selbst-Verständnis wie zum Verständnis Ihrer Mitmenschen, zum Verständnis der Naturgesetze wie zur Erkenntnis und zum Verständnis des wahren Glücks führt. Nur über diesen festen Punkt, den jeder erreichen muß, der wahre innere und äußere Freiheit beansprucht, gelingt Ihnen die Erfüllung eines jeden Wunsches.

Diese Erleuchtung wird aber nur dem zu eigen, der das Prinzip des sechsten Sinnes erfaßt hat und es anzuwenden weiß.

Sicher haben Sie bei der Lektüre dieses Kapitels festgestellt, daß es Ihren Geist überraschend und wirkungsvoll anregte. Nichts könnte besser sein! Schlagen Sie diese Seiten nach einem Monat von neuem auf, und Sie werden sehen, daß sich Ihr Geist zu noch größeren Höhen emporschwingt. Wiederholen Sie das regelmäßig, ohne dabei jedes Mal ausloten zu wollen, wieviel oder wie wenig Sie dazugelernt haben, dann werden Sie sich schließlich im Besitze einer Macht fühlen, mit deren Hilfe Sie jede Energielosigkeit, Entmutigung und Furcht überwinden und die Kraft Ihrer schöpferischen Phantasie voll entfalten können. Dann verspüren Sie an sich selbst den Hauch jenes unbekannten »Geistes«, der jeden wahrhaft bedeutenden Denker, Führer, Künstler, Musiker, Schriftsteller und Staatsmann beseelt hat. Dann ist auch der Augenblick gekommen, um Ihre Wünsche mit ebenso geringer Mühe in die Wirklichkeit zu übertragen, wie Sie hätten aufwenden müssen, um beim ersten Zeichen von Widerstand mutlos die Hände sinken zu lassen.

LEITSÄTZE

Von nun an werden Sie nicht mehr umsonst auf »Eingebungen« zu warten brauchen. Ihre schöpferische Phantasie — Ihr sechster Sinn — wird Sie mit dynamischer Kraft erfüllen.

Der Autor erwählte Henry Ford und andere erfolgreiche Persönlichkeiten zu seinen »unsichtbaren Ratgebern«. Mit Hilfe der gleichen erstaunlichen Methode können auch Sie Ihre Ziele erreichen.

Sie verspüren bereits den ersten Hauch jenes unbekannten »Geistes«, der die Schritte aller bedeutenden Persönlichkeiten in Vergangenheit und Gegenwart treu gelenkt hat. Er äußert sich auch heute noch jeden Tag in den ans Wunderbare grenzenden Leistungen der Kunst, der Wissenschaften und der anderen menschlichen Tätigkeitsbereiche.

Falls Ihr Lebenszweck darin besteht, Geld oder anderen materiellen Besitz anzuhäufen, so wird Ihnen dieses Kapitel zum wichtigsten Wegweiser.

Auf der obersten Sprosse der Erfolgsleiter ist immer Platz.

Die sechs Gespenster der Furcht

Prüfen Sie sich, ob auf Ihren Weg zum Erfolg noch die Schatten der Furcht fallen. Sie denken nach und werden reich — denn es gibt nichts, absolut nichts, das Ihnen den Weg zu versperren vermag.

Es bedarf einer gewissen, keineswegs aber schwierigen geistigen Vorbereitung, wenn Sie die Grundsätze unserer Erfolgsphilosophie wirkungsvoll anwenden wollen. Zuerst gilt es, Ihre drei Todfeinde — Unentschlossenheit, Zweifel und Furcht — zu erkennen und auszumerzen.

Solange nur die Spur einer einzigen dieser drei negativen Einstellungen in Ihrem Geiste verbleibt, wird sich der sechste Sinn nicht einstellen. Die drei destruktiven Kräfte sind eng miteinander verwandt; wo die eine auftritt, braucht man nicht lange nach den anderen zu suchen.

Denken Sie immer daran: Unentschlossenheit ist der Same der Furcht! Die Unentschlossenheit ruft Zweifel hervor und vereinigt sich mit diesen zur Furcht! Dieser Verschmelzungsprozeß schreitet langsam und zunächst ganz unauffällig voran. Gerade dies aber macht unsere drei Hauptfeinde so gefährlich; sie nisten sich ein, *ohne von Ihnen bemerkt zu werden!*

Ein Teil dieses Kapitels beschreibt ein Zwischenziel, das erreicht werden muß, ehe unsere Erfolgsphilosophie als Ganzes angewandt werden kann. Darüber hinaus finden Sie hier die Beschreibung eines Zustands, der die Armut großer Teile der Menschheit verursacht, sowie die Darstellung einer Wahrheit, die alle jene voll erfassen müssen, die sich Reichtum wünschen, gleichgültig, ob ihr Wunsch sich auf materiellen oder auf den viel höher zu bewertenden geistigen Reichtum bezieht.

Dieses Kapitel will Ihre Aufmerksamkeit auf die Ursachen der sechs hauptsächlichen Formen der Furcht und auf geeignete Heilmittel rich-

ten. Denn wer einen Feind besiegen will, muß zuerst einmal seine Identität, seine Gewohnheiten und seinen Aufenthalt auszumachen versuchen. Prüfen Sie sich deshalb bei der Lektüre dieses Kapitels mit äußerster Sorgfalt und stellen Sie fest, ob auch Sie von einem der sechs Gespenster heimgesucht werden.
Lassen Sie sich nicht von der Arglist dieser Ihrer sechs Todfeinde täuschen. Manche halten sich im Unterbewußtsein verborgen, wo sie schwer aufzuspüren und von wo sie noch schwerer zu vertreiben sind.

Furcht ist nur ein geistiger Zustand

Wir unterscheiden sechs Hauptarten der Furcht, die einzeln oder als Verbündete jeden Menschen zu irgendeiner Zeit heimsuchen. Die meisten Menschen sind schon froh, wenn sie nicht von allen gleichzeitig geplagt werden. In der Reihenfolge ihrer Häufigkeit nennen wir diese Gespenster

> Armut
> Kritik
> Krankheit
> verlorene Liebe
> Alter
> Sterben.

In den drei erstgenannten wurzeln fast alle Sorgen, die unser tägliches Leben vergiften.
Alle übrigen Erscheinungsformen der Furcht sind von geringerer Bedeutung und lassen sich einer der hier genannten Kategorien zuordnen.
Jede Furcht ist nichts als ein geistiger Zustand — einen solchen aber können Sie jederzeit im gewünschten Sinne beeinflussen.
Am Anfang jedes menschlichen Schaffens steht der Gedanke. Daraus ergibt sich die noch entscheidendere Schlußfolgerung, daß sich jeder bewußte oder unbewußte Gedankenimpuls unverzüglich verwirklicht. Selbst Impulse, die wir rein zufällig empfangen (wie z. B. die Gedanken anderer), können das finanzielle, geschäftliche, berufliche oder gesellschaftliche Schicksal eines Menschen genauso bestimmen, wie Gedanken, die dieser selbst bewußt entwickelt hat.
Diese Umstände erklären auch die so entscheidende und doch für viele Menschen noch immer unverständliche Tatsache, daß manchen Menschen das Glück immer zu lächeln scheint, während andere, die gleiche

oder sogar noch größere Fähigkeiten, Kenntnisse, Erfahrungen und Verstandeskräfte besitzen, wahre Pechvögel sind. Die Ursache erkennen wir darin, daß *jedes menschliche Wesen die Fähigkeit besitzt, seinen Geist völlig unter seine Kontrolle zu bringen.* Dies bedeutet aber nichts anderes als auch die Möglichkeit, Ihren Geist den Einflüssen jener negativen Impulse zu verschließen, die von anderen ausgehen können, und nur solchen Gedanken Einlaß zu gewähren, die Ihrer kritischen Prüfung standhalten.

Die Natur hat den Menschen mit nur einer einzigen absoluten Macht ausgestattet: Mit der Macht über seine Gedanken. Die Tatsache, daß jede menschliche Handlung von einem Gedanken inspiriert wird, gibt uns aber auch eine nahezu vollendete Waffe in die Hand, um jeder Furcht begegnen zu können.

Wenn es zutrifft, daß jeder Gedanke nach Verwirklichung drängt (und diese Wahrheit ist so eindeutig bewiesen, daß sie über jeden Zweifel erhaben ist), dann gilt auch, daß die geistigen Impulse der Furcht und der Armut sich nicht in Zuversicht und Reichtum verwandeln lassen. Diese Erkenntnis hilft uns, die Furcht zu überwinden.

Zwei unvereinbare Wegrichtungen

Zwischen Armut und Reichtum gibt es keinen Kompromiß! Die Wege, die zu Armut oder zu Reichtum führen, verlaufen in entgegengesetzter Richtung. Wenn Sie sich für Reichtum entschieden haben, müssen Sie sich gegen jeden Umstand zur Wehr setzen, der Armut herbeiführen könnte. (Der Begriff »Reichtum« wird hier im weitesten Sinne gebraucht und umfaßt sowohl finanzielle und materielle Güter als auch seelische und geistige Werte.) Der Weg zum Reichtum hat seinen Ausgangspunkt im heißen Begehren des Menschen. In dem diesem Thema gewidmeten Kapitel wurden Ihnen genaue Anleitungen gegeben, wie diese Kraft für Ihre Zwecke zu verwenden ist. Im vorliegenden Kapitel erhalten Sie nun genaue Anweisungen, welcher geistigen Vorbereitung Sie dazu bedürfen.

Damit sind Sie am entscheidenden Punkt angelangt, wo es sich erweisen muß, wieviel Sie von unserer Erfolgsphilosophie wirklich aufgenommen haben. Einem Propheten gleich können Sie jetzt Ihre eigene Zukunft vorhersagen. Falls Sie nach der Lektüre dieses Kapitels die Armut immer noch als unausweichliches Schicksal betrachten, werden

Sie ihr mit Sicherheit nicht entgehen. Die Entscheidung darüber liegt einzig und allein bei Ihnen.

Fordern Sie aber Reichtum vom Leben, dann ist jetzt der Augenblick gekommen, Art und Umfang dieses Reichtums festzulegen. Der Weg zum Reichtum ist Ihnen ja jetzt vertraut. Falls Sie diesen Weg nicht einschlagen oder nicht ganz zu Ende gehen wollen, so trifft nur Sie allein die Schuld. Niemand kann Ihnen die Verantwortung abnehmen, wenn Sie es versäumen, dem Leben Ihre Forderungen zu stellen. Und dazu bedarf es nur der richtigen geistigen Einstellung — die ja bekanntlich die einzige Lebensbedingung ist, die der Mensch völlig in seiner Gewalt hat. Eine solche Geistesverfassung läßt sich nicht mit Geld erkaufen — sie selbst müssen sie schaffen.

Analysieren Sie Ihre Furcht

Auch die Furcht vor der Armut ist nichts anderes als eine bestimmte geistige Einstellung oder Verfassung! Trotzdem vermag sie in jedem Tätigkeitsbereich die Aussicht auf Erfolg zu zerstören.

Diese Furcht lähmt die Kraft des Verstandes, zerstört die Fähigkeit der Imagination, tötet das Selbstvertrauen, untergräbt die Begeisterungsfähigkeit, verhindert jede Initiative, führt zu Unsicherheit in der Planung, unterstützt Verschleppung, löscht allen Enthusiasmus aus und macht Selbstbeherrschung unmöglich. Sie entkleidet jede Persönlichkeit ihres Charmes, zerstört die Möglichkeit sorgfältigen Denkens, knechtet die Beharrlichkeit, verschwendet die Willenskraft an Nichtigkeiten, zersetzt den Ehrgeiz, verdunkelt das Gedächtnis und lockt Mißerfolg an in jeder nur denkbaren Gestalt; sie tötet die Liebe, erstickt die edleren Gefühle des Herzens, untergräbt jede Freundschaft und zieht das Unglück in hunderterlei Gestalt herbei, sie verursacht Schlaflosigkeit, Not und Trauer — und alles das, obwohl wir doch unzweifelhaft in einer Welt leben, die ein Übermaß dessen bietet, was unser Herz begehrt, und in der uns nichts von der Erfüllung unserer Wünsche zu trennen vermag als der Mangel an einer klaren Zielsetzung.

Das Gespenst der Armut ist zweifellos unter allen das gefährlichste. Wir setzen diese Art der Furcht an die erste Stelle, weil sie am schwierigsten zu bekämpfen ist. Sie erwächst aus dem in Urzeiten zurückreichenden Hang des Menschen, seinen Nächsten auszubeuten. Fast alle Lebewesen, die auf einer niedrigeren Entwicklungsstufe stehen als der

Mensch, werden von ihren Instinkten gelenkt. Da ihre Denkfähigkeit begrenzt ist, fallen sie übereinander her und der Schwächere wird zur Beute des Stärkeren. Der Mensch dagegen ist mit seiner weit höher ausgebildeten Denkfähigkeit und Intuition nicht darauf angewiesen, seinen Artgenossen aufzufressen; er begnügt sich damit, ihn finanziell »auszusaugen«. Die Menschheit ist so geldgierig, daß eine Unzahl von Gesetzen nötig wurde, um die Angehörigen der menschlichen Rasse voreinander zu schützen.

Nichts peinigt und erniedrigt den Menschen so sehr wie die Armut. Nur jene, die dieses Schicksal am eigenen Leibe erfahren haben, wissen, was Not und Elend bedeuten.

Kein Wunder, daß sich der Mensch vor der Armut *fürchtet*. Die von Generation zu Generation vererbte und bestätigte Erfahrung hat uns gelehrt, daß vielen Menschen nicht zu trauen ist, wenn es um Geld und andere materielle Güter geht.

Der Mensch ist so versessen auf Reichtum, daß er ihn auf jede nur mögliche Weise zu gewinnen sucht — wenn möglich mit legalen Mitteln, wenn nötig oder erfolgversprechend aber auch unter Mißachtung von Recht und Gesetz.

Eine gründliche Selbsterforschung deckt Schwächen auf, die wir uns nicht gern eingestehen. Trotzdem ist eine solche Analyse unumgänglich für alle, die vom Leben mehr verlangen als bloßes Mittelmaß oder gar Armut. Beherzigen Sie deshalb bei jedem Punkt Ihrer Gewissenserforschung, daß Sie gleichzeitig Richter und Geschworener, Staatsanwalt und Verteidiger, Kläger und Angeklagter sind. Sie stehen vor dem Richterstuhl Ihres eigenen Gewissens: Sehen Sie deshalb den Tatsachen ins Auge! Stellen Sie sich klare Fragen und antworten Sie ohne Umschweife, denn nur so können Sie zu echter Selbsterkenntnis gelangen. Wer glaubt, in eigener Sache nicht unparteiisch genug urteilen zu können, suche sich einen Vertrauten, dessen objektiver Blick eine sachliche Einschätzung verbürgt. Vermeiden Sie jede Selbsttäuschung oder Beschönigung. *Suchen Sie* nach der vollen Wahrheit auch dann, wenn sie Ihnen manchmal *peinlich und unbequem erscheint!* Auf die Frage, was Sie am meisten fürchten, würde die Mehrzahl aller Menschen antworten: »Ich fürchte mich vor nichts!« Diese Auskunft wäre aber in nahezu allen Fällen falsch. Nur wenige sind sich nämlich dessen bewußt, daß sie von irgendeiner Art von Furcht seelisch und körperlich gequält und in allen Lebensäußerungen behindert werden. Das Angstgefühl läßt sich oft viel zu schwer in Worte fassen und ist so tief verwurzelt, daß es uns unerkannt das ganze Leben hindurch belasten kann. Nur die rücksichtslose Selbsterforschung vermag diesen schlimmsten Feind der Menschheit aufzustöbern. Um Ihnen Ihre Suche zu erleichtern, stellen wir nachfolgend eine Reihe von Symptomen zusammen, die besondere Beachtung verdienen:

Die sechs Symptome der Furcht vor Armut

1. *Gleichgültigkeit:* Meist äußert sie sich in einem Mangel an Ehrgeiz und in der Bereitschaft, Armut als unausweichliches Schicksal hinzunehmen, in der Bereitwilligkeit, ohne Protest auch den kärglichsten Lohn zu akzeptieren, in geistiger und körperlicher Trägheit, Mangel an Unternehmungslust, Phantasie, Begeisterungsfähigkeit und Selbstbeherrschung.

2. *Unentschlossenheit:* Sie äußert sich in der Gewohnheit, andere für sich denken und entscheiden zu lassen.

3. *Zweifel:* Dieser Hang verrät sich meist in allen möglichen Ausflüchten und Entschuldigungen für selbstverschuldete Mißerfolge; aber auch in neiderfüllten oder kritischen Bemerkungen über erfolgreichere Mitmenschen.

4. *Übergroße Besorgtheit:* Wer an ihr leidet, findet an Mitmenschen immer etwas auszusetzen, neigt dazu, über seine Verhältnisse zu leben, sein Äußeres zu vernachlässigen, eine finstere Miene zur Schau zu stellen, im Übermaß zu trinken oder sogar zu Rauschgiften zu greifen. Weitere Symptome sind Nervosität, Unausgeglichenheit und Unsicherheit

5. *Übertriebene Vorsicht:* Typische Anzeichen hierfür sind die Angewohnheit, immer nur die negative Seite der Dinge zu sehen, grundsätzlich nur Fehlschläge zu erwarten, statt aus eigener Kraft den Erfolg herbeizuführen; immer das Schlimmste zu erwarten, ohne je etwas zur Abwendung eines drohenden Unheils zu unternehmen; ewig auf den »richtigen Augenblick« zu warten, bis die Passivität zur Gewohnheit geworden ist; immer nur an jene zu denken, die auf der Strecke blieben, und darüber die anderen zu vergessen, die ihr Ziel erreichten. Dieser Pessimismus führt oft zu Verdauungs-

störungen und damit zur Selbstvergiftung des Organismus, zu Mundgeruch und Übellaunigkeit.

6. *Zaudern:* Dieser Charakterfehler tritt in der Gewohnheit zutage, immer wieder auf morgen zu verschieben, was schon im vergangenen Jahre hätte getan werden sollen. Menschen dieser Art verschwenden mehr Zeit darauf, Entschuldigungen und Ausflüchte zu suchen, als die Arbeit erfordert hätte, um die sie sich drücken. Dieses Symptom ist eng verwandt mit jenen der übergroßen Vorsicht, des Zweifels und der Schwarzseherei. Wie diese verleitet es den Menschen dazu, wann irgendmöglich die Verantwortung von sich zu schieben; lieber einen Kompromiß zu schließen, als es auf eine Auseinandersetzung ankommen zu lassen; Hindernisse hinzunehmen, anstatt sie zum Sprungbrett für noch größere Erfolge zu machen; mit dem Leben um jeden Pfennig zu feilschen, anstatt von ihm Wohlstand, Überfluß, Reichtum, Zufriedenheit und Glück zu fordern; von vornherein einen Fehlschlag einzuplanen, statt alle Brücken hinter sich zu verbrennen. Weitere Folgen sind teilweiser oder völliger Mangel an Selbstvertrauen, Zielstrebigkeit, Selbstbeherrschung, Unternehmungsgeist, Begeisterungsfähigkeit, Ehrgeiz, Sparsamkeit und gesundem Menschenverstand. Auch neigen solche Menschen dazu, sich mit der Armut auszusöhnen, anstatt Reichtum zu fordern, und sich mit ebenso hoffnungsarmen Menschen zu umgeben, anstatt die Gesellschaft strebsamer und erfolgreicher Partner zu suchen.

»Nichts als Geld!«

Mancher wird fragen, warum ich Reichtum immer nur nach Geld bemesse. Sie wenden dabei völlig zu Recht ein, daß es noch größere, begehrenswertere Reichtümer gibt als bloß Geld. — Das ist auch meine Überzeugung. Trotzdem gibt es Millionen und Abermillionen von Menschen, die nun einwenden: »Geben Sie mir soviel Geld wie ich brauche, dann werde ich mir alle anderen Wünsche selbst erfüllen.«

Was mich hauptsächlich veranlaßt hat, in diesem Buch die sicherste Methode darzustellen, durch deren Anwendung man Reichtum erwerben kann, war die Tatsache, daß die Angst vor der Armut Millionen von Menschen lähmt. Westbrook Pegler zeichnete einmal ein deutliches Bild von den Auswirkungen dieser Furcht:

Auf unserer Welt erfüllt alles mögliche die Funktion des Geldes: Muscheln, Metallplättchen oder Papierscheine. Andererseits gibt es Reichtümer des Herzens und der Seele, die mit keiner Summe Geldes zu kaufen sind. Diese Einsicht allein ist aber kein Trost für jene, die keinen Pfennig in der Tasche haben. Wenn jemand ohne Hoffnung auf Arbeit und Verdienst auf der Straße liegt, dann tritt eine innere Wandlung ein, die sich in seinem gebeugten Gang und in seinem Blick verrät. In der Gesellschaft von Menschen, die in geregelten Verhältnissen leben, wird er sich eines Gefühls der Minderwertigkeit nicht erwehren können, selbst wenn er weiß, daß sie sich mit seinem Charakter, seiner Intelligenz und seinen Fähigkeiten nicht messen können.

Die anderen wiederum — sogar seine Freunde sind davon nicht ausgenommen — fühlen sich ihm überlegen und betrachten ihn, möglicherweise ganz unbewußt, als einen Versager. Mit geborgtem Geld kann er sich zwar eine Zeit lang über Wasser halten, doch wird das kaum genügen, um seinen gewohnten Lebensstil beizubehalten. Außerdem ist der Kredit eines Erwerbslosen bald erschöpft. Darüber hinaus ist es niederdrückend, auf das Mitleid seiner Mitmenschen angewiesen zu sein. Im Gegensatz zu selbstverdientem Geld macht nämlich geborgtes Geld das Herz schwer. Selbstverständlich würden gewohnheitsmäßige Landstreicher und Tunichtgute diese Lage nicht so empfinden, wohl aber Menschen mit normalem Ehrgeiz und gesunder Selbstachtung.

Frauen verhalten sich in der gleichen mißlichen Lage anders. Schon die Bezeichnung »Versager« scheint das weibliche Geschlecht auszuschließen. Man sieht Frauen auch nur selten um milde Gaben betteln, man erkennt sie nicht an den gleichen eindeutigen Zeichen, wie ihre männlichen Leidensgenossen sie tragen. Selbstverständlich schließe ich hier jene innerlich und äußerlich verkommenen Gestalten aus, die das Gegenstück zu den »Pennern« darstellen. Was ich meine, sind alle vernünftigen, anständigen und klugen Frauen. Auch unter ihnen muß sich ein gewisser Prozentsatz in einer verzweifelten Lage befinden, doch lassen sie sich nichts anmerken. Möglicherweise ziehen sie es vor, aus dem Leben zu scheiden.

Wenn ein Mann auf der Straße sitzt, hat er Zeit zum Grübeln. Auf der Suche nach Arbeit reist er möglicherweise kilometerweit, um dann die Stelle bereits besetzt zu finden oder aber unnützen Kram zum Hausieren angeboten zu bekommen, den man ihm höchstens aus Mitleid abkauft. Lehnt er dies jedoch ab, so findet er sich wieder ohne Erwerbsquelle auf der Straße. So geht er also und geht, sein Blick bleibt an den ausgestellten Köstlichkeiten hängen, deren Genuß ihm versagt ist. Voller Minderwertigkeitsgefühle tritt er zur Seite, wenn ein kaufkräftiger

Interessent vor dem Schaufenster stehenbleibt. Seine end- und ziellose Wanderung führt ihm zum Bahnhof oder in eine öffentliche Lesehalle, wo er seinen müden Beinen Ruhe gönnen und sich ein wenig aufwärmen kann. Hier aber findet er keine Arbeit und deshalb macht er sich von neuem auf den Weg. Ohne daß er sich dessen bewußt ist, verrät ihn dieses ziellose Umherstreifen; auch nicht die gute Kleidung aus besseren Tagen vermag seine Mutlosigkeit zu überdecken.

Aus tiefstem Herzen beneidet er alle die Tausende von Werktätigen, die da als Buchhalter oder Büroangestellte, als Verkäufer oder Transportarbeiter ihren Lebensunterhalt verdienen. Er sehnt sich nach der gleichen Unabhängigkeit, Selbstachtung und Menschenwürde und hält sich schließlich für unfähiger als alle anderen es sind, selbst wenn ihm dauernde objektive Vergleiche das Gegenteil beweisen.

Ein bißchen Geld würde genügen, um ihm seine Selbstachtung und Selbstsicherheit wieder zu schenken. Mit etwas Geld könnte er wieder er selbst sein.

Fürchten Sie Kritik?

Niemand weiß, woraus sich diese Art der Furcht ursprünglich entwickelt hat. Sicher ist, daß sie den heutigen Menschen aufs schwerste heimsucht.

Ich selbst betrachte die Furcht vor Kritik als eine Folge des ererbten menschlichen Hanges, sich auf Kosten der anderen zu bereichern. Sehr wahrscheinlich hat der Mensch schon immer versucht, dieses Verhalten als einen Ausdruck der Kritik an den Fehlern und Schwächen seiner Mitmenschen zu rechtfertigen. Bekanntlich neigt ja jeder Dieb dazu, den Bestohlenen zu kritisieren, und viele Politiker versuchen ihre Rivalen um ein begehrtes Amt nicht durch Hervorhebung eigener Vorzüge auszustechen, sondern indem sie die Konkurrenz aufs schlimmste anschwärzen.

Die Modeschöpfer und Kleiderfabrikanten waren wohl die ersten, die aus dieser Furcht vor Kritik — ein wahrer Fluch der Menschheit — Kapital zu schlagen wußten. Mit jeder neuen Saison ändern sie den Stil der Mode. Und wer legt den Stil fest? Natürlich nicht der Kunde, sondern die Modeindustrie. Und warum wechselt der Stil so oft? Die Antwort liegt auf der Hand: Weil der Kunde — aus Furcht, in den Augen anderer als unmodern zu erscheinen (wie falsch, da er doch höchstens »unmodisch« ist) — den Zwang zu spüren glaubt, sich nach dem jeweils neuesten Stil kleiden zu müssen.

Aus dem gleichen Grund verändern auch die Automobilhersteller ihre Modelle jedes Jahr. Wer will sich schon in einem Wagen des alten Typs sehen lassen?

So also wirkt sich die Furcht vor Kritik im kleinen und im alltäglichen Bereich aus. Aber untersuchen wir auch, wie diese Furcht im zwischenmenschlichen Bereich wichtige Entscheidungen zu beeinflussen vermag. Als Beispiel sei eine beliebige Person gewählt, die im Alter zwischen 35 und 40 Jahren den durchschnittlichen Grad geistiger Reife erreicht hat. Könnten wir die geheimsten Gedanken eines solchen Menschen lesen, so würden wir entdecken, daß er die meisten Lehrmeinungen, die noch vor einigen Jahrzehnten als der Wahrheit letzter Schluß betrachtet wurden, nun in Zweifel zieht oder sie gar völlig ablehnt. Nur — er spricht dies nicht aus.

Warum schreckt nun der Durchschnittsmensch selbst in unserem aufgeklärten Zeitalter noch davor zurück, seine von der geltenden Meinung abweichende Überzeugung offen zu äußern? Die Antwort darauf ist ganz einfach: Er fürchtet sich vor der Kritik. Früher endeten Männer und Frauen auf dem Scheiterhaufen, falls sie es wagten, offen zu bekennen, daß sie nicht an Geister glaubten. Wir dürfen uns deshalb nicht wundern, wenn sich den bewußten und unterbewußten Schichten unseres Geistes im Laufe der Zeit die Furcht vor der Kritik anderer eingeprägt hat. Es ist noch nicht sehr lange her, daß Kritik an herrschenden Zuständen und Meinungen aufs strengste bestraft wurde — in manchen Ländern ist dies heute noch üblich.

Seine Furcht vor Kritik aber raubt dem Menschen jede Initiative, lähmt seine Phantasie, hindert seine Persönlichkeit an der freien Entfaltung, untergräbt sein Selbstvertrauen und stiftet noch manches andere Unheil. Durch ewiges Nörgeln verursachen manche Eltern bei ihren Kindern nicht wieder gutzumachende Schäden. Die Mutter eines meiner Spielgefährten pflegte ihren Sohn fast täglich mit dem Stock zu züchtigen und anschließend zu drohen: »Du landest noch vor deinem zwanzigsten Geburtstag im Zuchthaus!« — Mit 17 wurde er in eine Besserungsanstalt eingewiesen ...

Kritik wird im Überfluß und völlig kostenlos angeboten, ob sie nun erwünscht und berechtigt ist oder nicht. Die nächsten Anverwandten gehen hier oft mit schlechtem Beispiel voran. Eltern, die durch ein Übermaß an Kritik in ihren Kindern Minderwertigkeitskomplexe heranzüchten, sollten sich eigentlich vor Gericht verantworten müssen, denn ein solches Verhalten zählt zu den strafwürdigsten, die ich kenne. Arbeitgeber, die sich auf die menschliche Natur verstehen, spornen ihre Mitarbeiter nicht durch Nörgelei zu Höchstleistungen an, sondern durch konstruktive Anregungen. Dasselbe können Eltern bei ihren Kindern erreichen. Kritik sät nur Furcht und Groll ins menschliche Herz und wird niemals Liebe oder Zuneigung ernten.

Sieben Symptome der Furcht vor Kritik

Die Furcht vor Kritik ist nahezu ebenso weit verbreitet, wie jene vor der Armut. Sie hat die gleichen negativen Auswirkungen auf die persönliche Leistungsfähigkeit, denn sie zerstört nicht nur jeden Unternehmungsgeist, sondern sie lähmt auch unsere Phantasie. Ihre hauptsächlichen Symptome sind:

1. *Befangenheit:* Sie verrät sich durch allgemeine Nervosität, Schüchternheit im Gespräch und bei Begegnungen mit Fremden, in linkischer Gestik und ausweichendem Blick.
2. *Mangel an innerer Haltung:* Dieser zeigt sich durch die Unfähigkeit, seine Stimme unter Kontrolle zu halten, durch Nervosität in Gegenwart anderer, durch schlechte Körperhaltung und lückenhaftes Gedächtnis.
3. *Schwach entwickelte Persönlichkeit:* Sie verrät sich durch Entschlußlosigkeit, mangelnden Charme, Urteilsschwäche. Typisch sind außerdem die Gewohnheiten, Problemen aus dem Wege zu gehen und den Meinungen anderer vorbehaltlos zuzustimmen.
4. *Minderwertigkeitskomplexe:* Ein sicheres Anzeichen dafür ist übertriebenes Eigenlob; der häufige und noch dazu falsche Gebrauch von Fremdwörtern; die Nachahmung anderer in Kleidung, Redeweise und Umgangsformen; der Hang, sich mit angeblichen Erfolgen zu brüsten. Alle diese und andere Mittel dienen dazu, vorhandene Komplexe zu kompensieren und bei schlechten Menschenkennern den Anschein von Überlegenheit zu wecken.
5. *Verschwendungssucht:* Diese äußert sich in dem Streben, bedingungslos mit den anderen Schritt halten zu wollen, selbst wenn das die eigenen Verhältnisse übersteigt.
6. *Mangel an Initiative:* Sie wirkt sich aus im Unvermögen, günstige Gelegenheiten zu ergreifen, sowie in der Angst, seine Meinung zu

sagen, in mangelndem Vertrauen in eigene Ideen, und in der Gewohnheit, auf direkte Fragen des Vorgesetzten ausweichend zu antworten; aber auch in unsicherer Verhaltensweise, in stockender Sprache, in verschiedensten Täuschungsversuchen in Wort und Tat.

7. *Mangel an Ehrgeiz:* Dieser tritt in geistiger und körperlicher Trägheit auf, in mangelnder Selbstsicherheit und Entschlußfreude, in leichter Beeinflußbarkeit, Hinterhältigkeit, Schmeichelei, Mutlosigkeit bei geringstem Widerstand, unbegründetem Mißtrauen, Taktlosigkeit und der Unfähigkeit, selbstverschuldete Fehler einzugestehen.

Fürchten Sie Krankheit?

Diese Furcht ist physisch und vererbungsmäßig begründet. Sie entspringt ähnlichen Gründen wie die Furcht vor dem Alter und die Furcht vor dem Tode, zumal uns jede Krankheit an die Grenzen jener »grauenhaften Bereiche« führt, die noch kein lebendes Auge erblickte, von denen aber trotzdem Schreckliches berichtet wird. Auch die Werbung gewissenloser Geschäftemacher dürfte einiges dazu beigetragen haben, wenn sie die Furcht vor der Krankheit verbreiten, um die »Gesundheit« besser verkaufen zu können.

Besonders aber ist es die schreckliche Vorstellung dessen, was den Menschen nach seinem Tod erwarten könnte, welche die Furcht vor der Krankheit begründet. Und zweifellos spielt auch der Gedanke an eine mögliche finanzielle Belastung eine Rolle.

Nach der Schätzung eines berühmten Arztes sind etwa 75 Prozent aller Patienten Hypochonder, eingebildete Kranke. Wir haben überzeugende Beweise dafür, daß bereits eine gänzlich unbegründete Furcht vor einer bestimmten Krankheit deren typische Symptome auslösen kann.

Wie mächtig ist doch der menschliche Geist! Er vermag aufzubauen und zu zerstören!

Vor einigen Jahren wurde in einer Serie von Experimenten bewiesen, daß die Macht der Suggestion Krankheiten hervorrufen kann. Das ohne sein Wissen ausgewählte »Opfer« wurde dabei nacheinander von drei Freunden besucht. Jeder von ihnen stellte die Frage: »Was fehlt dir eigentlich? Du schaust ja schrecklich krank aus!« Der erste Besucher erntete meist nur ein belustigtes Lächeln und die gleichmütige Antwort: »Oh, gar nichts, mir geht es ausgezeichnet!« Schon beim nächsten

Besuch aber war das Echo: »Ich weiß nicht recht, aber ich fühle mich nicht besonders wohl.« Dem dritten Freund gegenüber bekannte unser Opfer bereits, daß es sich in der Tat krank fühle.

Sie zweifeln daran, daß eine bloße Frage das Wohlbefinden eines anderen beeinträchtigen kann? Dann machen Sie doch einmal den gleichen Versuch mit einem Ihrer Bekannten — gehen Sie aber nicht zu weit! Es gibt sogar eine gewisse religiöse Sekte, deren Anhänger sich an ihren Feinden dadurch rächen, daß sie sie »verhexen«. Die Wirkung dieser »schwarzen Magie« beruht darauf, daß der Betreffende selbst an die Macht des Fluches glaubt, der über ihn verhängt wurde.

Eine überwältigende Zahl von Beweisen bestätigt, daß Krankheiten oft durch negative Gedankenimpulse ausgelöst werden. Eine solche Zwangsvorstellung ist entweder die Folge einer Autosuggestion oder einer Fremdsuggestion.

Heutzutage empfehlen die Ärzte ihren Patienten oft einen Wechsel des Klimas, denn die veränderte Umwelt bewirkt eine geistige Neuorientierung und diese beschleunigt den Gesundungsprozeß. In uns allen steckt die Furcht vor der Krankheit. Ärger, Angstzustände, Entmutigung, Enttäuschungen in der Liebe und geschäftliche Sorgen lassen diese verderbliche Saat keimen.

Enttäuschte Liebe und geschäftliche Sorgen bilden den häufigsten Anlaß zu einer Krankheitspsychose. Ein junger Mann, dessen Liebe aufs grausamste enttäuscht worden war, wurde dadurch gesundheitlich so schwer geschädigt, daß er im Krankenhaus monatelang mit dem Tode rang. Endlich wurde ein Psychotherapeut zu Rate gezogen, der sofort veranlaßte, daß die Pflege dieses Kranken einer *besonders attraktiven und charmanten Schwester übertragen wurde*. Vom Arzt entsprechend instruiert, machte sie dem jungen Patienten vom ersten Tag an verliebte Augen. Innerhalb von drei Wochen war der Patient geheilt. Allerdings war er von neuem unsterblich verliebt. Glücklicherweise wurden seine Gefühle erwidert, sie heirateten kurze Zeit darauf.

Sieben Symptome der Furcht vor Krankheit

Diese wohl mit am weitesten verbreitete Form der Furcht erkennen wir an folgenden Erscheinungsbildern:

1 *Negative Autosuggestion:* Sie äußert sich in dem Hang, ständig neue Anzeichen irgendwelcher Krankheiten zu suchen und zu finden.

Typisch dafür ist auch die »Lust« an der Krankheit als an einem Zustand und Gesprächsstoff; die Gewohnheit, jene neue Wunderkur auszuprobieren; der Drang, sich auf Gespräche über Operationen, Unfälle und andere körperliche Leiden einzulassen; ohne ärztliche Überwachung mit Diätkuren, Leibesübungen und Schlankheitspräparaten zu experimentieren, und schließlich das übertriebene Vertrauen in »Hausmittel« oder »Patentmedizinen« und Quacksalber.

2. *Hypochondrie:* Wir verstehen darunter die Gewohnheit, sich solange mit allen möglichen Krankheiten zu beschäftigen und sich für mit ihnen behaftet zu halten, bis ein Nervenzusammenbruch eintritt. Gegen diese geistige Einstellung gibt es keine Medizin. Sie ist die Folge negativer Denkungsart und kann nur durch positive Denk- und Gefühlsgewohnheiten geheilt werden. In manchen Fällen stiftet die eingebildete Krankheit ebensoviel Schaden wie eine tatsächlich vorhandene Erkrankung. Auch die meisten sogenannten »Nervenleiden« sind auf diese Ursache zurückzuführen.

3. *Trägheit:* Aus Furcht vor Überanstrengung und Krankheit machen sich viele Menschen zu wenig körperliche Bewegung. Die daraus resultierende Gewichtszunahme verstärkt ihrerseits wieder die Neigung zur Trägheit.

4. *Anfälligkeit:* Die Furcht vor Krankheit untergräbt die natürliche Widerstandskraft und schafft so einen günstigen Nährboden für alle möglichen ansteckenden Krankheiten.

   Besonders beim Hypochonder, der in steter Furcht vor Behandlungs-, Arzneimittel- und Krankenhauskosten lebt, ist die Angst vor der Krankheit oft mit der Furcht vor Armut gekoppelt. Ein solcher Mensch verschwendet einen großen Teil seiner Zeit darauf, Vorsorge für den Krankheitsfall zu treffen, sich Gedanken über das Sterben zu machen und Geld für seine Bestattung beiseite zu legen.

5. *Verweichlichung:* Viele stellen sich auch krank, um Mitleid zu erwecken oder um der Arbeit aus dem Wege zu gehen. Besonders Faulheit und mangelnder Ehrgeiz veranlassen zu einer solchen »Flucht in die Krankheit«.

6. *Unmäßigkeit:* Wer dazu neigt, sucht bei Alkohol und Drogen Zuflucht, um irgendwelche Schmerzen zu betäuben, statt das Übel bei der Wurzel zu fassen.

7 *Schwarzseherei:* Sie erkennen wir an der oft unverhüllten Gewohnheit, medizinische Werke zu wälzen und sich den Kopf darüber zu zerbrechen, ob man selbst an den dort beschriebenen Krankheiten leide. Menschen dieser Art fallen ebenfalls sehr leicht auf alle möglichen »Allheilmittel« herein.

Fürchten Sie den Verlust von Liebe?

Diese uns angeborene Furcht resultiert ganz offensichtlich aus der in früheren Zeiten weitverbreiteten »Vielweiberei«, die es jedem Manne gestattete, einem Schwächeren die Frau wegzunehmen, bzw. sich mit ihr jede Freiheit zu erlauben. Diese Furcht wirkt sich in Eifersucht und anderen Neurosen aus. Sie schlägt die tiefsten Wunden und fügt dem menschlichen Körper und Geist größeren Schaden zu als alle anderen.

Die Furcht, den geliebten Partner zu verlieren, geht wahrscheinlich auf Lebensformen der Steinzeit zurück, in welcher der Mann die begehrte Frau noch mit roher Gewalt raubte. Auch heute gibt es noch Männer, die anderen ihre Frauen wegnehmen, doch wenden sie eine zeitgemäßere Methode an. Sie verzichten auf Gewalt und verlassen sich lieber auf ihre Überredungskunst, auf die Lockungen schöner Kleider, wertvollen Schmucks, luxuriöser Autos und anderer Köder, die wirksamer sind als die brutale Kraft. Die innere Einstellung jedoch ist die gleiche geblieben, nur die Sitten haben sich geändert.

Sorgfältige Untersuchungen haben bewiesen, daß Frauen eher an dieser Furcht leiden als Männer. Als Erklärung dafür mag die polygame Veranlagung der Männer dienen, welche die Frauen zwingt, stets vor den Verführungskünsten einer Rivalin auf der Hut zu sein.

Drei Symptome, die Furcht vor dem Verlust von Liebe anzeigen

Die auffallendsten Merkmale dieser Furcht sind:

1. *Eifersucht:* Sie erkennen wir, wenn Freunde, Geliebte oder Ehepartner grundlos der Untreue bezichtigt werden, und zwar aus einem prinzipiellen Mißtrauen heraus, das kein rückhaltloses Vertrauen in irgendeinen Menschen aufkommen läßt.
2. *Tadelsucht:* Sie zeigt sich in der Gewohnheit, bei der geringfügigsten Veranlassung, ja sogar ohne jeden Grund seine Freunde, Verwandten und Geschäftspartner zu kritisieren und herabzusetzen.

3. *Der Hang, sein Glück herauszufordern:* Er äußert sich darin, daß man im irrigen Glauben, Liebe sei käuflich, großzügige Geschenke durch Glücksspiel, Betrug, Diebstahl oder ähnliche Praktiken finanziert, ja daß man sich in Schulden stürzt, um den anderen zu beeindrucken. Die Folgen sind dann Schlaflosigkeit, Nervosität, mangelnde Ausdauer, Willensschwäche, Unbeherrschtheit, Unsicherheit und Übellaunigkeit.

Fürchten Sie das Alter?

Diese Furcht hat zwei Hauptquellen: Einmal den Gedanken, daß mit dem Alter auch die Armut einziehen könnte, und zweitens die noch weiter verbreitete Sorge, bald all den möglichen »Höllenqualen« und anderen Schreckgespenstern ausgeliefert zu sein, mit denen man früher die Menschen gefügig machte. Daneben hat die Furcht vor dem Alter aber auch noch wesentlich realere Gründe. Da ist zunächst einmal das wachsende Mißtrauen gegenüber etwaigen Rivalen, welche die Hilflosigkeit des anderen ausnützen könnten, um ihn seines Besitzes zu berauben. Dazu kommt die mit den Jahren zunehmende Anfälligkeit für alle möglichen Krankheiten, ferner die bittere Einsicht, daß sexuelle Anziehungskraft im Lauf der Jahre schwindet.

In den meisten Fällen jedoch verbindet sich die Furcht vor dem Alter mit jener vor der Armut. Begriffe wie »Wohlfahrt« und »Armenhaus« haben einen bösen Klang. Der Gedanke, man müsse vielleicht seine letzten Jahre als Unterstützungsempfänger verbringen, macht jeden Menschen schaudern.

Vier Symptome der Furcht vor dem Alter

Die hauptsächlichsten Symptome sind:

1. *Vorzeitige Ermüdungserscheinungen:* Sie äußern sich in der Neigung, mit 40 Jahren — also zum Zeitpunkt höchster geistiger Reife — in seinen Bemühungen nachzulassen und Minderwertigkeitskomplexe zu entwickeln, weil man irrtümlicherweise glaubt, in diesem Alter müsse bereits der Kräfteverfall einsetzen.

2. *Innere Ablehnung des Alters:* Diese tritt in Erscheinung, wenn man sich — obwohl erst 40- oder 50jährig — selbst als alt bezeichnet. Man täte besser daran, seine Dankbarkeit dafür zum Ausdruck zu

bringen, daß man dieses Alter der Weisheit und des tieferen Verständnisses erreichen durfte.
3. *Die Lähmung der eigenen Initiative:* Alle Unternehmungslust, alle Phantasie und jedes Selbstvertrauen schwinden dahin, sobald man sich einredet, diese Eigenschaften müßten im Laufe der Jahre verlorengehen.
4. *Vortäuschung von Jugend:* Wer sich in Kleidung und Benehmen jünger gibt, als er ist, macht sich in den Augen seiner Umwelt nur lächerlich.

Fürchten Sie das Sterben?

Aus leicht einzusehenden Gründen ist dies für manche Menschen die schlimmste Form der Furcht. Der Angstschweiß, der bei vielen Menschen schon ausbricht, wenn sie nur an den Tod denken, ist meist eine Folge fanatischer religiöser Strenge. Die sogenannten »Heiden« empfinden weniger Furcht vor dem Hinscheiden als die »zivilisierten« Völker. Seit Anbeginn der Zeiten stellt der Mensch die im Grunde noch immer unbeantwortete Frage nach dem »Woher?« und »Wohin?« des Lebens.

In den dunkleren Zeiten unserer Vergangenheit gab es immer wieder gewissenlose Schlauköpfe, die für einen »angemessenen« Preis versprachen, diese Existenzfrage zu beantworten.

»Komm in mein Zelt, schließe dich meinem Glauben an, beuge dich meinen Dogmen, dann wirst du nach deinem Tode geradewegs in den Himmel auffahren«, lockten die Führer vieler Sekten. Andererseits aber drohten sie: »Wenn du dich aber weigerst, hier einzutreten, wird dich der Teufel packen und du wirst ewige Höllenqualen erleiden!«

Der Gedanke an das ewige Feuer zerstört jedes echte Interesse am Leben und jegliches Glücksempfinden.

Obwohl kein Religionsstifter die Macht besaß und besitzt, uns sicheres Geleit zum Himmel zu verschaffen oder irgendeine unglückliche Seele in die Hölle zu verdammen, beschäftigt gerade letztere Vorstellung die Phantasie vieler Menschen mit so grauenhaft lebendigen Bildern, daß sie beim Gedanken an den Tod lähmendes Entsetzen empfinden.

Dennoch ist heutzutage die Furcht vor dem Tode nicht mehr so weit verbreitet wie zu einer Zeit, in der es noch keine höheren Schulen und keine bedeutenden Universitäten gab. Die Männer der Wissenschaft haben unsere Welt mit jener Klarheit erhellt, deren Leuchten die Gespenster der Furcht fliehen. Die jungen Männer und Frauen an unseren Universitäten lassen sich nicht mehr so leicht mit »Feuer und Schwefel« abschrecken. Biologie, Astronomie, Geologie und andere Wissenschaften haben die Ketten der Furcht gesprengt, welche die Menschen früherer Zeiten gefangenhielten.

Unser ganzer sichtbarer Kosmos besteht einzig und allein aus Energie und Materie. Die Elementarphysik lehrt, daß Materie noch Energie — die beiden einzigen dem Menschen bekannten Bausteine alles Seins — weder geschaffen noch zerstört werden können. Beide haben unendlich viele Erscheinungsformen, aber keine läßt sich spurlos vernichten.

Wenn es so etwas wie Leben überhaupt gibt, dann ist es nichts anderes als Energie. Da sowohl Energie als auch Materie unzerstörbar sind, ist selbstverständlich auch das Leben gegen Zerstörung gefeit. Wohl kann es, wie alle anderen Formen der Energie, eine unendliche Reihe von Wandlungsprozessen durchlaufen, niemals aber wird es dabei vernichtet werden. Der Tod ist also nur ein Übergang.

Wäre jedoch der Tod nicht nur diese Verwandlung, dieser Übergang, so würde auf ihn nur ein langer, ewiger, friedlicher Schlaf folgen — und vor dem Schlaf braucht sich niemand zu fürchten. Mit solchen Gedanken können Sie Ihre Furcht vor dem Tod vertreiben.

Drei Symptome, die Furcht vor dem Sterben anzeigen

1. *Der Gedanke an das Sterben:* Naturgemäß tritt er bei älteren Menschen häufig auf, doch hängen ihm auch jüngere so sehr nach, daß sie darüber das Leben vergessen können. Vielfach ist eine solche Einstellung die Folge davon, daß es den Betreffenden an einem festen Lebensziel und an einer befriedigenden Lebensaufgabe mangelt. Das wirksamste Mittel gegen die Furcht vor dem Tod ist das brennende Verlangen, im Dienst am Nächsten Großes zu leisten. Ein von seiner Aufgabe erfüllter Mensch hat keine Zeit, an den Tod zu denken.

2. *Die Gedankenverbindung zur Furcht vor Armut:* Wie bereits erwähnt, verbindet sich die Furcht vor dem Tod oft mit jener vor Armut. Manche befürchten auch, ihr Hinscheiden könnte ihre Lieben in Armut stürzen.

3. *Die Gedankenverbindung zu körperlicher oder geistiger Krankheit:*
Körperliche Krankheit kann seelische Depressionen zur Folge haben. Enttäuschte Liebe, religiöser Fanatismus, hochgradige Nervosität und tatsächliche Geistesgestörtheit sind weitere Ursachen der Todesfurcht.

Auch übermäßige Besorgtheit ist Furcht

Besorgtheit ist eine Geistesverfassung, die ebenfalls von Furcht herrührt. Sie ist ein schleichendes Gift. Unmerklich greift sie immer weiter um sich, bis die Vernunft gelähmt, bis Selbstvertrauen und Initiative zerstört sind. Besorgtheit läßt sich als dauernder Zustand der Furcht definieren, der durch Entschlußlosigkeit und Willensschwäche ausgelöst wird. Es handelt sich also um eine geistige Einstellung, die wir korrigieren und kontrollieren können.
Ist unser inneres Gleichgewicht gestört, so sind wir hilflos. Nichts bringt uns schneller in diese Lage als Unentschlossenheit. Den meisten Menschen fehlt die nötige Willenskraft, schnelle Entscheidungen zu treffen und daran festzuhalten.
Sobald wir uns für ein bestimmtes Vorgehen entschlossen haben, hat alles »Wenn« und »Aber« ein Ende. Ich interviewte einmal einen Mann, der zwei Stunden später auf dem elektrischen Stuhl hingerichtet werden sollte. Dieser Todeskandidat zeigte weit mehr Gelassenheit, als die anderen acht Männer, die ihn in diesem Augenblick umgaben. Erstaunt über diese unerschütterliche Ruhe fragte ich ihn, wie ihm denn zumute sei bei dem Gedanken, daß er in so kurzer Zeit in die Ewigkeit eingehen würde. Mit zuversichtlichem Lächeln antwortete er: »Mir geht es prima, mein Lieber. Denken Sie nur, bald sind alle die Mühen und Sorgen vorüber, die mich mein Leben lang verfolgt haben. Wie oft wußte ich nicht, wie ich mir Essen und Kleidung beschaffen sollte. Nun werde ich das alles bald nicht mehr brauchen. Seit ich mit Sicherheit weiß, daß ich bald sterben muß, fühle ich mich so wohl und so erleichtert wie nie zuvor. Ich habe mich mit meinem Schicksal abgefunden.«
Während er mir dies erzählte, verspeiste er mit offensichtlichem Appetit eine Mahlzeit, die für drei gereicht hätte. Seine feste Entschlossenheit half diesem Manne, das Ende mit völliger Ruhe zu erwarten. Die gleiche Entschlossenheit kann auch uns davor bewahren, den Zwang ungünstiger Umstände zu akzeptieren.

Tritt Unentschlossenheit dazu, so verursachen die sechs Hauptängste des Menschen einen Zustand dauernder Unruhe und Besorgtheit. Vertreiben Sie Ihre Furcht vor dem Tod, indem Sie ihn als ein unvermeidbares Geschick hinnehmen. Verjagen Sie die Furcht vor der Armut, indem Sie sich entscheiden, im Rahmen Ihres Einkommens ein sorgloses Leben zu führen. Verscheuchen Sie die Furcht vor der Kritik, indem Sie sich entscheiden, den Meinungen, Worten und Taten anderer *keine Beachtung mehr zu schenken*. Befreien Sie sich von der Furcht vor dem Alter, indem Sie sich entschließen, dieses nicht als Last sondern als Segen zu betrachten, weil es Weisheit, Selbstbeherrschung und Einsicht mit sich bringt, die der Jugend versagt sind. Besiegen Sie die Furcht vor der Krankheit, indem Sie sich entschließen, eingebildeten Symptomen keine Beachtung mehr zu schenken. Werfen Sie die Furcht vor gefährdeter Liebe ab, indem Sie sich entschließen, wenn nötig, ohne Partner durchs Leben zu gehen.

Entledigen Sie sich aller Ihrer Sorgen, indem Sie sich ein für allemal sagen, daß nichts auf dieser Welt es wert ist, mit Sorgen erkauft zu werden. Diese Einstellung wird das innere Gleichgewicht, den Seelenfrieden und die Gelassenheit bringen, welche die Grundlage des menschlichen Glücks bilden.

Wer sich von Furcht überwältigen läßt, beraubt sich damit nicht nur der Möglichkeit überlegten Handelns, er strahlt auch diese verderblichen Schwingungen auf alle aus, die mit ihm in Berührung kommen, und beeinträchtigt damit auch deren Erfolgschancen.

Sogar ein Hund oder ein Pferd werden von der Furcht ihres Herrn angesteckt und reagieren entsprechend. Auch weniger hochentwickelte Vertreter des Tierreichs haben einen feinen Instinkt für die Schwingungen der Furcht.

Die zerstörende Wirkung der Gedanken

Die geistigen Schwingungen der Furcht werden ebenso sicher von einem Gehirn auf das andere übertragen, wie die von einem Radiosender ausgestrahlte menschliche Stimme das Empfangsgerät erreicht.

Wer irgendwelchen negativen oder zerstörerischen Gedanken Ausdruck verleiht, muß mit großer Sicherheit einer negativen Rückwirkung gewärtig sein. Ja selbst negative Gedanken, die nicht in Wort gekleidet werden, vermögen vielerlei Unheil zu stiften. In erster Linie ist hierbei zu beachten, daß jeder Mensch, der negative Gedanken und Vorstellungen verbreitet, sich selbst schwersten Schaden zufügt, weil er damit seine schöpferische Phantasie lähmt. Darüber hinaus entwickelt der negativ eingestellte Mensch entsprechende Charakterzüge, die andere abstoßen, ja sogar zu Feinden machen können. Letztlich schädigen negative Gedankenimpulse nicht nur die Empfänger sondern auch den Mitteilenden, da sie sich in seinem Unterbewußtsein festsetzen und zum bestimmenden Teil seines Wesens, ja zu Ursachen physischer und psychischer Störungen werden können.

Mit großer Wahrscheinlichkeit betrachten auch Sie es als Ihr Lebensziel, Erfolge zu ernten. Um erfolgreich zu sein, müssen Sie aber innerlich ausgeglichen sein, ihre materiellen Bedürfnisse befriedigen können und sich vor allem glücklich fühlen. Alle diese Voraussetzungen und Kenzeichen des erfolgreichen Menschen entspringen ganz bestimmten Gedankenimpulsen.

Da Sie die Herrschaft über Ihren Geist besitzen, steht es auch in Ihrer Macht, diesem die gewünschten Impulse zuzuleiten. An dieses Vorrecht ist allerdings auch die Verantwortung gebunden, es konstruktiv zu nutzen. Ebenso sicher wie Sie die Macht besitzen, Ihre Gedanken unter Kontrolle zu halten, sind Sie auch der Herr Ihres irdischen Schicksals. Sie vermögen jederzeit ebenso Ihre Umwelt zu beeinflussen, zu lenken und schließlich sogar zu beherrschen, wie Sie Ihr Leben nach eigenen Wünschen gestalten können. Andererseits steht es Ihnen jedoch frei, auf dieses Vorrecht zu verzichten und Ihr Leben dem Zufall zu überlassen. Dann allerdings dürfen Sie sich nicht darüber beklagen, daß Sie von den Wellen des Schicksals wie ein Spielball hin und her geworfen werden.

Sind Sie zu leicht beeinflußbar?

Außer an den sechs Gespenstern der Furcht leiden viele Menschen noch an einem anderen großen Übel. Diese menschliche Schwäche stellt den fruchtbarsten Boden dar für die Saat des Mißerfolgs und des Unheils. Es handelt sich dabei nicht im eigentlichen Sinne um irgendeine Form von Furcht, sondern um eine viel schwerer aufzuspürende Erscheinung. Sie wurzelt tiefer und wirkt häufig noch unheilvoller, als die bekannten sechs Hauptarten menschlicher Furcht. Dieses gefährliche Übel ist nichts anderes als die *Empfänglichkeit für negative Einflüsse*.

Alle, die großen Reichtum erworben haben, schirmten sich rechtzeitig gegen diese Gefahr ab. Nur die Armen unternehmen nichts dagegen. Wer also erfolgreich sein will, muß stets auf der Hut sein. Wer diese Erfolgsphilosophie mit dem Ziel liest, ein Vermögen zu erwerben, muß sich genau erforschen, ob er für negative Einflüsse empfänglich ist. Falls Sie diese Vorsichtsmaßnahme außer acht lassen, gefährden Sie Ihr Anrecht darauf, alle Ihre Wünsche verwirklicht zu sehen.

Führen Sie deshalb die folgende Selbstbefragung mit äußerster Gründlichkeit, Gewissenhaftigkeit und absoluter Wahrheitsliebe durch. Stellen Sie sich vor, Sie seien dabei, einen Gegner aufzuspüren, der im Hinterhalt auf Sie lauert, und verfahren Sie mit Ihren Schwächen und Fehlern genauso erbarmungslos, wie Sie einen hinterhältigen Gegner behandeln würden.

Vor Straßenräubern können Sie sich verhältnismäßig leicht schützen, weil Sie dabei von den Hütern des Gesetzes unterstützt werden. Dieses »siebente Grundübel« jedoch ist schwerer zu bekämpfen, denn es schlägt im Wachzustand wie im Schlafe zu, wann immer Sie es am wenigsten erwarten. Da es unsichtbar bleibt, ist es auch gefährlicher als jeder Gegner von Fleisch und Blut. Ebenso bedrohlich und unvorhersehbar sind die Waffen, deren es sich bedient. Manchmal umschmeichelt es uns in der Maske wohlgemeinter Ratschläge von Freunden und Verwandten, bei anderen Gelegenheiten wieder entwickelt es sich aus unserer eigenen geistigen Einstellung. Immer aber wirkt diese Beeinflußbarkeit wie ein schleichendes, absolut tödliches Gift.

Schirmen Sie sich ab!

Wollen Sie sich vor negativen Einflüssen schützen — gleichgültig, ob es sich dabei um eigene Gedanken und Vorstellungen handelt oder um solche, die von einer negativ eingestellten Umwelt ausgehen —, so sollten Sie mit Hilfe Ihrer Willenskraft unverzüglich einen Schutzwall errichten.

Gestehen Sie sich ein, daß Sie, wie alle anderen menschlichen Wesen auch, von Natur aus faul, gleichgültig und für alle Suggestionen empfänglich sind, die im Einklang mit Ihren Schwächen stehen. Gestehen Sie sich ein, daß Sie von den sechs Gespenstern der Furcht bedroht werden, und gewöhnen Sie sich daran, diese zu bekämpfen. Gestehen Sie sich ein, daß negative Einflüsse oft durch Ihr eigenes Unterbewußtsein auf Sie einwirken, daß sie deshalb schwierig aufzuspüren sind, und daß Sie deshalb Ihren Geist den Einflüsterungen aller jener verschließen müssen, die Sie entmutigen wollen oder könnten.

Räumen Sie Ihr Medizinschränkchen aus und werfen Sie alle Pillen, Pülverchen und Tränklein weg, die Sie von Ihren eingebildeten Krankheiten befreien sollten. Fühlen Sie sich nicht mehr schon bei der geringsten Erkältung oder bei dem kleinsten Wehwehchen sterbenskrank und pflegebedürftig.

Suchen Sie die Gesellschaft von Menschen, die Sie zu selbständigem Denken und Handeln anregen.

Erwarten Sie nicht immer jedes nur denkbare Unheil, sonst wird dieses vielleicht nicht mehr lange auf sich warten lassen.

Die am weitesten verbreitete Schwäche der Menschen besteht zweifellos in der Gewohnheit, kampflos allen möglichen negativen Einflüssen zu erliegen. Diese Schwäche ist um so gefährlicher, als die meisten Menschen sie gar nicht bewußt wahrnehmen bzw. so lange nichts gegen sie unternehmen, bis sie zur schwer ausrottbaren täglichen Gewohnheit geworden ist.

Die folgenden Fragen wurden für jene Leser zusammengestellt, die versuchen wollen, ihr wahres Selbst zu ergründen. Beantworten Sie jede dieser Fragen mit lauter Stimme — so wird es Ihnen leichter fallen, sich selbst gegenüber ehrlich zu sein.

Nachdenken, ehe Sie antworten

Klagen Sie oft über Ihr »schlechtes Befinden?« Wenn ja, warum?
Regen Sie sich über die kleinsten Schwächen Ihrer Mitmenschen auf?
Unterlaufen Ihnen häufig Fehler bei Ihrer Arbeit? Wenn ja, warum?
Sind Sie als Gesprächspartner spöttisch, verletzend oder angriffslustig?
Meiden Sie bewußt die Gesellschaft Ihrer Mitmenschen? Wenn ja, warum?
Leiden Sie oft unter Verdauungsstörungen? Wenn ja, warum?
Erscheint Ihnen das Leben wertlos und die Zukunft hoffnungslos?
Lieben Sie Ihren Beruf? Wenn nein, warum nicht?
Neigen Sie zu Selbstmitleid? Wenn ja, warum?
Beneiden Sie Menschen, die fähiger sind als Sie?
Was nimmt in Ihrem Denken den größten Raum ein — Erfolg oder Mißerfolg?

Wächst oder schwindet Ihr Selbstvertrauen mit zunehmendem Alter?

Lernen Sie aus Ihren Fehlern?

Lassen Sie sich von Verwandten und Bekannten des seelischen Gleichgewichts berauben? Wenn ja, warum?

Neigen Sie dazu, in raschem Wechsel »himmelhoch jauchzend und zu Tode betrübt« zu sein?

Haben Sie sich ein Vorbild gewählt? Mit welchen Eigenschaften?

Setzen Sie sich vermeidbaren negativen und entmutigenden Einflüssen aus?

Vernachlässigen Sie Ihr Äußeres? Wenn ja, wann und warum?

Verstehen Sie sich auf die Kunst, Sorgen ganz einfach dadurch zu vertreiben, daß Sie sich in die Arbeit stürzen?

Würden Sie sich als rückgratlosen Schwächling bezeichnen, wenn Sie andere für sich denken und entscheiden ließen?

Welche unnötigen Sorgen machen Sie sich und warum?

Versuchen Sie, Ihre Nerven mit Alkohol, Drogen oder Zigaretten zu beruhigen? Wenn ja, warum versuchen Sie es nicht einmal mit Willenskraft?

Hat irgend jemand etwas an Ihnen auszusetzen? Wenn ja, warum?

Verfolgen Sie ein bestimmtes Ziel? Wenn ja, haben Sie einen festen Plan zu seiner Verwirklichung entwickelt?

Werden Sie von den sechs Gespenstern der Furcht heimgesucht? Von welchen?

Kennen Sie eine wirksame Methode, um sich gegen negative Einflüsse abzuschirmen?

Verwenden Sie bewußt Autosuggestion, um sich in eine positive Geisteshaltung zu versetzen?

Worauf legen Sie mehr Wert — auf materiellen Besitz oder auf die Macht über die eigenen Gedanken?

Schließen Sie sich wider besseres Wissen den Meinungen anderer an?

Wurden Ihr Wissen und Ihr Geist im Laufe des heutigen Tages bereichert?

Besitzen Sie den Mut, jenen Tatsachen ins Auge zu sehen, die Ihre mißliche Lage verursachten, oder versuchen Sie, der Beantwortung aus dem Wege zu gehen?

Versuchen Sie aus Ihren Fehlern und Niederlagen zu lernen oder halten Sie dies für überflüssig?

Welche sind Ihre drei größten Schwächen? Wie bekämpfen Sie sie?
Ermutigen Sie Ihre Mitmenschen dazu, ihre Sorgen bei Ihnen abzuladen?
Ziehen Sie aus Ihren täglichen Erfahrungen Lehren und Anregungen, die Ihnen förderlich sein können?
Üben Sie auf andere regelmäßig einen negativen Einfluß aus?
Welche Gewohnheiten Ihrer Mitmenschen regen Sie am meisten auf?
Bilden Sie sich Ihre eigene Meinung, oder lassen Sie sich leicht von anderen beeinflussen?
Haben Sie gelernt, einen geistigen Schutzwall zu errichten, der Sie gegen alle schädlichen Einflüsse abschirmt?
Verleiht Ihnen Ihre Tätigkeit das Gefühl der Zuversicht?
Halten Sie die Macht Ihres Geistes für ausreichend groß, um alle Furcht aus Ihrem Denken verbannen zu können?
Verhilft Ihnen Ihre Religion zu einer positiven Lebenseinstellung?
Fühlen Sie sich verpflichtet, anderen ihre Bürde tragen zu helfen? Wenn ja, warum?
Halten Sie das Sprichwort »Gleich und gleich gesellt sich gern« für zutreffend? Welche Rückschlüsse auf Ihre eigene Persönlichkeit erlaubt in diesem Fall Ihr Freundes- und Bekanntenkreis?
Machen Sie irgendwelche der Ihnen am nächsten stehenden Menschen dafür verantwortlich, daß Sie sich unglücklich fühlen?
Wäre es möglich, daß ein angeblicher Freund einen negativen Einfluß auf Sie ausübt und damit zu Ihrem ärgsten Feind wird?
Nach welchen Maßstäben beurteilen Sie die Vor- und Nachteile einer Bekanntschaft?
Sind Ihre engsten Vertrauten Ihnen geistig überlegen oder unterlegen?
Wieviel Zeit verwenden Sie im Laufe von 24 Stunden für
a) Beruf?
b) Schlaf?
c) Spiel, Sport, Entspannung?
d) Weiterbildung?
e) nutzlose Beschäftigungen?

Welcher Ihrer Bekannten
a) flößt Ihnen den meisten Mut ein?
b) rät Ihnen am meisten zur Vorsicht?
c) entmutigt Sie am meisten?

Was macht Ihnen am meisten Sorge? Läßt sich etwas dagegen unternehmen?
Nehmen Sie kritiklos unerbetene Ratschläge an oder versuchen Sie, die eigentlichen Motive dieser Ratgeber zu ergründen?
Was ist Ihr innigster Wunsch? Beabsichtigen Sie ihn zu verwirklichen? Sind Sie bereit, um seinetwillen alle anderen Wünsche zunächst zurückzustellen? Wieviel Zeit widmen Sie täglich der Verwirklichung dieses Wunsches?
Ändern Sie oft Ihre Meinung? Wenn ja, warum?
Führen Sie alles Begonnene zu Ende?
Lassen Sie sich leicht von den Erfolgen, Titeln, akademischen Würden oder Reichtümern anderer beeindrucken?
Richten Sie Ihr Verhalten nach den Meinungen anderer Leute ein?
Neigen Sie zur Liebedienerei gegenüber gesellschaftlich Höhergestellten oder Wohlhabenderen?
Wen halten Sie für den bedeutendsten heute lebenden Menschen?
In welcher Hinsicht ist Ihnen diese Persönlichkeit überlegen?
Wieviel Zeit nahm die Beantwortung dieser Fragen in Anspruch?
(Für eine wirklich gründliche Selbstanalyse bedarf man zumindest eines ganzen Tages.)
Wenn Sie alle diese Fragen wahrheitsgetreu beantwortet haben, dann sind Sie zu einer vollkommeneren Selbsterkenntnis gelangt, als die meisten anderen Menschen je erhoffen dürfen. Widmen Sie dieser Selbstbefragung genügend Zeit und wiederholen Sie sie mehrere Monate hindurch einmal wöchentlich. Sie werden erstaunt sein, wieviele wertvolle Einsichten Sie daraus gewinnen. Wenn Sie bei der Beantwortung einer Frage nicht ganz sicher sind, sollten Sie einen Menschen zu Rate ziehen, der Sie kennt und aller Schmeichelei abhold ist. Beachten Sie, daß nur die wahrheitsgetreue Beantwortung aller Fragen ein wahres (und manchmal ganz unerwartetes) Bild Ihrer selbst zu zeigen vermag.

Was die Macht über den eigenen Geist vermag

Über ein Ding auf dieser Welt besitzen Sie die absolute Kontrolle: Über Ihre Gedanken. Das ist die bedeutendste und erregendste Einsicht, die dem Menschen vergönnt ist! Sie ist der Beweis für den göttlichen Ursprung unserer Natur. Dieses gottgegebene Vorrecht allein ermöglicht es uns, unser Schicksal selbst zu bestimmen. Ohne die Fähigkeit oder den Willen, Ihren eigenen Geist zu beherrschen, werden Sie niemals Macht über andere erlangen. *Ihr Geist ist Ihr seelisches Erbe und Eigentum!* Wahren und nutzen Sie diesen Besitz mit der Ehrfurcht, die einem solchen göttlichen Geschenk zukommt. Die Willenskraft ist dabei Ihr stärkster und zuverlässigster Helfer.

Unglücklicherweise gewährt uns das Gesetz keinen Schutz vor Menschen, die den Geist anderer bewußt oder unbewußt durch negative Einflüsse vergiften. Eigentlich würde diese Form der Zerstörung die schwerste Bestrafung rechtfertigen, denn sie beraubt die davon Betroffenen meist aller Möglichkeiten, jene Dinge zu erwerben, deren Besitz durch die staatliche Ordnung gesichert werden soll.

Negativ eingestellte Menschen versuchten Thomas A. Edison zu »überzeugen«, es werde ihm nie gelingen, ein Gerät zu fertigen, das die menschliche Stimme aufnehmen und wiedergeben könne. »Denn«, so meinten sie, »das hat noch niemand vermocht«. Edison hörte nicht auf sie. Er wußte ja, daß der menschliche Wille alles verwirklicht, was der menschliche Geist erfassen und glauben kann. Dieses Wissen hob Edison über alle anderen hinaus.

Ebenso negativ eingestellte Menschen redeten F. W. Woolworth ein, es werde seinen Ruin bedeuten, wenn er sein Kapital in ein Geschäft investiere, in dem alles für 5 bis 10 Cents zu haben sei. Er schenkte dieser Warnung keine Beachtung. Er wußte, daß er nur eines unerschütterlichen Glaubens bedurfte, um jeden vernünftigen Plan durchzuführen. Er wies alle destruktiven Einflüsterungen zurück und erwarb ein Vermögen von mehr als 100 Millionen Dollar.

Die ungläubigen Thomasse lachten spöttisch, als Henry Ford sein erstes, noch sehr unansehnliches Automobil auf den Straßen von Detroit erprobte. Einige hielten ein solches Fahrzeug für völlig nutzlos. Andere waren der Meinung, niemand würde je einen Cent für ein so komisches Vehikel ausgeben. Aber Ford ließ sich nicht beirren: »Ich werde so viele zuverlässige Kraftwagen bauen, daß man die Erde damit umgürten könnte!« Er behielt recht. Wer großen Reichtum erstrebt, sollte sich immer vor Augen halten, daß sich Henry Ford von irgendeinem durchschnittlichen Arbeiter nur durch eines unterschied: Ford besaß genügend Willenskraft, um seinen Geist zu beherrschen. Der Durchschnittsmensch besitzt zwar ebenfalls einen Geist, aber er hat ihn nicht unter Kontrolle.

Die Herrschaft über den Geist ist ganz einfach eine Frage der Selbstdisziplin und der Gewohnheit. Es gibt nur zwei Möglichkeiten: Entweder haben Sie Ihren Geist in der Gewalt, oder er beherrscht Sie. Hier gibt es keine Kompromisse und Zwischenlösungen. Die bewährteste Methode, den Geist völlig in seine Gewalt zu bringen, besteht darin, sich auf ein bestimmtes Ziel zu konzentrieren und dieses mit Hilfe eines klaren Planes zu verwirklichen. Betrachten Sie alle jene, die durch außergewöhnliche Leistungen, durch Erfolg und Reichtum von sich reden machen, so werden Sie diese Behauptung bestätigt finden. Ohne Willenskraft und geistige Selbstbeherrschung gibt es keinen Erfolg!

Gebrauchen Sie solche Ausflüchte?

Alle Versager haben eine Eigenschaft gemeinsam: *Sie finden immer scheinbar überzeugende Entschuldigungen für ihre Mißerfolge.*
Manche dieser angeblichen Gründe sind äußerst scharfsinnig und eine ganz kleine Anzahl von ihnen mag hier und da auch einmal zutreffen. Dennoch kann sich für Ausflüchte niemand etwas kaufen. Die Welt interessiert sich nur für eins: Sind Sie erfolgreich?
Ein hervorragender Menschenkenner stellte einmal die folgende Übersicht der häufigsten Ausflüchte zusammen. Prüfen Sie sorgfältig, ob auch Sie dazu neigen, die eine oder die andere davon zu gebrauchen. Beherzigen Sie dabei aber, daß keiner dieser »Gründe«, Entschuldigungen und Ausflüchte vor der in diesem Buch dargestellten Erfolgsphilosophie bestehen kann.

Wenn ich nicht Frau und Kinder hätte ...
Wenn ich Beziehungen hätte ...
Wenn ich Geld hätte ...
Wenn ich eine bessere Ausbildung hätte ...
Wenn ich eine gute Stellung hätte ...
Wenn ich gesund wäre ...
Wenn ich genügend Zeit hätte ...
Wenn die Zeiten besser wären ...
Wenn man mich nur verstünde ...
Wenn die Lage anders wäre ...
Wenn ich noch einmal von vorn beginnen könnte ...
Wenn ich nicht die Kritik der anderen fürchtete ...
Wenn man mir eine Chance gegeben hätte ...

Wenn nicht alle gegen mich wären...
Wenn nichts dazwischen kommt...
Wenn ich jünger wäre...
Wenn ich tun und lassen könnte, was ich wollte...
Wenn meine Eltern reich gewesen wären...
Wenn ich die richtigen Leute kennte...
Wenn ich nur ebenso begabt wäre wie andere...
Wenn ich mich durchsetzen könnte...
Wenn mir nicht diese einmalige Gelegenheit entgangen wäre...
Wenn mir nur die anderen nicht so auf die Nerven gingen...
Wenn ich nicht einen Haushalt führen und auf die Kinder aufpassen müßte...
Wenn ich etwas Geld sparen könnte...
Wenn mir mein Chef besser gesonnen wäre...
Wenn mir jemand helfen könnte...
Wenn mich meine Familie verstünde...
Wenn ich in einer Großstadt lebte...
Wenn ich nur einmal anfangen könnte...
Wenn ich frei wäre...
Wenn ich eine so bedeutende Persönlichkeit wäre wie andere...
Wenn ich nicht so dick wäre...
Wenn meine Fähigkeiten geschätzt würden...
Wenn ich keine Schulden mehr hätte...
Wenn ich nicht versagt hätte...
Wenn ich nur wüßte wie...
Wenn sich nicht alles gegen mich verschworen hätte...
Wenn ich nicht so viele Sorgen hätte...
Wenn ich den richtigen Ehepartner fände...
Wenn die Menschen nicht so dumm wären...
Wenn meine Familie nicht so anspruchsvoll wäre...
Wenn ich meiner selbst sicherer wäre...
Wenn ich nicht immer Pech hätte...
Wenn ich nicht unter einem falschen Stern geboren wäre...
Wenn es nicht stimmte, daß »was sein muß, sein muß«...
Wenn mich meine Arbeit nicht so sehr in Anspruch nähme...
Wenn ich mein Geld nicht verloren hätte...
Wenn ich andere Nachbarn hätte...

Wenn meine Vergangenheit von diesem schwarzen Punkt frei wäre...
Wenn ich ein eigenes Geschäft besäße...
Wenn die anderen auf mich hörten...
Wenn — und das ist das größte Wenn von allen, *wenn ich den Mut hätte, mich so zu sehen, wie ich wirklich bin, dann wüßte ich auch, was ich falsch gemacht habe und könnte mich umstellen.* Dann könnte ich aus meinen eigenen Fehlern lernen und aus den Erfahrungen anderer Nutzen ziehen, denn an meiner augenblicklichen Lage sind nur meine eigenen Fehler und Schwächen schuld. Wenn ich mehr Zeit darauf verwendet hätte, mein Wesen zu erforschen, als darauf, Entschuldigungen für meine Fehlschläge zu suchen, dann wäre ich heute schon weiter, dann wäre ich längst erfolgreich und zufrieden.

Die Gewohnheit ist das Grab des Erfolgs

Die Suche nach Entschuldigungen und Ausflüchten ist heute zu einem weltweiten Zeitvertreib geworden. Diese Gewohnheit ist ebenso alt wie die Menschheit, und keine *ist gefährlicher für den Erfolg.* Warum klammern sich die Menschen so hartnäckig an diese Scheingründe? Die Antwort ist einfach: Weil es die Kinder ihrer eigenen Phantasie sind.
Je tiefer eine Gewohnheit wurzelt, um so schwerer ist es, sich von ihr zu befreien — besonders, wenn sie uns zur Flucht vor einer unangenehmen Wahrheit verhilft. Das meinte wohl auch Platon, als er sagte: »Der größte Sieg ist der Sieg über uns selbst. Nichts ist beschämender und erniedrigender, als sich selbst zu unterliegen.«
Eine ebenso tiefe Wahrheit liegt in den folgenden Worten eines anderen Philosophen: »Mit Überraschung entdeckte ich, daß alles, was mir an anderen häßlich erschien, nur ein Spiegelbild meiner selbst war.«
Elbert Hubbard sagte einmal: Ich werde nie in meinem Leben verstehen, warum die Menschen soviel Zeit darauf verschwenden, sich selbst an der Nase herumzuführen, indem sie sich alle möglichen Entschuldigungen für ihre Schwächen einfallen lassen. Sie täten besser daran, die gleiche Zeit und Mühe auf die Bekämpfung ihrer Schwächen zu verwenden, dann wären alle Entschuldigungen überflüssig.«
Zum Schluß möchte ich Sie daran erinnern, daß das »Leben eine Schachpartie ist, in der Sie gegen die Zeit spielen. Wer bei jedem Zug zu lange zaudert, dessen Figuren werden bald vom Brett gefegt sein. Die Zeit ist ein Partner, der keine Unentschlossenheit duldet«!

Früher durften Sie sich noch mit dem Irrglauben trösten, daß der Mensch das Leben nicht zwingen könne, ihm seine Wünsche zu erfüllen. Nun aber, da Sie den Hauptschlüssel zur unerschöpflichen Schatzkammer des Lebens in Ihren Händen halten, hat dieser Einwand seine Berechtigung verloren. Dieser Hauptschlüssel ist ebenso unsichtbar, wie allmächtig! Er besteht in dem Vorrecht des Menschen, *in seinem Geist* ein brennendes Verlangen nach einer bestimmten Art von Reichtum wachzurufen. Nicht wer diesen Schlüssel gebraucht, wird bestraft, sondern jene, die ihn verschmähen. Wer die Tür mutig aufstößt, den erwartet reicher Lohn. Er besteht in einem tiefen Gefühl der Befriedigung, das allen jenen zuteil wird, *die sich selbst besiegen und das Leben dazu zwingen, ihnen jeden Wunsch zu erfüllen.* Gebrauchen Sie den Schlüssel!

Dieser reiche Lohn ist jeder Mühe wert. Sind Sie bereit, den Anfang zu machen und sich überzeugen zu lassen? Der unsterbliche Emerson sagte einmal: »Was uns im Geist verbindet, wird uns zusammenführen.« Lassen Sie mich diese Worte umwandeln und sagen: »Verbindet uns etwas, so werden diese Seiten uns im Geist zusammenführen!«

LEITSÄTZE

Es gibt viele Formen der Furcht. Manche von ihnen sind begründet, andere schlagen unversehens Wurzeln und wachsen unbemerkt heran. Es sei denn, Sie befreien sich von aller Unentschlossenheit und von allen Zweifeln, die den reichsten Nährboden der Furcht darstellen.

»Wer sich entschuldigt, klagt sich an.« *Wer nachdenkt und reich wird*, braucht nicht mehr nach Ausflüchten zu suchen.

Es gibt materielle Schätze und solche, die man nicht mit Geld bezahlen kann. Dennoch verhilft Ihnen Geld dazu, Glück, langes Leben, Vergnügen und inneres Gleichgewicht zu finden.

Der wertvollste Schatz von allen — die Gesundheit — gehört Ihnen, sobald Sie die Furcht besiegen und damit den Keim vieler Krankheiten ersticken. Die unerschöpflichen Schätze des Lebens breiten sich vor Ihnen aus — fordern Sie Ihren Anteil!

Der Furchtlose kennt keine Grenzen!

Der Autor und sein Buch

Napoleon Hill wurde 1883 in einer bescheidenen Blockhütte inmitten der blauen Berge Virginias geboren. Als Jugendlicher arbeitete er als Zeitungsreporter und finanzierte so sein Studium der Rechtswissenschaften an der Georgetown Universität. Dieser Beschäftigung verdankt er die Begegnung mit seiner Lebensaufgabe. Robert L. Taylor, damals Gouverneur von Tennessee und Eigentümer von »Bob Taylors Magazine«, wurde auf Hills hervorragende Zeitungsaufsätze aufmerksam. Er beauftragte den 25jährigen, eine Reihe von Kurzbiographien berühmter Amerikaner zu verfassen. Andrew Carnegie war der erste von ihnen. Dabei beeindruckte Hill Carnegie so nachhaltig, daß dieser ihn mit einer Aufgabe betraute, welche ihn die folgenden 20 Jahre beschäftigen sollte. Hills Auftrag lautete, die 504 erfolgreichsten Männer des Landes zu interviewen und aus dem dabei gesammelten Material eine grundlegende Methode zu entwickeln, die auch Durchschnittsmenschen sicher zum Erfolg führen würde. Zu den Männern, die Hill auf diese Weise persönlich kennenlernte, zählten Ford, Wrigley, Wanamaker, Eastman, Rockefeller, Edison, Woolworth, Darrow, Burbank, Morgan, Firestone und drei Präsidenten der Vereinigten Staaten. Zum erstenmal erschien diese Erfolgsphilosophie im Jahre 1928, genau 20 Jahre nach dem ersten Interview mit Carnegie. Während dieser langen Zeit des Sammelns und Sichtens von Material sorgte Hill für seine Familie, indem er unter anderem als Werbemanager in der »La Salle Extension University of Chicago« sowie als Herausgeber und Redakteur des »Golden Rule Magazine« arbeitete. Während des Ersten Weltkrieges diente er im persönlichen Stab des Präsidenten Wilson als Experte für Öffentlichkeitsarbeit. 1933 stellte ihn Jennings Randolph, der spätere Senator von West-Virginia, Präsident Roosevelt vor. Auch diesem Präsidenten diente Hill als persönlicher Berater. Nach einigen Jahren aber zog er sich zurück, um sich nun ausschließlich der Vervollständigung und Veröffentlichung seines in 20 Jahren herangereiften und jetzt unter dem Titel »Denk nach und werde reich« auch deutschsprechenden Lesern vorgelegten Werkes zu widmen. 1952 wurde die Napoleon-Hill-Gesellschaft gegründet, und wieder verzichtete der Verfasser auf die Beschaulichkeit eines zurückgezogenen Lebens, um seine Erfolgsphilosophie verbreiten zu können. Hill übernahm den Vorsitz der Napoleon-Hill-Stiftung, einer gemeinnützigen Institution, welche sich die Verbreitung der Wissenschaft des persönlichen Erfolgs zum Ziel gesetzt hat. Noch im hohen Alter von 80 Jahren gründete Hill 1963 die Akademie für persönlichen Erfolg und übernahm — ein unermüdlich wirkendes Vorbild und ein Beispiel für die Richtigkeit seiner Lehre — auch die Leitung dieses Instituts.

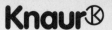

Goldmann-Posch, Ursula
Tagebuch einer Depression
Eindringlich und ehrlich schildert Ursula Goldmann-Posch in ihrem Buch die Hölle ihrer Depression und ihre verzweifelte Suche nach Hilfe. Mit einem aktuellen Anhang versehene Ausgabe! 192 S. [3890]

Graff, Paul
AIDS – Geißel unserer Zeit
700 000 Bundesbürger dürften in 5 Jahren mit dem Erreger infiziert sein. Das Buch gibt mit solider Kenntnis Auskunft über die bisher verfügbaren AIDS-Fakten.
176 S. [3815]

Johnson, Robert A.
Der Mann. Die Frau
Auf dem Weg zu ihrem Selbst.
Aus der Analyse der Grallegende und des Mythos von Amor und Psyche entwickelt der Psychoanalytiker Robert A. Johnson ein neues Bild der weiblichen und der männlichen Psyche. 192 S. [3820]

Kneissler, Michael
Gebt der Liebe eine Chance
Liebe hat Menschen in die Verzweiflung getrieben, zu Ungeheuern gemacht, ihnen alles Lebensglück genommen. Dieses Buch ist all jenen gewidmet, die sich mit dieser Tatsache nicht abfinden wollen und für Veränderungen offen sind. 256 S. [3823]

Bogen, Hans Joachim
Knaurs Buch der modernen Biologie
Eine Einführung in die Molekularbiologie.
280 S. mit 116 meist farbigen Abb. [3279]

Hodgkinson, Liz
Sex ist nicht das Wichtigste
Anders lieben – anders leben.
Die Illusionen der 60er und 70er Jahre, ein ungehemmtes Sexualleben werde die Menschen befreien, haben sich nicht bestätigt. Liebe kann nur zwischen zwei Menschen stattfinden, die sich respektieren. Diese und andere Thesen stellt Liz Hodgkinson in ihrem Buch auf und kommt zu der Erkenntnis: Liebe ist nur möglich im zölibatären Leben.
Ca. 176 S. [3886]

Kubelka, Susanna
Endlich über vierzig
Der reifen Frau gehört die Welt.
Eine Frau tritt den Beweis an, daß man sich vor dem Älterwerden nicht zu fürchten braucht. Ihre amüsanten und ermunternden Attacken auf überholte Vorstellungen garantieren anregende Lektürestunden.
288 S. [3826]

Anders leben

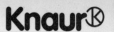

So nutzt man die eigenen Kräfte besser
Dieser Lebenshilfe-Band enthält zahlreiche Anregungen, wie jeder seine eigenen Kräfte nutzen kann, statt immer nur nach Tabletten oder fremder Hilfe zu greifen.
96 S. [7742]

So lernt man, sich selbst zu lenken
Sechs einfache Techniken, sein Leben zu ändern. Unter uns leben Heerscharen von unzufriedenen Menschen, die ein völlig anderes Leben führen möchten. Aber sie unternehmen nichts. Kirschner zeigt, wie es geht.
96 S. [7718]

So plant man sein Leben richtig
Neun Schritte zu einem selbstbewußteren Leben. »Sie selbst sind dafür verantwortlich, ob ein Plan Ihr Leben grundlegend verändert. Oder ob Sie – von Zweifeln und Bequemlichkeit verleitet – mitten in Ihrem Vorhaben aufgeben.« 112 S. [7720]

So lernt man, sich selbst zu lieben
Der Autor handelt nach dem Prinzip: »Ehe Sie jemand anderen lieben können, sollten Sie lernen, sich selbst zu lieben. Sonst wird die Liebe zu anderen Menschen nichts anderes als eine Alternative zur Unfähigkeit, mit sich selbst in Frieden zu sein.«
96 S. [7743]

So wehrt man sich gegen Manipulation
Manipuliert wird der Mensch in allen Bereichen des Lebens: im Beruf, in der Politik, ja sogar im Privatleben. Kirschner zeigt Strategien und Techniken, wie man sich dagegen wehren und seine Freiheit zurückerobern kann.
112 S. [7717]

Josef Kirschner

Hilf dir selbst, sonst hilft dir keiner
Die Kunst, glücklich zu leben. 176 S. [7610]

Die Kunst, ein Egoist zu sein
Egoisten sind bessere Menschen, denn sie beherrschen die Kunst, glücklich zu leben.
192 S. [7549]
Die Kunst, ohne Angst zu leben
Wie man lernt, um seine Freiheit zu kämpfen.
224 S. [7689]

Die Kunst, ohne Überfluß glücklich zu leben
Das große Abenteuer unserer Zeit. 144 S. [7647]
Manipulieren – aber richtig
Die acht Gesetze der Menschenbeeinflussung. Eine Anleitung des Sich-Durchsetzens, des erfolgreichen Heraustretens aus der Masse der Passiven, der ständig Manipulierten.
144 S. [7442]
So hat man mehr Spaß am Sex
Die sieben praktischen Regeln, wie man das Liebesspiel spielt, ohne viel darüber zu reden.
112 S. [7719]

So lebt man glücklich – ohne Heirat
Das Buch zeigt: Nicht der Trauschein macht eine glückliche Beziehung aus, sondern einige grundlegende Prinzipien, die jeder mittels dieser Lebensschule erlernen kann.
96 S. [7740]

So macht man auf sich aufmerksam
Unbeachtet und frustriert? In diesem Band der Lebensschule finden interessierte Leser ausreichend Anregungen, an ihrem Leben einiges zu ändern. 96 S. [7741]

Josef Kirschner

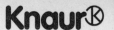

560 S. [7789]

Wie Sie als eigener Chef
Erfolg haben können...

938 S. [7665]

Wieder aktualisiert und
erweitert:
Der unentbehrliche
Steuerratgeber.
Mehr als 1,5 millionenmal
verkauft.

1000 ganz legale Tips rund ums Geld

Knaur

415 S. [7736]

176 S. [7803]

365 S. [7802]

320 S. [7747]

240 S. [7804]

317 S. [3834]

1000 ganz legale Tips rund ums Geld

Dr. Joseph Murphys Hauptwerk kauften in deutscher Sprache mehr als 1 Million Menschen!

Jeder Band in Großoktav, Balacron, Goldprägung, mit farbigem Schutzumschlag, um 220 Seiten.

Wenn heute die Notwendigkeit positiven Denkens in so vieler Munde ist, so ist die Saat von Dr. J. Murphys Wirken aufgegangen. »Positives Denken« bleibt aber ein leeres Schlagwort, wenn man die von ihm gelehrten Gesetze des Denkens und Glaubens nicht kennt und beherzigt. Dieser Autor beschreibt nicht, er bewirkt – und begeistert.

● **Die Macht Ihres Unterbewußtseins**
Mehr als 1 Million Menschen haben dieses Standardwerk in deutscher Sprache gekauft. Buch: 244 Seiten. Von diesem Buch gibt es auch 4 Langspielkassetten in Box.

● **Dr. Joseph Murphys Vermächtnis**
Dr. J. Murphy vollendete dieses sein letztes Werk kurz vor seinem Tod. Es ist die Quintessenz seiner Botschaft und das Vermächtnis eines Weltbürgers des Geistes.

● **Die Gesetze des Denkens und Glaubens**
● **Das Wunder Ihres Geistes**
● **Die unendliche Quelle Ihrer Kraft**
● **Energie aus dem Kosmos**
● **Die kosmische Dimension Ihrer Kraft**
● **Das I-Ging-Orakel Ihres Unterbewußtseins**
● **Der Weg zu innerem und äußerem Reichtum**

Ariston Verlag

Postfach 176 · CH-1211 Genf 6
Tel. 022/86 18 10 · Telex 2 7 983